CORRADO AUGIAS
MAURO PESCE

INCHIESTA SU GESÙ

Chi era l'uomo che ha cambiato il mondo

OSCAR MONDADORI

© 2006 Arnoldo Mondadori Editore S.p.A., Milano

Edizione speciale Smart Collection maggio 2013

ISBN 978-88-04-63145-3

Questo volume è stato stampato
presso ELCOGRAF S.p.A.
Stabilimento - Cles (TN)
Stampato in Italia. Printed in Italy

www.corradoaugias.net

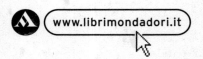

INDICE

INCHIESTA SU GESÙ

«Inchiesta su Gesù»
di Corrado Augias e Mauro Pesce
Edizione speciale Smart Collection
Arnoldo Mondadori Editore

Questo volume è stato stampato
presso ELCOGRAF S.p.A.
Stabilimento - Cles (TN)
Stampato in Italia. Printed in Italy

di Corrado Augias e Mauro Pesce

nella collezione Oscar
Inchiesta su Gesù

di Corrado Augias

nella collezione Oscar

Disputa su Dio e dintorni (con Vito Mancuso)
Il fazzoletto azzurro
Le fiamme e la ragione (libro e DVD)
Inchiesta sul cristianesimo (con Remo Cacitti)
Leggere. Perchè i libri ci rendono migliori, più allegri e più liberi
Modigliani. L'ultimo romantico
Quella mattina di luglio
Quel treno da Vienna
I segreti di Londra
I segreti di New York
I segreti di Parigi
I segreti di Roma
L'ultima primavera

nella collezione NumeriPrimi°
I segreti del Vaticano

nella collezione Varia Saggistica
I segreti del Vaticano (edizione speciale illustrata)

di Mauro Pesce

nella collezione Saggistica
L'uomo Gesù (con Adriana Destro)

MOLTE DOMANDE, ALCUNE RISPOSTE

«Voi chi dite che io sia?»
Marco 8,29

«È possibile che Gesù sia stato un enigma anche per se stesso.»
Harold Bloom

È possibile sapere chi era l'uomo che circa duemila anni fa percorse la terra d'Israele, parlò alle folle, guarì gli ammalati, lanciò un messaggio che mai prima d'allora era stato concepito e finì straziato su un patibolo infame? L'uomo, nella sua fisicità di carne, sangue, muscoli, e lo sguardo, la parola, il gesto benedicente o violento, a volte, prima che la liturgia, la dottrina, il mito trasformassero la sua memoria in un culto, il culto in una fede, la fede in una delle grandi religioni dell'umanità.

In una certa misura è possibile. Non sapremo mai quale aspetto avesse, quale fosse il suono della sua voce o il bagliore dello sguardo; possiamo però cercare d'intravedere l'uomo nella sua storicità, in quella terra e in quegli anni. Possiamo avvicinarci alla sua immensa figura e tentare di conoscerlo com'era, prima che scomparisse sotto la coltre fitta della teologia.

Il dialogo riportato in questo libro nasce dall'esigenza e dalla possibilità di sapere ciò che Gesù, Yehoshua ben Yosef nella dizione ebraica, è stato. Devo ringraziare il professor Mauro Pesce, eminente biblista, titolare della cattedra di Storia del cristianesimo a Bologna, cui si deve il recente e fortunato volume *Le parole dimenticate di Gesù*, per aver accettato l'invito a discutere con un profano quale io sono la materia che conosce tanto profondamente. Quando abbiamo cominciato a preparare il nostro dialogo, il professore ha chiarito in questi termini il suo atteggiamento sul tema: «Sono convinto che la ricerca storica non compromette la fede, ma neppure obbliga a credere. Certo, a volte mette in crisi alcuni aspetti dell'immagine confessionale di Gesù, ma questo porta a una riformulazione della fede, più che a una sua negazione. Del resto, anche certe affermazioni rozzamente antiecclesiastiche vengono messe in crisi dalla ricerca. Ma ciò non obbliga alla fede, permette un atteggiamento laico più maturo».

Gli ho posto domande che a me, proprio in quanto profano, parevano fondamentali: che cosa ha rappresentato la presenza di Gesù nella Palestina di quegli anni? Era solo uno delle centinaia di predicatori itineranti, invasati da Dio, che si aggiravano per quei villaggi? È stato davvero lui o non Paolo di Tarso a fondare il cristianesimo? Perché di quella folla di «profeti» non è quasi rimasta traccia? Chi si ricorda oggi di Giuda Galileo o di Teuda l'Egiziano? E perché lui, invece, è riuscito a introdurre fra gli uomini categorie di pensiero, sentimenti fino a quel momento relegati fra le emozioni private?

Ci sono state anche domande apparentemente più banali, quelle che ci facciamo a proposito di un qualunque personaggio della storia: dov'è nato? da chi? quando? Poiché siamo nell'anno 2006 dell'era cristiana (5766 dell'era ebraica), dovremmo pensare che egli sia nato in un ipotetico anno zero. Non è così. Gesù è nato verso gli ultimi anni del regno d'Erode, il quale morì nel 750° anno *ab urbe condita*, vale a dire nel 4 a.C. circa. Dunque, oggi dovremmo essere come minimo nel 2010, se davvero contassimo a partire dalla sua nascita; altri incroci storici, che sarebbe complicato riassumere, sposterebbero di un tempo ancora più considerevole la data. E poi: è davvero nato il 25 dicembre? Anche questo è improbabile. Più o meno in quel giorno cade il solstizio d'inverno, dopo il quale le giornate cominciano ad allungarsi; la terra riprende, per dir così, il suo cammino verso la primavera. Il 25 dicembre è, per conseguenza, una data carica di significati astronomici e simbolici. Lo è al punto che anche un altro Dio si diceva fosse nato in quel giorno: il misterioso Mitra, divinità benevola che ebbe largo seguito a Roma. Il mitraismo fu una religione che contese a lungo il primato al cristianesimo. Anche Mitra s'era fatto uomo per salvare il genere umano. Una delle leggende dice che venne al mondo incarnandosi nel ventre di una vergine e che avrebbe abbandonato questa terra per tornare in cielo all'età di trentatré anni. E ancora: nato dove? a Betlemme? Forse non sappiamo nemmeno questo. Anzi sappiamo che, sulla base di una valutazione unicamente storica, l'ipotesi di una nascita a Betlemme è debole. Solo Matteo (2,1-6) rende esplicite le ragioni per le quali quel minuscolo villaggio sarebbe stato scelto. In uno dei libri della Bibbia è infatti scritto (*Mic* 5,1): «E tu, Betlemme di Efrata / così piccola per essere / fra i capoluoghi di Giuda, / da te mi uscirà colui che deve essere / il dominatore in Israele». In questa luce, anche la nascita in Betlemme diventa un dato teologico più che biografico. Gesù doveva nascere in quel minuscolo villaggio perché lì le Scritture avevano profetizzato che sarebbe venuto al mondo il futuro re d'Israele. Nato da una vergine? Come spiegare, al di fuori di un'obbedienza dogmatica, una tale assurdità? A dispetto del fatto che in più punti i vangeli parlano dei fratelli e delle sorelle di Gesù? In numerose altre occasioni la Bibbia ebraica (l'Antico Testamento, secondo la dizione cristiana) è stata utilizzata per dare a Gesù una legittimità. L'intera tradizione cristiana tenta di scovarvi le anticipazioni o le spiegazioni di ciò che la sua breve, tragica vita è stata, così riducendo la poderosa (anche dal punto di vista letterario) tradizione ebraica quasi solo a un segno precursore della novità rappresentata dal cristianesimo.

E infine ci sono, per questa ricerca, ragioni più contingenti, nate dalla curiosità di capire i motivi del successo che libri e film su Gesù incontrano, il perché della persistenza di nebbiose leggende come quella del santo Graal, sulla quale lo scrittore americano Dan Brown ha fondato il suo *Codice da Vinci*. Come spiegare decine di milioni di copie vendute, per un thriller tutto sommato modesto? Personaggi ritagliati come figurine di cartone, scrittura senza nerbo, sbiadite metafore. Dov'è il segreto di questo favore senza precedenti? L'autore ha avuto solo l'astuzia, o la fortuna, di trovare un tesoro, forse senza nemmeno averlo cercato. Quel tesoro era la curiosità, si potrebbe forse dire l'ansia, diffusa nel mondo, di sapere chi veramente sia stato Yehoshua ben Yosef. Possibile che le cose siano davvero andate come racconta la vulgata delle Chiese cristiane? O una parte della storia è stata espunta perché era troppo difficile farla combaciare con il quadro che la dottrina ha costruito? Ancora: quanto sanno i cristiani di quella vicenda? quanti di loro sono consapevoli che Gesù detto il Cristo, cioè l'Unto, il Consacrato, era in primo luogo un profeta ebreo, figlio di quella fede, obbediente fin nei dettagli del vestiario e del cibo alla Torah, ma nello stesso tempo profondamente innovatore, consapevole di possedere qualità straordinarie, ansioso di conoscere da Dio quale uso dovesse farne?

L'incrocio tra la mia curiosità (ma potrei anche definirla ansia) e la scienza del professor Pesce ha come risultato questo libro. Sappia il lettore che queste pagine, comunque le valuti, sono state pensate e scritte in buona fede.

Corrado Augias

giugno 2006

I

AVVICINANDOSI A LUI

In un saggio pubblicato di recente, intitolato *Gesù e Yahvè*, il grande critico letterario americano Harold Bloom scrive: «Yoshua, Gesù Cristo e Yahvè sono tre personaggi totalmente incompatibili». Yoshua (o Yehoshua) è il nome ebraico di Gesù detto il Cristo, cioè l'Unto, il Consacrato. Yahvè è il nome del Dio che compare nella Bibbia ebraica. Un Dio capriccioso, lo definisce Bloom, che ricorda un aforisma dell'oscuro Eraclito: «Il tempo è un fanciullo che gioca spostando i dadi: il regno di un fanciullo». Potrebbe effettivamente essere una risposta alle tante assurdità della vita, una spiegazione impietosa delle ingiustizie del mondo, delle sue crudeltà. Ma quella che qui volevo sottolineare è l'altra differenza definita da Bloom incompatibile, quella fra Yehoshua e Gesù Cristo: la diversità, cioè, tra il profeta ebreo che si aggirava in terra d'Israele più o meno negli anni dai quali datiamo la nostra era, e il fondatore di una religione che da lui sarà chiamata cristianesimo. Perché Bloom fa tale distinzione? Uno dei fili che percorre e tiene insieme questo libro è proprio la risposta a questa domanda. Il lettore lo vedrà affiorare qua e là ogni volta che si accennerà alla complessa dottrina costruita nei secoli a partire dalla figura di quel profeta. C'è però anche una prima risposta immediata e molto più semplice: le diversità cominciano dalla scarsità di dati disponibili sul profeta Yehoshua, dalla loro contraddittorietà.

È questa la ragione per la quale il dialogo con il professor Mauro Pesce è cominciato, in modo forse un po' ingenuo, proprio dal tentativo di costruire, nei limiti del possibile, una scheda anagrafica, una specie di carta d'identità di Yehoshua-Gesù: dov'è nato, quando, da chi, quale lingua parlava e così via. Naturalmente questo ipotetico «documento» può essere completato solo in parte, le fonti sono scarse, molto alterate, e pongono fra l'altro non semplici problemi storiografici ai quali bisogna accennare.

Tanto per cominciare, negli ultimi tempi è cambiato il modo di considerare la storia. Quando abbiamo affrontato questo argomento, il professor Pesce mi ha detto: «Negli ultimi decenni la riflessione storiografica ha portato, se non a una sfiducia verso i propri metodi, sicuramente a una maggiore consapevolezza del loro funzionamento e dei loro limiti. Come è ormai pacifico, nelle sue ricostruzioni, lo storico inserisce il suo punto di vista, la sua cultura, finalità estranee ai testi e ai fenomeni osservati. Per quanto cerchi di adattare il suo bagaglio concettuale all'oggetto della ricerca, riesce di rado a sbarazzarsi del filtro personale con cui studia le cose. Se diventiamo consapevoli di questo, fino a che punto possiamo ritenere affidabile una ricostruzione storica? Esistono varie prospettive sul passato, ognuna con una sua legittimità, certezze assolute non ce ne sono più».

Il professor Pesce fa tuttavia parte di quella nuova corrente di studiosi per i quali una ricostruzione storica è possibile per Gesù proprio come per qualunque altro personaggio del passato. Le fonti sono però particolari, richiedono un'attenzione critica speciale, un notevole bagaglio di dottrina. La ricerca infatti si basa su testi lacunosi, contraddittori, manipolati. Per converso, esistono sull'uomo Gesù e sulla sua natura divina certezze non solo consolidate, ma erette addirittura a dogma, dunque sottratte alla razionalità, indiscutibili. La mia convinzione era che ciò rendesse ancora più complicata la posizione dello storico. Ma il professor Pesce mi ha parzialmente contraddetto, e tranquillizzato, affermando di non attribuire alle concezioni teologiche o religiose alcun particolare privilegio rispetto alla fallibilità della ricerca storica: «La teologia soffre della medesima debolezza, anche i teologi sono soggetti ai comuni meccanismi umani. Non esistono vie privilegiate o verità assolute: ci sono soltanto prospettive più o meno sicure sulle fonti, più o meno fondate nel metodo. Il teologo non ha maggiori certezze dello storico poiché anche la teologia è un'arte umana e non c'è essere umano che possa sottrarsi a questa condizione».

Dunque, i documenti. Quali, però? All'inizio, nel primo cristianesimo, i cosiddetti «vangeli» erano molto numerosi. Si potrebbe addirittura dire che fra gli elementi che distinguevano una comunità da un'altra c'era anche l'adozione di questo o quel «vangelo» come testo di riferimento. A un certo punto si decise di sceglierne alcuni proclamandoli i soli «autentici», ed escludendo di conseguenza tutti gli altri. Una decisione sulla quale circolano fantasiose leggende; per esempio, quella riportata da Weddig Fricke, che nel suo saggio *Il caso Gesù* riferisce un racconto attribuito al vescovo Papia (vissuto nel II secolo) secondo il quale i Padri della Chiesa, verso il 140, avrebbero radunato in una chiesa tutti i vangeli esistenti cominciando poi a pregare perché quelli veritieri si librassero, separandosi dai falsi, e andassero a deporsi sull'altare. Una leggenda priva di fondamento, come altre che servono, magari, ad alimentare la trama di qualche romanzo di un genere narrativo al momento in voga.

«È anche infondata un'altra leggenda» aggiunge il professor Pesce «secondo la quale sarebbe stato l'imperatore Costantino a stabilire il canone del Nuovo Testamento. Nulla di più falso, come ha potuto dimostrare Bart Ehrman, uno specialista americano, contro il famoso romanziere Dan Brown.» Eppure, i libri che diffondono notizie inattendibili, quasi spacciandole per verità storiche, abbondano. Di fatto, costituiscono una fonte importante d'informazione presso un pubblico privo di strumenti per vagliare ciò che legge. C'è da chiedersi come mai alcuni titoli di questo filone riscuotano un successo di dimensioni addirittura eccezionali. «La mia opinione» risponde Pesce «è che esiste un pubblico interessato ai fatti religiosi, ma infastidito dai libri prodotti nelle Chiese, illeggibili per chi non condivide quell'appartenenza. Questo dà spazio a dilettanti d'ingegno, che ritengono necessariamente vero quanto è contrario all'asserita verità delle Chiese. D'altra parte, esiste anche una letteratura fondamentalista cristiana che dà per autentici racconti, luoghi, reliquie altrettanto leggendari.»

Se questa è la situazione, possiamo farci un'ulteriore domanda. Come si è arrivati, e quando, a scegliere i quattro vangeli che oggi le Chiese cristiane considerano canonici? Il professor Pesce dà una notizia che a molti sembrerà sorprendente:

Marco, Matteo, Luca e Giovanni, i nomi con i quali identifichiamo i vangeli canonici, non appartengono a coloro che effettivamente li scrissero. Vengono da una tradizione posteriore di secoli alla morte di Gesù; in realtà «nessuno dei quattro vangeli dice il nome del suo autore». Le ragioni per le quali vennero scelti quei testi, condannando all'oblio tutti gli altri, sono complesse, incerte nelle motivazioni, hanno a che fare con il tumulto pratico e dottrinale che sempre accompagna la nascita e l'ascesa di un movimento, in particolare quando si proclama ispirato direttamente da Dio.

Professor Pesce, cominciamo con una sorta di scheda anagrafica dell'uomo Gesù detto il Cristo.
Non abbiamo queste certezze, sappiamo che il nome Gesù viene dal greco *Jesùs*, ed è un calco del nome ebraico Jeshu, abbreviativo di Yehoshua. Quanto a «Cristo», riflette la parola greca *christòs*, che traduce l'ebraico *mashiah*, cioè «messia», che vuol dire «unto» ed è uno degli attributi che sono stati dati a Gesù. I fedeli spesso pensano che «Cristo» sia un nome di persona, in realtà è un titolo che indica un ruolo, quello di «messia». Nella storia del popolo ebraico, del resto, la funzione di «messia» è stata attribuita a molti personaggi, dall'antico rabbi Akiba, del II secolo, a Shabbatai Zevi vissuto nel Seicento.

Luogo di nascita?
Probabilmente Nazareth, villaggio della Galilea, nel nord della terra d'Israele. I vangeli di Luca e di Matteo dicono però che Gesù nasce a Betlemme, la città di David, da cui avrebbe dovuto discendere il messia. Secondo Luca, Nazareth è il villaggio dei genitori di Gesù, che si erano recati solo momentaneamente a Betlemme per un censimento. Matteo, invece, scrive che Gesù era chiamato «nazareno» perché i suoi genitori si stabilirono a Nazareth dopo la fuga in Egitto. Il Vangelo di Giovanni colloca sua madre Maria in un diverso villaggio della Galilea: Cana. L'impressione che danno i racconti dei vangeli di Marco, Luca e Matteo è che Gesù sia nato in Galilea, verosimilmente a Nazareth o che, comunque, vi abbia vissuto a lungo con la famiglia.

Data di nascita?

Il Vangelo di Luca dice che Gesù aveva circa trent'anni nel quindicesimo anno del regno dell'imperatore Tiberio (anno 782 dalla fondazione di Roma), quando si fece battezzare da Giovanni Battista. Dionigi il Piccolo, un monaco del VI secolo, calcolò su tale base che Gesù fosse nato nell'anno 753 dalla fondazione di Roma e questa data divenne l'inizio del sistema di datazione suddiviso in prima e dopo Cristo. In realtà, il Vangelo di Luca dice che Gesù nacque durante un censimento romano svoltosi ai tempi di Quirino. Alcune ricerche storiche hanno appurato che il censimento avrebbe avuto luogo sei oppure otto anni prima di Cristo. Quindi Gesù poteva avere anche trentasei o trentotto anni quando fu battezzato. Non sappiamo fino a che punto possiamo fidarci di Luca, il quale scrisse circa cinquant'anni dopo la morte di Gesù e sulla base di informazioni di terzi.

Nella sua *Vita di Gesù Cristo* del 1654 il grande Pascal poteva scrivere, con una sicurezza oggi impensabile, che il 25 marzo l'angelo Gabriele fece l'annuncio a Maria, che il 24 giugno era nato Giovanni Battista, che il 25 dicembre era nato Gesù, che il 1° gennaio Gesù era stato circonciso e che il 6 gennaio i magi erano arrivati a Betlemme, mentre il 2 febbraio Maria sarebbe andata a purificarsi al Tempio. La ricerca storica più recente rifiuta su base documentale visioni così semplificate.

Figlio di…?

Figlio di Maria certamente. Se stiamo al Vangelo di Giovanni, Gesù è addirittura la parola di Dio preesistente che scende dal cielo e si incarna in un uomo. Per Giovanni, però, Giuseppe sembra essere il padre fisico di Gesù. Per giustificare l'origine divina di Gesù questo vangelo non ha bisogno di ricorrere alla nascita verginale. La teologia ha discusso per secoli su tale punto, sostenendo che Giuseppe non sarebbe il vero padre, perché Gesù, secondo i vangeli di Luca e Matteo, sarebbe nato in modo miracoloso da una vergine, grazie all'intervento dello Spirito Santo. Diciamo, comunque, che il padre è Giuseppe e la madre Maria.

Dovremo parlare a lungo delle circostanze della sua nascita e della complessa dottrina costruita nei secoli intorno a questo evento. Per ora fermiamoci qui; diciamo che, se Gesù fosse stato ipoteticamente registrato all'anagrafe di Nazareth, sarebbe risultato figlio di Miriam o Maria e di Giuseppe, di professione carpentiere.

Accettando il suo paradosso, diciamo che i testi indicano Giuseppe come padre e Maria, in modo assolutamente certo, come madre. È il Vangelo di Matteo a dirci che Giuseppe era un carpentiere.

Proseguiamo. Lingua e nazionalità.

Gesù era ebreo. Quanto alla lingua è altamente probabile che parlasse il dialetto della sua regione, vale a dire il dialetto aramaico della Galilea. Sappiamo che frequentava le sinagoghe ed era capace di leggere i testi biblici, dunque conosceva certamente anche l'ebraico, lingua della Bibbia. Quale diffusione avesse l'ebraico è materia di discussione. Diversi studiosi sostengono che era la lingua corrente. Altri invece, magari di tendenza antisionista se non proprio antisemita – spesso la politica confonde questi termini –, tendono a sostenere che l'ebraico non era più una lingua parlata. Nel complesso, possiamo descrivere la situazione come diffusamente multilingue, il che corrispondeva a una certa ellenizzazione della Galilea. In ogni caso alcune tracce che troviamo nei vangeli sembrano indicare che Gesù parlasse non l'ebraico, ma l'aramaico-galileo. Inoltre conosceva forse un po' di greco e, chissà, qualche elemento di latino.

Questo suo accenno al latino introduce nella nostra conversazione l'importante dato della situazione politica esistente in quegli anni in Israele. Una parte del territorio, soprattutto la Giudea, si trovava sotto la dominazione romana, mentre la Galilea, a nord, che non era sotto il diretto dominio di Roma, aveva un suo re della dinastia degli Erodiani. Potrebbe essere eccessivo definire quel sovrano un re-fantoccio, ma certo egli doveva tenere conto del dominio romano.

Non c'è dubbio. Gli storici discutono sulle forme e sui limiti del dominio romano. Alcuni tendono a circoscrivere la presenza fisica dei soldati romani in Galilea. Da un punto di vista politico, comunque, quei territori erano soggetti alla potenza romana ed Erode Antipa ne era lo strumento. Gesù viveva in una situazione multiculturale, consapevole dell'importanza di questo dominio. Senza tale sfondo la sua azione diventa incomprensibile, anche se bisogna dire che, quando Gesù era vivo, cioè durante i primi trent'anni del I secolo, non si ebbero episodi di violenta rivolta antiromana come quelli che si verificheranno nei quarant'anni successivi.

Lei ha detto poc'anzi che l'appellativo di Gesù era, in greco, christòs, *che traduciamo con «unto». A che cosa ci riferiamo parlando di unzione?*

Nella storia ebraica antica esistevano funzioni regali o d'altro tipo che richiedevano rituali di consacrazione. Una delle fasi del rito consisteva nel versare un po' d'olio sulla testa del consacrando. L'aggettivo «unto» è poi passato a indicare una determinata funzione. Ritengo che, nel I secolo della nostra era, in terra d'Israele la parola *mashiah*, unto, avesse perduto il suo significato etimologico. Non la si usava più per indicare il rito dell'unzione, bensì la funzione, peraltro vasta e discutibile, di un messia.

Dunque, quando noi chiamiamo Gesù mashiah *in ebraico, oppure* christòs *in greco, oppure «unto» in italiano, non ci riferiamo a una persona destinata, di necessità, a un ruolo regale. Potrebbe anche trattarsi della funzione preparatrice di un regno o di una qualche altra posizione elevata.*

È uno dei problemi. Il giudaismo dei tempi di Gesù attribuiva certo al messia una funzione politica, ma in modi molto vari e non sempre diretti. La funzione politica era invece evidente in figure designate con appellativi esplicitamente politici, come per esempio «re». I testi però non dicono con chiarezza se Gesù si sia mai considerato un messia. È come se Gesù, che di sicuro si considerava inviato da Dio con una missione particolare, stranamente non avesse scelto in modo esplicito questo titolo per se stesso. Sembra che preferisse un titolo diverso, «figlio dell'uomo», riferendosi forse a una figura che si trova nel libro di Daniele e nel libro apocrifo di Enoc. Dico «forse» perché quella definizione potrebbe anche derivare da altri passi della Bibbia ebraica, per esempio dal libro di Ezechiele, dove indica la condizione di uomo e non di essere soprannaturale. Alcuni pensano che, definendosi «figlio dell'uomo», Gesù volesse dire semplicemente «uomo», ossia rappresentante e portavoce della condizione umana. Lo sostiene, per esempio, James Robinson nel suo ultimo libro su Gesù, ma è opinione controversa.

Alcuni dei suoi primi seguaci lo indicano però come messia.
Messia, infatti, è usato piuttosto dai suoi discepoli. Anzi, in alcune occasioni si ha l'impressione che egli cerchi di impedire dichiarazioni esplicite sulla sua dignità messianica. Non è facile definire la sua fisionomia, anche perché nella letteratura del primo cristianesimo gli vengono attribuiti diversi altri titoli, come quello di profeta o di figlio di Dio. Ovviamente vanno interpretati nel contesto storico e religioso dell'epoca, non secondo concezioni cristiane successive.

Dunque, nonostante le molte difficoltà, è possibile parlare storicamente di Gesù purché si disponga di strumenti, metodo, preparazione adeguati. E di documenti, ovviamente. Questo mi pare, anzi, il punto principale, dal momento che parliamo di metodo storico: quali documenti ci permettono di proseguire il nostro dialogo?
Si tratta di un complesso apparato di testi. Fonti normalmente chiamate cristiane o protocristiane, che includono sia quelle canoniche sia quelle in seguito considerate apocrife o marginali. Disponiamo di una buona quantità di vangeli, di scritti protocristiani che parlano di visioni o che riferiscono racconti storici. In pratica dobbiamo rifarci all'intera documentazione protocristiana dei primi centocinquant'anni. Questi documenti vanno confrontati con la documentazione ebraica e con quella ellenistico-romana dell'epoca. È consentito valutare storicamente la figura di Gesù solo inquadrandola nella struttura culturale del tempo. Se invece ci basassimo solo sulle fonti costituite in sostanza dai quattro vangeli canonici, isoleremmo la sua figura dal contesto e la leggeremmo alla luce delle teorie successive. La grande sfida della ricerca storica è proprio confrontare le fonti riferendole al contesto ar-

cheologico, politico, letterario, linguistico, storico della terra
d'Israele e del mondo greco-romano del I secolo.

*La sua risposta chiarisce un aspetto, ma apre un diverso proble-
ma. Per alcuni decenni la vita e le opere di Gesù sono state affidate a
una trasmissione in prevalenza orale, il che ha confuso le date della
sua vita e causato interpretazioni differenti degli stessi fatti. Lei parlava poc'anzi di numerose fonti. Il canone cristiano vuole però che le
fonti del cosiddetto «Nuovo Testamento» siano i quattro vangeli canonici, gli Atti degli apostoli e altri pochi scritti, fra cui alcune epi-
stole, il corpo paolino.*

I primi gruppi di seguaci, dopo la morte di Gesù e fino alla
seconda metà del II secolo, diciamo gli anni 150, 160, 170, del-
l'era volgare, hanno vissuto senza Nuovo Testamento. Intorno
al 120-125, infatti, Papia di Hierapolis scrisse cinque volumi,
intitolati *Esposizione degli oracoli del Signore*, con i quali intendeva raccogliere tutte le testimonianze disponibili su ciò che
Gesù aveva detto e fatto. Riteneva attendibili le fonti orali, la
memoria di coloro che avevano ascoltato la sua viva voce o
che ne avevano avuto notizia da chi era stato testimone dei
fatti. Papia si fidava più di queste tradizioni orali che dei numerosi scritti in circolazione. Dunque, ancora nella seconda
metà del II secolo esisteva una robusta tradizione orale che
conviveva con un certo numero di opere scritte.

*In base a quali elementi, considerazioni, esigenze, opportunità,
sono stati scelti certi testi scartando gli altri?*

Faccio un esempio. Il Vangelo di Luca è stato scritto, si ritiene, all'incirca negli anni Ottanta del I secolo. L'autore (chiamato Luca, ma di cui in realtà ignoriamo il nome) scrive nelle prime righe che «molti altri» (usa proprio questa espressione)
hanno scritto sulle vicende di Gesù. Nonostante ciò, lui ha voluto fare ricerche più accurate per meglio accertare l'attendibilità della propria fede. Quindi, alla fine degli anni Ottanta, esistevano una molteplicità di vangeli. Ma l'autore che chiamiamo
Luca sentì il bisogno di scriverne un altro. Poiché sappiamo con
ragionevole certezza che questo autore conosceva il vangelo
detto «di Marco», dobbiamo concluderne che, secondo lui, il te-

sto di Marco conteneva una narrazione parziale delle vicende di Gesù. È inoltre probabile che l'autore del vangelo detto «di Giovanni», scritto forse dieci, forse anche venti o venticinque anni dopo il Vangelo di Luca, conoscesse sia il Vangelo di Luca sia il Vangelo di Marco. Nonostante ciò, pensò di redigere un ulteriore vangelo con una raffigurazione dei fatti e una quantità di informazioni su Gesù non contenute nei testi precedenti. Alla fine del Vangelo di Giovanni, nel capitolo 21, l'autore dice che sono talmente tante le cose che ha detto e fatto Gesù, che ci vorrebbe il mondo intero per contenere i libri che si potrebbero scrivere. Quindi, l'autore del Vangelo di Giovanni era consapevole che anche il suo testo aveva operato solo una delle scelte possibili in un materiale molto più vasto.

Quando e da chi vennero finalmente scelti i quattro vangeli del canone?

Non lo sappiamo di preciso. Si trattò di un processo lento che avvenne in modi diversi a seconda dei luoghi. Non tutte le Chiese accettarono, né tutte nello stesso tempo, un identico canone neotestamentario. Nell'area latina e greca solo nella seconda metà del II secolo cominciò ad affermarsi il riconoscimento di quattro vangeli come più importanti: Matteo, Marco, Luca, Giovanni. Ma non si trattava ancora del Nuovo Testamento. La lista dei libri considerati canonici varia. Si può dire che un elenco pressoché completo dei ventisette scritti oggi compresi nel Nuovo Testamento si ha solo fra il IV e il V secolo. Il primo elenco dei ventisette libri del Nuovo Testamento venne redatto da Atanasio di Alessandria nel 367 con una scelta poi confermata da alcuni concili dell'Africa del Nord. Secondo un'ipotesi fra le più diffuse, verso la metà del II secolo un grande personaggio religioso, Marcione, propose come testi fondamentali del cristianesimo il Vangelo di Luca e alcune delle lettere di Paolo escludendo completamente la Bibbia ebraica. La Chiesa di Roma e altre Chiese avrebbero reagito contro questa tendenza così restrittiva, sostenendo che bisognava includere anche i vangeli di Matteo, Marco e Giovanni nonché un'altra serie di scritti. Se questa ipotesi fosse vera, ne potremmo dedurre che nelle Chiese originarie avevano diritto di cittadinanza una molteplicità di posizioni. D'altronde, anche nell'attuale teologia cristiana esistono interpretazioni diverse sul significato del canone neotestamentario. Secondo alcuni la pluralità di scritti legittima altrettante posizioni teologiche, istituzionali, di visione del mondo. Altri sostengono invece che la costituzione di un canone limita la pluralità, poiché ogni scritto va interpretato alla luce dell'altro al fine di comporre un quadro tendenzialmente uniforme. Anche se la scelta fatta si rivelò più tollerante e ampia di quella inizialmente proposta da Marcione, il Nuovo Testamento ha lasciato fuori una notevole quantità di vangeli e di altri scritti che godevano di buona reputazione e che sono stati con il tempo relegati nell'oblio.

Poc'anzi lei, parlando del Vangelo di Luca, ha detto: «L'autore chiamato Luca, ma di cui in realtà ignoriamo il nome». Ora, la nozione corrente sui quattro vangeli è che i testi attribuiti a Marco, Matteo, Luca e Giovanni siano effettivamente stati scritti da quelle persone. In particolare molti ritengono che il vangelo detto «di Giovanni» sia stato scritto dal discepolo amato da Gesù, dunque da un testimone diretto dei fatti che racconta.

Matteo, Marco, Luca sono nomi attribuiti agli autori dei vangeli da una tradizione dei secoli successivi. Ciò vale anche per il Vangelo di Giovanni. Se ne leggiamo l'ultimo capitolo, troviamo queste parole (*Gv* 21,20): «Pietro allora, voltatosi, vide che li seguiva quel discepolo che Gesù amava, quello stesso che nella cena si era chinato sul suo petto e gli aveva domandato: "Signore, chi è che ti tradisce?"». Giovanni non rivela il nome del discepolo che Gesù amava. Se ne parla molte volte, ma non si dice chi sia. È un discepolo senza nome. Anche in questo caso è stata la tradizione successiva a pensare che si trattasse di Giovanni, fratello di Giacomo e figlio di Zebedeo. Sempre nel capitolo finale, tale vangelo prosegue: «Questo è il discepolo che rende testimonianza su questi fatti e li ha scritti; e noi sappiamo che la sua testimonianza è vera». La frase come si vede è contraddittoria. Da un lato afferma che questa parte del vangelo è stata scritta dal discepolo che Gesù amava; dall'altro, è chiaro che chi ha scritto quelle parole non è certamente il discepolo che Gesù amava. Infatti dice «noi sappiamo che la sua testimo-

nianza è vera». In sostanza, l'autore del vangelo, con questa frase, intendeva dire che ciò che aveva scritto si fondava più o meno direttamente sulla testimonianza del discepolo che Gesù
aveva amato. Quanto direttamente? Attraverso quanti gradi di
mediazione? È tutto da vedere. In ogni caso, l'ultimo redattore
del Vangelo di Giovanni si basa su tradizioni a lui pervenute,
non su una diretta conoscenza dei fatti.

*Come viene spiegata la lampante contraddizione logica del perio-
do finale?*

Si spiega con la mentalità dei «giovannisti», convinti di avere
un accesso diretto alla verità; grazie allo Spirito Santo si ritenevano in grado di capire ciò che Gesù aveva detto e fatto meglio
di chi aveva assistito alle sue azioni e udito le sue parole. Secondo il Vangelo di Giovanni, Gesù stesso dice che manderà ai suoi
seguaci lo Spirito, il quale li metterà in grado di conoscere «la
verità tutta intera» (*Gv* 16,13) e di capire ciò che Lui aveva fatto e
detto. Questo vangelo non è un'opera che racconti storicamente
i fatti, bensì un'opera di carattere profetico, scritta da persone sicure di possedere lo Spirito Santo come garante della loro verità.
È un testo molto complesso a partire dalla sua struttura. Infatti,
è stato riscritto molte volte da persone appartenenti a diverse
correnti delle scuole giovanniste. Alla fine del capitolo 20, per
esempio, sembra che il vangelo sia finito. Si legge: «Molti altri
segni fece Gesù in presenza dei suoi discepoli, ma non sono stati scritti in questo libro. Questi sono stati scritti perché crediate
che Gesù è il Cristo, il Figlio di Dio e perché, credendo, abbiate
la vita nel suo nome». A questo punto si potrebbe arguire che il
vangelo è finito. Invece subito dopo troviamo un altro capitolo,
il 21, già citato, che inizia così: «Dopo questi fatti, Gesù si manifestò di nuovo...». Segue la pesca miracolosa in Galilea e la promessa a Pietro. Le parole conclusive del capitolo 20 sono però il
chiaro indizio che il capitolo successivo è stato aggiunto in un
secondo tempo. Chi ha redatto per ultimo il Vangelo di Giovanni era convinto di essere ispirato dallo spirito di Dio che gli permetteva di interpretare i fatti della vita di Gesù meglio di chiunque altro. Si spiega così la sua convinzione di riferire in modo
corretto le opinioni del discepolo amato da Gesù.

Questo per ciò che riguarda Giovanni. Gli altri tre vangeli, di Marco, Matteo e Luca, detti «sinottici» in quanto presentano spiccate affinità, suscitano problemi altrettanto complessi?

Anche per Marco, Luca e Matteo i problemi non sono pochi. Matteo e Luca hanno brani che, non certo a caso, sono simili. Tutta una serie di parole attribuite a Gesù si presentano, in ambedue i vangeli, con una forma letteraria affine: stesse parole, stesso (o simile) ordine della frase, uguale (o simile) struttura sintattica. Se ne deduce che entrambi si sono basati su una fonte comune. Questa ipotesi storica va sotto il nome di «teoria delle due fonti» e una buona parte degli studiosi la condivide. Se Matteo e Luca hanno utilizzato due fonti fondamentali, una raccolta di parole di Gesù che entrambi riproducono (che gli studiosi indicano con la sigla «Q») e il Vangelo di Marco, si deve concludere che anche questi autori basavano le proprie convinzioni su fonti indirette, come facevano normalmente gli storici del mondo antico che non erano stati testimoni dei fatti narrati.

Perché fra i «molti» che hanno scritto, vale a dire fra i «molti» vangeli esistenti, sono stati selezionati quei quattro per dare vita a un canone ortodosso?

I motivi probabili sono stati che quei testi apparivano dottrinalmente sicuri secondo l'idea di ortodossia che le Chiese avevano in quel momento. Con altrettanta probabilità si riteneva che risalissero, direttamente o indirettamente, all'autorità di un apostolo della prima generazione cristiana, convinzione ritenuta però infondata da parte di molti storici, posto che questi vangeli furono certamente scritti da chi non conosceva di persona i fatti. Un teologo di qualche decennio fa avrebbe risposto che questi sono i testi migliori, quelli che presentano con maggiore attendibilità la figura di Gesù. Tali convinzioni sono oggi assai meno salde anche nei credenti. La scoperta della molteplicità di scritti protocristiani è relativamente recente, in sostanza data dalla fine del XIX secolo. Io stesso sono arrivato molto tardi a conoscere i testi non canonici e ho dovuto fare qualche sforzo per attribuir loro l'interesse storico-culturale che certamente hanno. L'influenza delle rappresentazioni classiche di Gesù, come lo presentano i vangeli di Marco, Luca e Matteo, è così forte da creare un attrito psicologico in chi, per esempio, legga per la prima volta il *Vangelo di Tommaso*.

Ecco un testo di cui pochissimi, al di fuori d'una ristretta cerchia di specialisti, conoscono l'esistenza. Anche se c'è stato un recente libro di Elaine Pagels, edito da Mondadori, che ne contiene la traduzione accompagnata da un brillante saggio. Sarebbe utile, credo, dire qualche parola sul suo contenuto.

Le persone diciamo «normali» ignorano in genere il *Vangelo di Tommaso*, anche se ormai questo testo gode di una fortuna straordinaria in certi settori della religiosità contemporanea. È apparso nelle biblioteche europee alla fine degli anni Cinquanta, mezzo secolo fa. Anche se alcuni frammenti greci erano già stati scoperti sul finire dell'Ottocento e altri brani erano stati citati da diversi scrittori cristiani antichi, la sua vera «scoperta» è avvenuta in Egitto, a Nag Hammadi, alla fine degli anni Quaranta. È un vangelo tradotto in copto, che trasmette 114 detti di Gesù, introdotti quasi sempre solo dalle parole «Gesù disse»; dettaglio, questo, di estrema importanza: conferma l'ipotesi che per una certa parte della tradizione, le parole di Gesù erano state trasmesse con brevi frasi in forma di detti sapienziali e normativi.

Quale immagine di Gesù trasmette questo corpus di detti?
Un Gesù mistico che dà grande importanza all'esperienza religiosa individuale. Questo vangelo è stato utilizzato per secoli dai monaci cristiani della Siria e dell'Asia Minore. Veniva considerato uno strumento adatto a coloro che si dedicavano all'approfondimento religioso, anche se le Chiese greche e latine non lo hanno mai inserito nella collezione canonica del Nuovo Testamento.

Mi accontenterei di una risposta anche solo ipotetica alla domanda che le ho già posto: con quale criterio sono stati scelti i testi di Marco, Matteo, Luca e Giovanni?
Infatti disponiamo solo di ipotesi. Una di queste è che alcuni «vangeli» non sono stati inseriti nella tradizione canonica per-

ché, nel III e IV secolo, venivano usati da gruppi considerati eretici. Faccio il caso del *Vangelo di Pietro*, redatto probabilmente in una zona vicina alla grande città di Antiochia, in Siria. Veniva usato, per esempio, nella Chiesa di Rhossos e venne scartato non tanto per i suoi contenuti, quanto perché i capi di quella comunità erano circondati da un alone di eresia. In realtà nei frammenti rimasti non c'è niente di eretico dal punto di vista dell'attuale teologia. Se leggiamo Clemente Alessandrino (Egitto, II secolo), vediamo come egli cerchi di sottrarre alcuni vangeli, poi considerati apocrifi, all'interpretazione non ortodossa data loro dai gruppi che li usavano. Sul vangelo che chiamiamo «degli Egiziani», egli dice più o meno: attenzione, questo testo non dev'essere interpretato come fate voi, perché in realtà la sua dottrina non è eterodossa. In seguito, invece, quanto più un vangelo era usato da un gruppo eterodosso, tanto più forte diventava la tentazione di eliminarlo. I motivi per cui sono stati scelti proprio quei quattro vangeli non sono chiari. Si può dire che siano stati esclusi quelli che contenevano un'immagine troppo giudaica di Gesù o che sembravano darne una visione gnostica o spiritualistica, come il *Vangelo di Tommaso*. La lotta contro il giudaismo e lo gnosticismo è probabilmente il motivo che ha indotto a escludere i vangeli che sembravano più vicini a questi orientamenti. Il problema che lei solleva è però secondario ai fini del nostro dialogo. Che cosa abbiano pensato le Chiese nel III secolo non è molto rilevante per lo storico, ciò che conta è se quei testi possano o no gettare una qualche luce sulla fisionomia storica di Gesù.

Non sono del tutto d'accordo. Parlando del Vangelo di Pietro *lei ha detto che ne sono rimasti solo frammenti. I vangeli di Matteo, Marco, Luca e Giovanni, invece, sono completi proprio perché hanno goduto dell'autorità e dell'attenta protezione della Chiesa. Questa diversità pone un problema di sostanza che potrebbe investire anche la rappresentazione «storica» di Gesù.*

Di questi vangeli, nei primissimi secoli dell'era volgare, ne esistevano molti. Poi è intervenuta la condanna all'oblio e oggi li riscopriamo grazie a fortunate campagne di scavo, certe volte per caso. Raramente ne possediamo il testo integrale.

Per conseguenza, le informazioni sono parziali e possono concorrere alla conoscenza storica di Gesù solo in modo marginale. Frammentari che siano, i vangeli non canonici attestano però che nei primi secoli del cristianesimo sono coesistite immagini e interpretazioni molto diverse di Gesù. Il fatto che i vangeli fossero molti e che per lungo tempo si continuasse a scriverne di nuovi significa anche che i quattro vangeli oggi ritenuti canonici non erano considerati un punto di riferimento unico. In questo senso i vangeli di Marco, Luca, Matteo e Giovanni assumono quindi un significato diverso.

Bisogna però dire che esistono vangeli, considerati oggi apocrifi, che non sono frammentari. Oltre al *Vangelo di Tommaso* c'è, per esempio, il *Protovangelo di Giacomo*. Altri vangeli, come quello di Pietro o quello del *Papiro Egerton 2* o il *Vangelo del Salvatore*, in copto, pubblicato per la prima volta nel 1999, ci sono pervenuti in frammenti abbastanza lunghi. Alcuni specialisti ritengono, per esempio, che il *Vangelo di Pietro* contenga la versione più antica della passione e morte di Gesù. Io stesso penso che il *Vangelo di Tommaso* ci trasmetta aspetti della visione mistica o spirituale di Gesù che hanno notevole attendibilità storica.

Lei ha dedicato anni allo studio di questi testi e di queste figure fondamentali non solo per la civiltà occidentale, ma anche per le nostre singole esistenze. Cristiani o non cristiani, siamo tutti coinvolti in ciò che il cristianesimo ha rappresentato. Da ciò che lei dice credo di arguire, anche se non essendo cattolico ho conoscenze solo marginali, che esista una notevole differenza fra ciò che voi specialisti sapete e di cui discutete e ciò che sa non dico il semplice fedele, ma anche il fedele «assiduo» che tuttavia si limiti ad ascoltare la parola dei suoi sacerdoti durante le funzioni sacre. Questa differenza di cognizioni tocca la sostanza delle cose?

Il credente che frequenta una Chiesa (protestante, ortodossa, cattolica poco importa) non ha come interesse primario conoscere storicamente Gesù. Il suo principale bisogno, il suo desiderio è la fede in Cristo, considerato una persona che cambia l'esistenza di chi crede in lui, una persona che si prega, con cui si comunica in modo sacramentale. In una visione del genere la conoscenza storica non ha molto rilievo anche se, per un altro aspetto, la conoscenza della vita di Gesù produce sempre nelle Chiese sommovimenti importanti. Buona parte dei grandi rinnovamenti nella storia della Chiesa, penso per esempio a Francesco d'Assisi, nascono da un rinnovato contatto con i testi dei vangeli e la fisionomia di Gesù. In secondo luogo, i testi biblici, quindi anche i vangeli del Nuovo Testamento, sono avvicinati nelle Chiese come «parola di Dio», oggetto di fede e di predicazione. La ricerca storica, invece, scava e mette in luce le loro diversità, le varianti introdotte dopo la morte di Gesù, e questo non è facile da accettare per i fedeli. Sono le ragioni per le quali i predicatori finiscono per tacere sulle conoscenze storiche che pure hanno appreso nelle facoltà teologiche o dallo studio scientifico dei testi sacri.

Nel corso del Novecento si sono verificati eventi che hanno cambiato la conoscenza storica di Gesù?

Sono numerosi, ma ne citerò solo uno: è affiorata la percezione netta che egli fosse un ebreo rimasto fedele alle tradizioni del suo popolo e al sistema religioso giudaico. Il cristianesimo è un movimento sorto dopo Gesù e che, per molti versi, ne ha nascosto l'ebraicità, allontanando da lui le Chiese di oggi. Gli studi storici ne hanno dimostrato l'ebraicità, tuttavia questa conquista è spesso ignorata dai fedeli e, anche quando è conosciuta, non è percepita in tutte le sue conseguenze.

Il fatto che Gesù sia stato un ebreo è addirittura un truismo, per usare un termine in questo caso un po' ironico; intendo dire che sembra un'ovvietà.

Meno di quanto lei creda. Comunque, a ciò si contrappone la tendenza delle Chiese a considerarlo solo come un cristiano. Il credente che vive all'interno d'una Chiesa reagisce sempre con sorpresa, talvolta con diffidenza o fastidio, quando in una conferenza o in un libro sente o vede qualcuno che sostiene l'ebraicità di Gesù facendo derivare da questo tutte le doverose conseguenze.

Di questo allora dobbiamo subito parlare.

Alcuni anni fa lo studioso Riccardo Calimani pubblicò un bel saggio dal titolo *Gesù ebreo* dove, fra l'altro, scriveva: «Gesù o Giosuè, in ebraico Yeshua' o Yehòshua' (il cui significato è "Dio salva"), in trascrizione greca Iesùs, era un nome comune fra gli ebrei dei tempi passati». In parte lo è anche oggi, basta pensare che uno dei massimi scrittori israeliani viventi è Abraham Yehoshua, in italiano Abramo Gesù. Partendo dunque dal nome, Calimani illustrava come Gesù di Nazareth sia stato un uomo pio, profondamente inserito nella tradizione religiosa dell'ebraismo. Il saggio uscì nel 1990. Da allora gli studi sull'ebraicità di Gesù non soltanto sono proseguiti, ma hanno avuto larga accettazione negli stessi ambienti cattolici, anche se resta nei fedeli una certa diffidenza nei confronti dell'argomento, che molti evidentemente affrontano con disagio. Più di recente, Harold Bloom ha scritto nel suo *Gesù e Yahvè* già citato: «I giudei hanno un rapporto difficile con Cristo, ma ciò non vuol dire che lo abbiano necessariamente anche con Gesù, che ha ben poca responsabilità di quanto il cosiddetto cristianesimo ha compiuto in suo nome». La novità, un'importante novità, verificatasi nell'ultimo mezzo secolo di studi biblici, è stata proprio il recupero, la riscoperta, dell'ebraicità di Gesù, laddove in precedenza l'antiebraismo cristiano tendeva a farne addirittura un critico della religione ebraica.

I testi evangelici, letti con attenzione e senza preconcetti, dimostrano quanto profondamente Gesù sentisse la propria ebraicità. La sua osservanza della Legge era così profonda e partecipe da fare della sua pietà religiosa una condizione necessaria per cercare di capire chi egli sia stato veramente. Molte sue idee e parole, molte sue azioni si comprendono solo se le si vede come manifestazioni del suo ebraismo. Accade però che, a partire dalla seconda metà del II secolo, i suoi seguaci, nella stragrande maggioranza, non furono più gli ebrei e il suo messaggio, per conseguenza, cominciò a essere interpretato alla luce di una nuova teologia. Il professor Pesce, nel corso di questo capitolo, offre numerosi esempi dell'ebraicità di Gesù, della sua osservanza dei riti, dei precetti dettati dalla Torah, in particolare nella preghiera. Io ne anticipo qui uno che riguarda le prescrizioni alimentari così come le troviamo nel libro della Bibbia chiamato Levitico dove (11,1 e seguenti) leggiamo: «Il Signore disse a Mosè e ad Aronne: "Riferite agli israeliti: questi sono gli animali che potrete mangiare fra tutte le bestie che sono sopra la terra. Potrete mangiare d'ogni quadrupede che ha l'unghia bipartita, divisa da una fessura, e che rumina. Ma fra i ruminanti e gli animali che hanno l'unghia divisa, non mangerete i seguenti: il cammello, perché rumina, ma non ha l'unghia divisa, lo considererete immondo; l'irace perché rumina, ma non ha l'unghia divisa, lo considererete immondo; la lepre perché rumina, ma non ha l'unghia divisa, la considererete immonda; il porco perché ha l'unghia bipartita da una fessura, ma non rumina, lo considererete immondo» e così via con una lunga e dettagliata lista di prescrizioni e di divieti. Quasi nessun cristiano rispetta ormai le prescrizioni della Bibbia che pure, in quanto Antico Testamento, dovrebbero avere la stessa forza cogente dei vangeli. Fino a qualche decennio fa si erano mantenute alcune blande pratiche di digiuno e di cibi chiamati «di magro», poi progressivamente scomparse con l'avvento della società dei consumi.

Altri elementi, particolarmente forti, che rendono riconoscibile l'ebraicità di Gesù, sono il modo, l'intensità, le formule delle sue preghiere, che il professor Pesce illustra con grande competenza, riservandoci non poche sorprese, a partire da quella toccante invocazione che chiamiamo, dalle sue prime parole, *Padre nostro*.

A chi intendeva rivolgersi Gesù con la sua predicazione? Il Vangelo di Matteo contiene una frase, poco nota perché poco citata, che sembra rispondere in modo sorprendente alla domanda: se stiamo a quelle parole, dobbiamo dedurre che Gesù volesse riservare la sua predicazione, e dunque l'azione morale che andava svolgendo, solo al suo popolo, solo cioè agli ebrei.

In questo quadro possiamo porci, infine, l'ulteriore domanda di quale significato abbia l'episodio dei mercanti scacciati dal Tempio, sicuramente uno dei più famosi dell'intera narrazione evangelica. Rientra anch'esso nel quadro dell'ebraicità del suo protagonista? Dobbiamo cioè scorgervi un significato religioso? O non ha, invece, un connotato politico o magari allegorico? Giovanni, per esempio, nel suo vangelo, il più tardo dei quattro canonici, sembra propendere per un'interpretazione di questo tipo. Ma noi sappiamo che in quel Tempio, come del resto in tutti i templi dell'antichità, si facevano sacrifici immolando animali, piccoli e meno piccoli. Gesù intendeva forse contrastare questa tradizione? O lo disgustavano le contrattazioni che di necessità dovevano avvenire nella compravendita degli animali? O le speculazioni che i mercanti, con la connivenza dei sacerdoti, organizzavano? Le domande sono numerose, tutte di notevole rilievo.

Quali sono gli aspetti della vita di Gesù che danno concretezza alla sua ebraicità?

Non c'è una sola idea o consuetudine, una sola delle principali iniziative di Gesù che non siano integralmente ebraiche. Egli crede in un Dio unico, e nel mondo antico questa è una caratteristica tipica degli ebrei. Oggi il monoteismo è molto diffuso e i cristiani non percepiscono più la fede in un unico Dio come una caratteristica culturale ebraica. Nel I secolo invece la principale differenza fra gli ebrei e gli altri popoli era il loro rifiuto del politeismo. Credere in un solo Dio comportava per ogni ebreo, compreso Gesù, una serie di conseguenze: Dio è creatore dell'universo e distinto da esso, guida la storia degli uomini, parla attraverso i profeti, si è rivelato a Mosè sul Sinai, ha concluso con il popolo ebraico un'alleanza, sigillata dalla Legge, che ne deve guidare la vita, la Bibbia ebraica riporta le sue parole. Tutti i concetti fondamentali espressi da Gesù sono ebraici: il regno di Dio e la redenzione, il giudizio finale, l'amore per il prossimo. Egli crede come un ebreo fariseo alla resurrezione dei corpi e non come un greco solo all'immortalità dell'anima. Gesù rispetta la legge religiosa ebraica: mangia secondo le regole bibliche, veste rispettando le tradizioni, compie pellegrinaggi al Tempio di Gerusalemme, osserva le festività del suo popolo, frequenta le sinagoghe, legge la Bibbia e la crede ispirata da Dio, prega il Signore secondo i tempi prescritti. Si sente un giudeo, diverso dai samaritani. Distingue l'umanità in due blocchi, da un lato gli ebrei dall'altro le genti, i gentili, i cosiddetti pagani. Ritiene di essere stato inviato da Dio a predicare solo agli ebrei e non ad altri.

Ho l'impressione che il credente di una confessione cristiana percepisca quasi sempre come una scoperta questa ebraicità.

Il cristianesimo attuale è una religione separata da tempo dall'ebraismo, quindi i cristiani non si rendono conto che molte loro idee sono in realtà idee ebraiche; leggendo i vangeli non percepiscono più l'ebraicità di Gesù perché quelle idee le sentono come cristiane. Inoltre, alcune azioni di Gesù vengono ancora interpretate come critiche all'ebraismo mentre non lo sono affatto. Si pensa, per esempio, che Gesù abbia abolito o criticato il riposo del sabato, ma non è vero, dipende solo da una lettura sbagliata e preconcetta dei vangeli. Si pensa che Gesù, cacciando i mercanti dal Tempio, volesse simboleggiare la fine del culto del Tempio e l'inizio di una nuova religione; il suo atto si inquadra, invece, nello spirito di uno zelante ebreo, e diversi testi ci indicano che Gesù considerava normali, anzi doverosi i sacrifici che nel Tempio si compivano.

Le sue osservazioni suggeriscono che, fino a quando non si inseriscono le parole e le azioni di Gesù all'interno del giudaismo, è impossibile capire chi egli sia realmente stato. Se si vuole davvero conoscerlo, bisogna togliere gli occhiali cristiani e guardarlo con occhi ebraici.

Faccio l'esempio delle prescrizioni alimentari. Nessun cristiano rispetta più le leggi alimentari della Bibbia. I cristiani mangiano la carne del maiale e di tutti gli altri quadrupedi che non ruminano e non hanno lo zoccolo fesso, mescolano derivati dal latte con derivati dalla carne, ignorano prescrizioni e divieti stabiliti dalla Bibbia nel libro del Levitico. Gesù non ha mai rifiutato queste norme, anzi le rispettava. Sono i cristiani dopo di lui che le hanno trascurate.

Certo, anche gli attuali seguaci di Gesù considerano l'Antico Testamento parola di Dio, e il Levitico, dove queste norme sono scritte, ne fa certamente parte. I cristiani però pensano che quel capitolo della «parola di Dio» sia superato. Gesù invece non lo considerava tale e rispettava alla lettera le prescrizioni della Torah, comprese queste. Un altro esempio è la preghiera. Ai tempi di Gesù un ebreo religioso aveva ore particolari da dedicarvi. Doveva dire, per esempio, due volte al giorno, al mattino e alla sera, una preghiera fondamentale nota come *Shemà Israel* («Ascolta, Israele»). Noi sappiamo che Gesù si alzava presto al mattino per pregare. È un'altra testimonianza del suo rispetto dell'ebraicità non solo come fatto culturale, ma come pratica religiosa. Gesù è un uomo ebreo che non si sente identico a Dio. Non si prega Dio se si pensa di essere Dio. Gesù, come ogni ebreo religioso, prega e interpella Dio. Il richiamo alla preghiera è in lui fortissimo. Ogni volta che deve prendere una decisione, prega cercando di capire che cosa Dio gli chiede. C'erano due tipi di preghiere nell'ebraismo del tempo: quella di tipo istituzionale, che si faceva in piedi e in cui ogni singolo ebreo si sentiva unito all'intero popolo, e quella di tipo personale, che si faceva faccia a terra, all'incirca come fanno i musulmani oggi. Nel Getsemani Gesù prega faccia a terra come qualsiasi ebreo che rivolga una pressante invocazione personale a Dio.

A Gesù dobbiamo fra l'altro la composizione di una delle preghiere più belle, che va sotto il nome di Padre nostro.

Il *Padre nostro* è, anche da un punto di vista storico, importantissimo. Se è permesso un passo indietro, il grande sociologo Marcel Mauss sosteneva che la preghiera è una delle forme religiose centrali. Tant'è che si è perpetuata, ovviamente con alcuni cambiamenti, dalle società più semplici a quelle più evolute. I sacrifici animali, per esempio, sono progressivamente scomparsi nelle forme socioreligiose che Mauss considera più evolute. La preghiera, invece, ha continuato a esistere. Se vogliamo entrare nell'esperienza più segreta di un uomo di fede, dobbiamo vedere in che modo egli preghi. Da un punto di vista storico è indubitabile che Gesù abbia insegnato il *Padre nostro*; grazie a questa preghiera possiamo ancora oggi penetrare un po' nella sua mente.

La preghiera detta Padre nostro *non è una completa invenzione, è modellata sul* Kaddish, *una bellissima preghiera ebraica antica che si apre parlando della santificazione del nome di Dio e dell'avvento del suo regno: «Sia magnificato e sia santificato il suo grande nome nel mondo che egli ha creato secondo la sua volontà. Che egli stabilisca il suo regno durante la tua vita e durante i tuoi giorni e nei giorni della casa di Israele, che ciò avvenga presto nel tempo prossimo».*

Questa preghiera ci è in parte pervenuta in lingua aramaica. Anche il *Padre nostro* si apre con l'invocazione: «sia santificato il tuo nome, venga il tuo regno». È un ulteriore elemento che dimostra quanto Gesù fosse radicato nella religiosità ebraica. Nella seconda parte del *Padre nostro* c'è poi una frase di enorme importanza. Gesù insegna ai suoi discepoli a dire: «rimetti a noi i nostri debiti, come noi li rimettiamo ai nostri debitori». Poiché è indubbio che sia stato Gesù a formulare questa preghiera, la frase mostra chiaramente quale concezione egli avesse della remissione dei peccati. I peccati vengono rimessi non in virtù della sua morte, bensì attraverso un rapporto triangolare fra l'uomo, Dio e il suo prossimo. Tu, Dio padre, rimetti a me i miei debiti così come noi li abbiamo rimessi (Matteo usa il passato, non il presente «li rimettiamo») ai nostri debitori. Gesù non dice: Dio rimette i peccati perché io Gesù Cristo morirò per i peccati degli uomini. È un ulteriore elemento che ci fa capire la differenza fra il Gesù ebreo e il Gesù cristiano: il Gesù cristiano è quello di cui san Paolo dice: «Cristo è morto per i nostri peccati secondo le Scritture». Il Gesù ebreo dice: è Dio che rimette i peccati. C'è un'evoluzione non piccola come si vede fra Gesù ebreo e Gesù come lo hanno rappresentato i primi cristiani. Quando ha insegnato il *Padre nostro*, egli non pensava di dover morire per i peccati degli uomini. Da questo punto di vista la ricerca storica ha un compito essenziale, che le teologie delle Chiese non possono eliminare.

Il Padre nostro *suona insomma come una preghiera integralmente ebraica.*

Non solo perché si rifà al *Kaddish*, ma anche perché non ha nulla di cristiano. Qualsiasi ebreo religioso la potrebbe recitare senza doversi per questo convertire al cristianesimo. In questa preghiera Gesù non è mai nominato. Egli non ha alcuna funzione nella salvezza dell'umanità. Gesù ha insegnato a pregare ai suoi discepoli in modo integralmente ebraico, esortandoli a rivolgersi direttamente a Dio, con i concetti tradizionali dell'ebraismo: la santificazione, l'attesa del regno di Dio, il rispetto della sua volontà, il perdono delle trasgressioni, la fiducia assoluta nella provvidenza di Dio come Padre.

Il grande riformatore Melantone ha sintetizzato il modo cristiano di conoscere Cristo in queste parole: «Conoscere Cristo significa conoscere i suoi benefici» (benefici di salvezza, naturalmente). Un atteggiamento che definirei doveroso per un cristiano: non tanto conoscere ciò che Gesù ha fatto e detto, ma mettersi in rapporto con lui per vedere che cosa si debba fare per salvarsi, per cambiare la propria esistenza, in altre parole per ricevere, grazie a lui, la salvezza. L'atteggiamento dello storico consiste, invece, nel cercare di conoscere Gesù non per i suoi benefici, ma per scoprire quali esperienze abbia vissuto, che cosa abbia realmente insegnato. I cristiani dei secoli passati, che non erano ebrei ed erano anzi ostili a essi, non s'interessavano molto alle circostanze della sua vita, considerando Gesù un essere soprannaturale da cui trarre salvezza. Gli storici contemporanei, al contrario, vedono in Gesù un uomo e sono quindi in grado di riscoprire anche la sua ebraicità.

Gesù predicava solo a ebrei, come si vede non solo dal complesso del suo insegnamento, che presuppone il monoteismo ebraico, ma anche da numerose sue affermazioni esplicite.

Il fatto che Gesù si sia limitato a predicare agli ebrei e che abbia rispettato integralmente la legge ebraica è una riscoperta delle ultime due generazioni di studiosi. Per un lettore dei vangeli abituato alla consueta predicazione cristiana, credo che questo sia ancora difficile da capire. A recuperare l'ebraicità di Gesù gli storici sono stati spinti, nell'ultimo mezzo secolo, da due grandi eventi. Il primo è che molte Chiese cristiane, dopo la Seconda guerra mondiale e la Shoah, hanno cercato di superare il secolare antigiudaismo, uno dei fattori che più hanno favorito l'antisemitismo di massa. Dopo la tragedia nazista e la Shoah, si è cercato di recuperare la dimensione ebraica di Gesù trasmettendola anche ai fedeli. Egli non rispettava solo le prescrizioni alimentari, come abbiamo detto, ma estendeva il suo rispetto alle istituzioni fondamentali: il Tempio, la sinagoga, le feste principali, soprattutto era un ebreo che si sentiva parte del suo popolo e lo amava. Ma il suo rispetto della Legge lo si vede anche nell'ossequio a certe tradizioni minori: per esempio, aggiungere all'abbigliamento le frange prescritte, segno di rispetto rigoroso per la tradizione nonché d'identità religioso-sociale.

Forse vale la pena di dire due parole sulle frange rituali che ornano il tallit *o manto di preghiera e il vestito di un ebreo religioso. La loro origine è in Numeri (15,37-40), dov'è scritto: «Il Signore aggiunse a Mosè: "Parla agli Israeliti e ordina loro che si facciano, di generazione in generazione, fiocchi agli angoli delle loro vesti e che mettano al fiocco di ogni angolo un cordone di porpora viola. Avrete tali fiocchi e, quando li guarderete, vi ricorderete di tutti i comandi del Signore per metterli in pratica ... e sarete santi per il vostro Dio"».*

Questo toccante particolare nell'abbigliamento di Gesù risulta, per esempio, dal Vangelo di Marco, dove si legge (6,56): «E dovunque giungeva, in villaggi o città o campagne, ponevano gli infermi nelle piazze e lo pregavano di potergli toccare almeno la frangia del mantello; e quanti lo toccavano guarivano». Matteo insiste due volte (9,20; 14,36) sul fatto che il mantello di Gesù aveva queste tradizionali frange. Il che ci mostra ancora una volta come egli rispettasse ogni tratto della religiosità ebraica. C'è in lui un'identificazione totale con la fede dei padri nella convinzione, con ogni probabilità, che una mediazione fra Dio e l'uomo è data anche dall'abito, come l'antropologia culturale di oggi ci insegna. Perfino nell'abito Gesù è un ebreo religioso del suo tempo.

Un abito speciale o qualche elemento distintivo nell'abito si ritrovano in ogni rito, in ogni fede, perfino nelle comuni militanze politi-

che. D'altra parte l'uso di abiti rituali è comune a tutte le religioni. Penso, per esempio, alle vesti e ai copricapo delle più alte gerarchie cattoliche che, con ogni evidenza, sono di remota ascendenza orientale, quando non direttamente ebraica. In ogni religione c'è un'uniforme per i celebranti, in qualche caso anche per i fedeli. Rivestire un certo abito o alcuni capi di vestiario o acconciarli in un certo modo fa parte del rito, si tratti di scintoisti, buddisti, musulmani, ebrei, cristiani di ogni confessione.

Nel nostro caso questo dimostra quanto Gesù sia lontano dalla cultura cristiana di oggi. Anzi, da questo punto di vista possiamo dire che Gesù è molto più vicino agli ebrei religiosi di oggi che non ai sacerdoti cristiani. Naturalmente bisogna aggiungere che egli ha obiettato su tutta una serie di pratiche tradizionali. Per esempio, lo ha fatto rispetto al precetto di antica tradizione che imponeva di lavarsi ritualmente le mani prima di mangiare. Sembra che non lo rispettasse né lo facesse rispettare ai suoi discepoli, tant'è vero che qualcuno – secondo i vangeli di Marco e Matteo – gli chiese (*Mc* 7,5): «Perché i tuoi discepoli non si comportano secondo la tradizione degli antichi, ma prendono il cibo con mani immonde?». Rispose Gesù: «Voi osservate la tradizione degli uomini» (*Mc* 7,8). Gesù rispettava la Torah, ma le dava anche una sua interpretazione che lo distingueva rispetto ad altri maestri. Questo, però, non fa certo di lui un cristiano o un non ebreo; semplicemente lo qualifica rispetto ai vari gruppi ebraici allora esistenti.

Possiamo vedere alla luce di questa ebraicità il celebre episodio della cacciata dei mercanti dal Tempio? Costoro erano essenzialmente o dei cambiavalute che convertivano in moneta locale le valute in uso nelle diverse province, oppure dei venditori di animali, piccoli e meno piccoli, per i sacrifici. Quando Gesù li scaccia a colpi di frusta, dà sicuramente prova della sua personalità e della sua concezione del Tempio. Quei mercanti rappresentavano però una consuetudine, stavano lì da molto tempo. Che senso dare alla sua violenta reazione?

L'episodio è problematico. L'interpretazione prevalente è stata di scorgervi l'inizio di un nuovo ordine religioso. Questa interpretazione è particolarmente forte nel Vangelo di Giovanni, che vede nell'episodio e in certe parole di Gesù una contrapposizione fra il Tempio di Gerusalemme e il tempio del proprio corpo. Gesù dice (*Gv* 2,19): «Distruggete questo tempio, e in tre giorni lo farò risorgere». Dopo la sua resurrezione i discepoli si ricordano di queste parole e – anche alla luce della Bibbia interpretata in modo molto particolare – elaborano l'ipotesi che egli parlasse non del Tempio di Gerusalemme bensì del tempio del suo corpo (*Gv* 2,22).

E dunque che, così dicendo, accennasse alla propria resurrezione.

Giovanni interpreta le parole di Gesù «Distruggete questo tempio, e in tre giorni lo farò risorgere» in modo metaforico, come se la riedificazione del tempio significasse la resurrezione del suo corpo inteso come tempio, cioè come luogo dove abita la divinità. È un'interpretazione che ha poca probabilità di riflettere il vero pensiero di Gesù. Si tratta di un'esegesi elaborata alla fine del I secolo, quando ormai i seguaci di Gesù tendevano a formare gruppi indipendenti dalle comunità ebraiche e dall'ebraismo, e il Tempio di Gerusalemme non esisteva più.

E i mercanti scacciati a colpi di frusta?

L'interpretazione più probabile è quella data da Ed P. Sanders, studioso cristiano di tendenza protestante liberale. Nel libro *Gesù e il giudaismo* egli cerca di dimostrare come l'azione di Gesù nel Tempio sia da interpretare alla luce delle concezioni escatologiche ebraiche di allora. Secondo queste concezioni, nel mondo che verrà, nel regno di Dio futuro, ci sarà un nuovo Tempio in sostituzione del vecchio. Il gesto di Gesù preannuncia l'avvento di questo nuovo Tempio. Del resto, a pochi chilometri da Gerusalemme gli abitatori di Qumran parlavano nei loro scritti del Tempio futuro, di un'azione dello Spirito Santo, di un Israele rinnovato. Ci sarebbe stata una nuova realtà, un grande rinnovamento, una nuova Gerusalemme e perciò anche un nuovo Tempio, frequentato da un popolo di Israele purificato e totalmente fedele alla legge di Dio.

Restiamo ai fatti: il Tempio, i cambiavalute, i venditori di animali per i sacrifici. Davanti a questo spettacolo, che immaginiamo movimentato e vociante, c'è la reazione di Gesù, che grida di non trasfor-

mare il Tempio in un covo di ladri. Questo è, per così dire, il dato di cronaca. Si tratta però di elementi che dobbiamo inquadrare nella complessa personalità del protagonista.

Un aspetto che spesso viene dimenticato è che i sacrifici erano previsti dalla Bibbia, erano cioè volontà di Dio, poiché la Torah è rivelazione divina. Ma se ci vogliono sacrifici ci devono anche essere animali da sacrificare, persone che vendano questi animali e cambiavalute che permettano di acquistarli con una moneta a corso legale nel Tempio. Se interpretiamo l'episodio secondo la teologia cristiana, imponiamo una visione in base alla quale Gesù avrebbe contrapposto all'ebraismo la nuova religione del cristianesimo. Alla luce dell'ebraismo, invece, vediamo che Gesù non ha mai parlato contro i sacrifici. Egli dice (*Mt* 5,23-24): «Se dunque presenti la tua offerta sull'altare e lì ti ricordi che tuo fratello ha qualche cosa contro di te, lascia lì il tuo dono davanti all'altare e va' prima a riconciliarti con il tuo fratello e poi torna a offrire il tuo dono». Quando guarisce un lebbroso, dice (*Mc* 1,44): «Va', presentati al sacerdote, e offri per la tua purificazione quello che Mosè ha ordinato [cioè i sacrifici]». Nelle prescrizioni per la purificazione dei lebbrosi, capitolo 14 del Levitico, c'è un elenco di animali da sacrificare. Gesù non aveva nulla contro i sacrifici, infatti l'episodio va interpretato senza considerare la successiva teologia cristiana.

Che senso dare allora a quella scena tante volte raccontata, ricostruita, resa allegorica?

Non abbiamo indicazioni precise. Possiamo ragionevolmente ipotizzare che, convinto di essere nell'imminenza del giudizio finale e dell'avvento di un nuovo mondo, egli volesse mostrare quali comportamenti tenere nel Tempio in attesa di questo rinnovamento. Anche se non era contrario per principio ai sacrifici, può darsi che lo fosse verso alcune pratiche che giudicava irrispettose. Uno studioso americano, Bruce Chilton, ha ipotizzato che il problema fosse una riforma nella collocazione degli animali sulla spianata del Tempio voluta dal sommo sacerdote Caifa. A me pare un'interpretazione troppo razionalizzante, anche se su questo punto il dibattito era certamente vivo. Ritengo più verosimile che Gesù abbia voluto criticare la volgarità e gli interessi mercantili che prosperavano, con la connivenza dei sacerdoti, anche nei pressi del Tempio. In tutto il mondo antico la pratica sacrificale era importante, coinvolgeva un tale complesso di attività da condizionare l'economia e le relazioni sociali. Gesù non condanna il culto ebraico tradizionale, ne difende la purezza.

Un secondo aspetto di grande interesse riguarda la diversa collocazione dell'episodio. Marco, e i vangeli di Matteo e Luca che dipendono da Marco, situano l'episodio alla fine della vita pubblica di Gesù. Giovanni, invece, lo colloca all'inizio.

La collocazione di Giovanni in apertura fa dell'episodio quasi un atto programmatico. Lo interpreto come una forma di cristianizzazione del Gesù ebreo. I vangeli, normalmente considerati fonti primarie per conoscere Gesù, sono in realtà una delle prime forme di cristianizzazione della sua figura. Potremmo dire, per paradosso, che sono una forma di allontanamento da Gesù stesso. Affermazione che definisco «paradossale», quindi in qualche modo ingiustificata, dal momento che proprio i vangeli ci servono per conoscerlo. Certo lo fanno conoscere, però filtrato da una luce degiudaizzante.

Resta l'estrema curiosità della diversa collocazione. Una corrente di studiosi sostiene che i vangeli sono inattendibili come fonti storiografiche e che il loro contenuto può essere valutato solo in funzione teologica, allegorica o programmatica.

Giovanni, situando l'episodio all'inizio dell'attività pubblica di Gesù, lo interpreta come se egli parlasse non della distruzione materiale dell'edificio, bensì della propria morte e resurrezione. Così facendo, prepara una frase che troviamo poco dopo, nel capitolo 4, dove Gesù pronuncia parole che nessun altro vangelo riporta (*Gv* 4,21.23): «È giunto il momento in cui né su questo monte [il monte Garizim dei samaritani] né in Gerusalemme adorerete il Padre ... è giunto il momento, ed è questo, in cui i veri adoratori adoreranno il Padre in spirito e verità». I tre vangeli sinottici (Marco, Luca e Matteo) non riportano la frase. In quei testi la cacciata dei mercanti si trova al termine dell'attività pubblica di Gesù. Anzi, quest'azione clamorosa diventa uno dei motivi del suo arresto, richiesto dalle irritate autorità del Tempio. I sinottici, testi più vicini al fatto storico di quanto non lo sia Giovanni, conservano parte della carica religiosa ebraica del gesto.

Se si definisce il tempio come luogo in cui abita la divinità, per Giovanni il vero tempio non è un «edificio», ma il corpo stesso di Gesù. Poiché però Gesù è ormai morto quando il vangelo viene scritto, l'unico modo per stare vicini a Dio (entrare cioè nel tempio) è entrare in unione mistica con Gesù risorto. Con il giovannismo siamo cioè di fronte a un particolare tipo di cristianesimo nascente, un cristianesimo mistico. Il corpo di Cristo è il luogo dove abita la divinità e chi vuole avere un rapporto con Dio deve unirsi misticamente a Cristo.

Questa interpretazione ci porta lontano dal Gesù storico. Egli sente di appartenere al popolo d'Israele al punto da voler destinare la sua predicazione solo ai suoi compatrioti, al contrario di quanto avverrà in seguito specialmente con Paolo. In Matteo egli dice di essere stato inviato soltanto alle pecore perdute della casa di Israele e così esorta i discepoli (Mt 10,5-6): «Non andate fra i pagani e non entrate nelle città dei samaritani; rivolgetevi piuttosto alle pecore perdute della casa di Israele». Un'esortazione che torna altre volte. Sembra chiaro che non voleva convertire i gentili, bensì limitarsi a predicare al suo popolo.

Il vangelo che più insiste su questo aspetto è quello di Matteo, un testo con caratteri fortemente ebraici. È l'unico che sostenga in modo chiaro e ripetuto che Gesù non vuole cambiare neppure una virgola, se vogliamo usare un termine attualizzante, della Torah, vale a dire della legge religiosa contenuta nei primi cinque libri della Bibbia. È in Matteo (15,24) che si leggono quelle parole sconvolgenti: «Non sono stato inviato che alle pecore perdute della casa di Israele». Se stiamo a queste parole sembra addirittura che la missione di Gesù, considerata divina dato che a mandarlo è Dio, sia rivolta non a tutta l'umanità, ma soltanto ai giudei e neppure a tutti i giudei, ma ai giudei sviati, alle pecore perdute, perché gli ebrei religiosi, gli ortodossi, gli osservanti non hanno bisogno di lui.

*Come viene spiegata questa frase così importante e così poco cita-
ta dall'esegesi dei biblisti?*

Secondo alcuni studiosi queste parole non sarebbero state
effettivamente pronunciate da Gesù. Si tratterebbe invece di
una frase attribuita da Matteo a un Gesù che viene, in qualche
modo, regiudaizzato. Il mio parere è che Gesù fosse proprio
come Matteo ce lo rappresenta: la sua predicazione si svolge
in gran parte, se non per intero, all'interno della terra d'Israele
ed è diretta al suo popolo. Vero peraltro che la terra d'Israele
era profondamente ellenizzata, romanizzata, con una consistente presenza di non ebrei, per cui Gesù deve certamente essersi misurato anche con questa realtà. Deve aver riflettuto su
questa dimensione per dir così «internazionale», avendo con-
tatti anche con non ebrei, come alcuni episodi chiaramente
fanno capire. Resta che egli non ha mai tentato di convertire
dei non ebrei. Non ha mai predicato per loro, non li ha mai in-
dotti a lasciare il politeismo a favore del monoteismo. Lo fa-
ranno, dopo la sua morte, alcuni suoi seguaci, poi le Chiese
cristiane, il che comporterà modificazioni non piccole rispetto
a ciò che Gesù praticava e predicava.

III

I MOLTI ASPETTI DI GESÙ

Gesù ebreo, dunque, come abbiamo visto nel capitolo precedente, la sua origine, la sua appartenenza, un connotato a lungo rimosso con imbarazzo, spesso con ostilità, sostituito con le varie fisionomie che i suoi fedeli gli hanno attribuito nel corso dei secoli. Quali fisionomie? Non esiste un carattere, un tratto che identifichi con certezza Gesù nella sua umanità. Nessuno sa quale aspetto egli avesse mentre, per quanto riguarda il suo messaggio, ogni epoca, ogni comunità, ha privilegiato questa o quella delle sue parole, delle sue azioni, attingendo alla molteplicità frammentaria dei suoi detti. Il tentativo di questo libro è delineare un ritratto «terreno», spogliando cioè la sua immagine dalle stratificazioni della successiva teologia. Ma per rendere ancora più chiara la difficoltà della prova, dunque anche i suoi limiti (almeno per quanto riguarda me), cito, dal suo libro *Essere cristiani*, un brano del teologo dissidente Hans Küng, che mostra quale multiforme estensione abbia assunto la figura mitica di Gesù e, di conseguenza, quali siano le difficoltà di racchiuderlo in uno schema biografico. Scrive Küng:

Quale immagine di Cristo è quella autentica? È il giovane imberbe, bonario pastore dell'arte catacombale paleocristiana, oppure il barbuto trionfante imperatore cosmocratico della tarda iconografia relativa al culto imperiale aulico, rigido, inaccessibile, minacciosamente maestoso sullo sfondo dorato dell'eternità? È il *Beau Dieu* di Chartres o il misericordioso salvatore tedesco? È il Cristo re, giudice del mondo, troneggiante in croce sui portali e nelle absidi romaniche? Un uomo dolente raffigurato con il crudo realismo del Cristo sofferente di Dürer e nell'unica raffigurazione superstite di Grünewald? È il protagonista della disputa di Raffaello dalla impassibile bellezza o l'umano moribondo di Michelangelo? È il sublime sofferente di Velázquez o la figura torturata

dagli spasimi del Greco? Sono i ritratti salottieri impregnati di spirito il-
luministico di Rosalba Carriera, in cui si muove un elegante filosofo popolare, oppure le edulcorate rappresentazioni del cuore di Gesù nel tardo barocco cattolico? È il Gesù del XVIII secolo, il giardiniere o il
farmacista che somministra la polvere della virtù, o il classicistico redentore del danese Thorvaldsen, che scandalizzò il suo compatriota
Kierkegaard eliminando lo scandalo della croce? È il Gesù mite ed esau-
sto dei nazareni tedeschi e francesi o dei preraffaelliti inglesi o è il Cristo
calato in ben altre atmosfere dagli artisti del XX secolo Nolde, Picasso,
Matisse, Chagall?

Il brano di Küng è molto bello, molto emozionante. Quando
si esamina Gesù (ma non è lo scopo di questo libro) come «figlio di Dio», redentore del mondo, entità metafisica, vero uomo e vero Dio, queste differenti e in qualche caso contrastanti
attribuzioni si spiegano con la sua misteriosa entità onnipotente, onnipresente, eterna. Se invece lo si considera, come qui
dobbiamo fare, da un punto di vista solo biografico, allora si
vede che queste differenti visioni, incarnazioni e rappresentazioni della sua figura dipendono, in maniera molto semplice,
molto banale, dalla scarsità e/o ambiguità dei testi che lo riguardano. Infatti Küng sostiene anche che non è possibile usare i vangeli come fonte storiografica perché ne «mancano i
presupposti». Il Vangelo di Giovanni, il meno antico dei quattro contemplati dal Nuovo Testamento, è anche quello che
contiene una raffigurazione di Gesù più interiore. Il testo descrive sì le azioni, ma dandone una rappresentazione astratta,
mentale, metafisica. Ha scritto Weddig Fricke nel suo *Il caso
Gesù*: «Nel Gesù giovanneo non esistono debolezze umane, né
il battesimo di penitenza, né le tentazioni di Satana, né i timo-
ri e le tentazioni di Getsemani, né le cadute sulla via del patibolo». Scompare perfino quello straziante, tragico grido di dolore sulla croce trasmesso da Marco e Matteo: «*Eli, Eli, lemà
sabactàni?*», Dio mio, Dio mio, perché mi hai abbandonato?

Un Giovanni, di chiunque si tratti, è anche l'autore dell'A-
pocalisse, un testo, mi si perdoni il povero gioco di parole, apocalittico. Intendo dire uno dei massimi testi visionari che mai
siano stati scritti. Non c'è surrealismo che tenga rispetto all'e-
scatologia allucinata dell'Apocalisse. Per tornare al Vangelo di
Giovanni, anche agli occhi di un non cattolico quel testo risulta

molto emozionante, molto più degli altri vangeli ufficialmente riconosciuti dalla Chiesa. È scritto da un intellettuale, capace di dare un'alta rappresentazione dell'uomo di cui parla.

Nel suo *Dizionario filosofico* e in altre opere, Voltaire si occupa molto proprio di questo argomento. Secondo il pensatore francese a numerosi episodi citati nei vangeli si può dare solo un significato mistico, simbolico, certo non storico. Postosi anch'egli alla ricerca di una fisionomia il più possibile certa di Gesù, Voltaire tenta un elenco di relative certezze cognitive e scrive: «Gesù nacque sotto la Legge mosaica, fu circonciso secondo quella Legge, ne seguì tutti i precetti, e predicò soltanto di cose che riguardano la morale. Egli non rivelò il mistero della sua incarnazione; non disse mai agli ebrei di essere nato da una vergine; ricevette la benedizione da Giovanni nell'acqua del Giordano (cerimonia cui si sottoponevano molti giudei), ma non battezzò mai nessuno, non parlò mai dei sette sacramenti, e non istituì alcuna gerarchia ecclesiastica finché fu in vita. Nascose ai suoi contemporanei di essere figlio di Dio, generato *ab aeterno*, consustanziale a Dio, e che lo Spirito Santo procedeva dal Padre al Figlio. Neppure disse che la sua persona era composta di due nature e di due volontà. Volle che questi grandi misteri fossero annunciati agli uomini in prosieguo di tempo, da quelli che sarebbero stati illuminati dallo Spirito Santo. Finché visse non si allontanò in nulla dalla religione dei padri: si manifestò agli uomini semplicemente come un Giusto caro a Dio, perseguitato dagli invidiosi».

Voltaire e gli illuministi hanno contato a dismisura sulla forza della ragione, si potrebbe dire che si sono eccessivamente affidati alle sue capacità. Ma bisogna anche considerare che per secoli la Chiesa aveva esercitato un controllo autoritario su ogni campo del pensiero e della ricerca, non esitando a ricorrere al «braccio secolare» per infliggere pene severe, comprese la tortura e la morte. Negli illuministi si sente fino all'eccesso il bisogno di una liberazione, il desiderio di contare solo sulle proprie forze. Come ha scritto Kant: «L'Illuminismo è l'uscita dell'uomo dallo stato di minorità che egli deve imputare a se stesso. Minorità è l'incapacità di valersi del proprio intelletto senza la guida di un altro». Oggi è sempre meno così. La ragione, intesa come strumento per conoscere la realtà, ha minori difficoltà ad ammettere i suoi limiti, mentre una certa «metafisica», a volte ridotta allo stato di impostura o di superstizione, ha riconquistato un suo posto nel mondo.

Sono molti gli aspetti di Gesù, della sua complessa personalità, così come ce li suggeriscono i testi che parlano di lui, a cominciare dai tre vangeli «sinottici» e dall'altro e più misterioso, il testo detto «di Giovanni». Da qui bisogna cominciare.

Abbiamo visto alcune caratteristiche del Gesù «ebreo»; avviciniamoci maggiormente a questa complessa figura.

Ogni rappresentazione storica, ogni esperienza umana è necessariamente soggettiva o, meglio, è necessariamente particolare e perciò coglie della realtà solo alcuni aspetti. La molteplicità delle immagini di Gesù di per sé non è scandalosa né può indurre al relativismo. Il punto di vista di ciascuno, gli aspetti particolari che ciascuno vede, possono coesistere.

L'ambiguità della sua rappresentazione dipende dalla scarsità delle fonti?

Più che definirle ambigue per «scarsità» direi che le fonti riflettono la fede di chi le ha scritte. L'adesione di fede dell'autore non ne elimina però il valore storico. Ogni autore dei vangeli ha aderito a Gesù vedendo realizzate in lui certe sue aspirazioni. La molteplicità degli aspetti presenti in Gesù o a lui attribuiti dipende anche dal meccanismo con cui la conoscenza umana si attua, sempre influenzata dal punto di vista, dalla collocazione culturale, dall'esperienza personale di chi osserva. È vero che per Gesù abbiamo poche fonti a disposizione, ma ipotizziamo il caso opposto: un personaggio di oggi per il quale disponiamo di grande abbondanza di fonti, anche di prima mano. Perfino in un caso del genere, gli storici che si occupano di lui hanno visioni diverse e contrastanti del personaggio. Da che cosa dipendono queste molteplici interpretazioni? Dalla prospettiva di chi guarda, dagli aspetti che si vogliono o che si è capaci di cogliere. A me sembra, in definitiva, che una possibile molteplicità sia inerente a ogni forma di conoscenza. Senza affatto sconfinare nello scetticismo, bisogna rendersi conto che la conoscenza umana, compresa quella dei teologi e delle formulazioni dogmatiche delle Chiese, è sempre parziale, prospettica, scorge alcuni aspetti, ne ignora altri.

L'iniziale citazione di Küng potrebbe aiutare a mettere in luce anche altri aspetti o argomenti?

Non tutti i vangeli ci presentano una sia pure schematica biografia del personaggio narrato. Il *Vangelo di Tommaso*, per esempio, rinuncia in partenza a un tentativo del genere, ci dà soltanto una serie di frasi, massime, precetti distaccati, di modo che la biografia, in quanto narrazione più o meno coordinata di eventi, è di fatto esclusa.

Lei ha già citato, ma solo di sfuggita, questo vangelo assai poco conosciuto. In che cosa consiste?

Gli specialisti si sono molto occupati di questo testo dopo la sua scoperta negli anni Quaranta del Novecento nell'ambito di un grande ritrovamento di manoscritti in lingua copta nella località egiziana di Nag Hammadi. Circa mezzo secolo prima, sempre in Egitto, a Ossirinco, se ne erano trovati alcuni frammenti in greco, che è probabilmente la lingua originale di stesura. Il testo, integro, si compone di 114 frasi di Gesù, introdotte semplicemente e quasi sempre dall'espressione «Gesù disse». Non si racconta in quale occasione, né perché, né dove egli abbia pronunciato quelle parole. Uno schema narrativo lo troviamo invece nel Vangelo di Marco e negli altri tre vangeli canonici, così come in altri vangeli di cui sono rimasti solo piccoli frammenti. Lo schema biografico dei vangeli non equivale però alla registrazione di un testimone. È solo un'ipotesi narrativa fatta dai primi evangelisti. Se esaminiamo il Vangelo di Marco e quello di Giovanni vediamo quanto profondamente differisca la ricostruzione della storia di Gesù. Ma, per tornare a Hans Küng, è talmente vera quella sua elencazione che potrebbe addirittura essere ampliata. Un ricercatore italiano, Daniele Menozzi, si è dedicato al Gesù dei rivoluzionari francesi constatando l'esistenza di un Gesù dei sanculotti, uno dei giacobini, uno dei girondini e uno infine dei cattolici rivoluzionari. La stessa molteplicità che si ritrova nei vangeli. Il Gesù di Luca, per esempio, è molto attento ai poveri e ai diseredati. Marco narra di un Gesù taumaturgo ed esorcista. Giovanni lo rende come parola di Dio fatta carne, che traluce attraverso la sua umanità. Ogni vangelo ha e dà un'immagine diversa del protagonista. Questo però non ha reso scettici i primi cristiani, il cristianesimo non è una religione del libro, non si basa sull'esattezza biografica di un testo, trae da altre fonti le sue certezze, la capacità di trasformare i singoli e le società.

Il Vangelo di Giovanni è il più tardo fra i quattro ufficialmente riconosciuti dalla Chiesa.

La produzione di vangeli non si è certo esaurita con la fine del I e l'inizio del II secolo. Ne esistono molti altri, scritti anche cento o duecento anni dopo. Il contenuto del Vangelo di Giovanni è certamente molto particolare. Riflette il pensiero di un gruppo, i cosiddetti giovannisti, al quale dobbiamo la produzione di molti altri libri, fra i quali l'Apocalisse. La tradizione attribuisce tali opere a un solo autore. I più tradizionalisti vorrebbero addirittura che questo Giovanni fosse un discepolo storico di Gesù, ossia Giovanni, fratello di Giacomo e figlio di Zebedeo.

Il che ne farebbe un testimone oculare dei fatti, forse addirittura il discepolo più amato, come abbiamo detto.

Le cose in realtà non stanno così. Il Vangelo di Giovanni è stato composto alla fine del I secolo, forse agli inizi del II, da discepoli del discepolo che nel testo viene definito «amato». L'Apocalisse è stata sì scritta da un Giovanni, ma non sappiamo di quale Giovanni si tratti e, in ogni caso, fa parte anch'essa della costellazione di testi che definiamo «giovannisti» a causa di un'innegabile aria di famiglia. Un primo aspetto notevole di questo vangelo è il prologo in cui si dice che Gesù, in realtà, è un essere che preesisteva alla sua nascita fisica, era la parola con cui Dio ha creato il mondo. Quando la parola, il Verbo, si fa carne ed egli nasce, si crea una situazione per la quale la parola stessa di Dio assume figura umana. Tutto il Vangelo di Giovanni è pervaso da questa percezione: Gesù appare come un uomo, in realtà è anche altra cosa da ciò che appare, è il *Lo-*

gos per usare il termine greco di cui si è servito il testo, cioè il Verbo. Questo vangelo suggerisce che chi si limita a vedere l'aspetto corporeo o intende solo l'aspetto letterale di ciò che egli dice, non ne percepisce la vera essenza, né coglie il senso profondo delle sue parole.

Questo vangelo è costruito su una precisa struttura narrativa. Elenca i fatti, le circostanze in cui avvengono, le località.

Il Vangelo di Giovanni è stato redatto tre, quattro, forse cinque volte. La sua struttura narrativa racchiude circa due anni e mezzo della vita del Cristo in dodici capitoli; ma dedica cinque interi capitoli a quell'ultima sera che Gesù passa con i suoi discepoli più stretti. È come se, parlando in termini cinematografici, le tre ore dell'ultima sera fossero rappresentate quasi in tempo reale. Tutto il periodo precedente, per contro, scorre molto velocemente.

Il testo presenta differenze notevoli rispetto agli altri vangeli negli episodi citati, nella loro successione, negli spostamenti del protagonista in terra d'Israele, nella stessa cronologia dei fatti.

La prima notevole differenza è nella struttura narrativa. Il Gesù narrato da Giovanni celebra tre feste di Pasqua: due a Gerusalemme, una in Galilea. Essendo la Pasqua una festa annuale di primavera, se ne deduce che la sua attività pubblica dovrebbe essere durata almeno tre anni. In secondo luogo, Gesù si reca a Gerusalemme non solo per la Pasqua, ma anche in altre occasioni: per la festa invernale della dedicazione del Tempio, in ebraico *Hannukkà*; per la festa autunnale delle Capanne o *Sukkot*; per un'altra festa che il Vangelo di Giovanni non specifica, ma che è probabilmente *Shavuot*, quella che i cristiani chiameranno Pentecoste. I vangeli di Marco, Luca e Matteo, al contrario, parlano di una sola andata a Gerusalemme in occasione della Pasqua. A loro dire la sua attività pubblica potrebbe essere durata al massimo un anno, forse un po' di più, forse addirittura di meno. La tradizione ecclesiastica ha accettato lo schema cronologico di Giovanni cercando di inserire nei tre anni da lui implicitamente menzionati tutti gli eventi di cui parlano i restanti vangeli sinottici. In realtà, fra questo testo e gli altri ci sono differenze anche più forti. L'autore del Vangelo di Giovanni non cita il *Padre nostro*; non conosce nessuna delle parabole presenti negli altri vangeli, e ne riporta invece altre: per esempio quella della vite e dei tralci o del buon pastore. Giovanni Battista e Gesù sembrano non conoscersi affatto, mentre Luca sostiene che erano parenti.

Si potrebbe risolvere il bisticcio dicendo che si conoscevano le rispettive madri mentre i due giovani non si erano mai incontrati. Caso non raro di cugini che di fatto non si conoscono.

Non mi sembra verosimile in comunità poco numerose e in villaggi di modesta estensione. Ma ci sono anche altre contraddizioni; per esempio, secondo Giovanni Gesù sceglie i suoi discepoli quasi subito dopo il battesimo da lui ricevuto a Betania, al di là del Giordano, vale a dire nel Sud della terra d'Israele. Nei vangeli di Matteo, Marco e Luca i discepoli di Gesù vengono scelti in Galilea cioè nel nord del paese. I primi cinque discepoli citati da Giovanni non coincidono con i quattro scelti lungo il lago di Tiberiade o Mare di Galilea. Nel Vangelo di Giovanni, Gesù parla per discorsi lunghi e non per frasi brevi come in Marco e in Tommaso. Giovanni assegna a sua madre una funzione molto più importante. Se avessimo solo questo vangelo, non conosceremmo neppure l'istituzione dell'eucaristia, anche se nel capitolo 6 troviamo frasi che sembrano tradire la conoscenza di questo rito da parte dell'autore.

Tale differenza sembra nello stesso tempo molto importante e poco comprensibile. Tanto più che questo vangelo dedica a quella tragica sera ben cinque interi capitoli.

Se l'autore di questo vangelo conosceva il rito della cena, non ha ritenuto importante riportarne la cosiddetta istituzione, o forse non credeva che Gesù lo avesse fatto nell'ultima sera. Molto più importante per lui era il rito iniziatico del lavaggio dei piedi, e la trasmissione ai discepoli di altre dottrine. Negli ultimi cinque capitoli Gesù sottopone i discepoli a un rito di iniziazione il cui scopo è condurre il neofita a un'unione mistica con il suo corpo resuscitato mediante infusione dello Spirito Santo. Il discepolo deve sapere di non poter fare nulla fino a quando non sia unito a Gesù come lo è un tralcio di vite al suo tronco. Attraverso un'aspra potatura il discepolo deve diventare capace di seguire la strada che solo Gesù è in grado di percorrere per primo: morire cioè per amore dei propri amici e ascendere al cielo per entrare in contatto con lo Spirito: è un clima religioso molto vicino a gruppi ellenistici di tipo misterico.

Sono stato colpito da altre discordanze. Per esempio Matteo, nella genealogia che apre il suo vangelo, dà come padre a Gesù, Giuseppe, che è stato generato da Giacobbe; Giacobbe da Mattàn, Mattàn da Eleàzar, dal quale Eleàzar, se è consentito un cenno di tipo personale, deriva, attraverso una mediazione provenzale, il nome Augias. Luca, invece (3,23 e sgg.), scrive che Giuseppe era figlio di Eli, Eli di Mattàt, Mattàt di Levi, Levi di Melchi eccetera; Luca attribuisce a Gesù 56 antenati, a contare da Abramo; Matteo gliene dà invece solo 42 che sono diversi dagli altri, sempre a contare da Abramo. Insomma, si vede che sono notevoli anche le differenze che sarebbero abbastanza semplici da controllare per il redattore di un testo.

Ci sono diversità fra le due ascendenze perché nessuna delle due riflette una realtà storico-genealogica. Si tratta di costruzioni ideologiche, tentativi di immaginare e ricostruire – nel modo che agli autori sembrava migliore – la collocazione di Gesù nella storia di Israele per assegnargli un ruolo centrale. Il tema delle differenze fra i vangeli è affascinante, si tratta di percepire le intenzioni che motivano quelle diversità.

Infatti: quale funzione hanno le genealogie nel Vangelo di Matteo e in quello di Luca?

Matteo e Luca, collocando in posizione iniziale una genealogia che inserisce il protagonista nel quadro della storia biblica, potrebbero aver cercato di legittimarlo. In questo caso la funzione dell'elenco è fornire una specie di mito di fondazione, usando il concetto di «mito» in senso non dispregiativo, piuttosto antropologico. Giovanni, invece, non ha ritenuto necessario servirsi d'una genealogia per fondare l'autorità di Gesù. Affermando che egli era la preesistente parola di Dio fattasi carne, sposta lo sguardo su un altro aspetto, disinteressandosi completamente sia degli antenati sia della nascita verginale.

Che pensare, invece, di Matteo che inizia il proprio testo con un capitolo di ben diciassette versetti tutto dedicato a un elenco di nomi, aperto dalle famose parole: «Genealogia di Gesù Cristo, figlio di David, figlio di Abramo...»?

Matteo viveva probabilmente all'interno di gruppi sociali dove vigeva un criterio parentale di legittimazione. Di chi sei figlio, da quale famiglia provieni: questo definisce la tua identità. Per conseguenza, riteneva fondamentale produrre una genealogia. Una lettera di scuola paolina posteriore al Vangelo di Matteo si mostra invece contraria a quelle che definisce «le genealogie interminabili» (*1 Tm* 1,4). I diversi atteggiamenti rispetto al criterio genealogico dipendono dalla diversità di prospettive. Per Matteo, Gesù ha autorità perché discende da personaggi della Bibbia ai quali Dio ha affidato le sorti del popolo ebraico e dell'umanità. Se Gesù fa parte del piano di Dio deve necessariamente appartenere a questa discendenza. Per Paolo la legittimità di Gesù sta invece nel fatto che Dio lo ha risuscitato.

Voltaire si è molto occupato degli aspetti «biografici» di Gesù. Fino a che punto possiamo condividere un «ritratto» scritto alla metà del XVIII secolo?

Voltaire non è attualmente molto stimato come critico biblico. Non per il suo antisemitismo, che sarebbe un motivo comprensibile, ma più in generale. Invece, la sua funzione è stata importante e positiva. Il suo merito principale sta nel mostrare la differenza fra la dottrina di Gesù e la successiva struttura istituzionale della Chiesa. Per altri aspetti la sua impostazione appare invece datata, l'attuale situazione culturale è profondamente cambiata rispetto a due secoli fa. Oggi non si può più dire che Gesù predicò soltanto di cose che riguardano la morale. Certo, il suo era un messaggio per l'uomo, e quindi la morale era al centro delle sue preoccupazioni. Questa morale non era però un codice astratto e mediocre di comportamento, bensì la giustizia nella società, la verità nelle relazioni personali, la fine della violenza dei pochi sui molti, l'amore come principio di comportamento individuale e collettivo.

Voltaire vedeva Gesù soprattutto come un predicatore ispirato alla ragione e quindi i miracoli e gli aspetti soprannaturali diventavano per lui secondari, perché inaccettabili per la sua impostazione mentale. Nella cultura contemporanea, invece, la visione razionalista del «Settecento dei Lumi» è per molti aspetti in crisi, l'attenzione antropologica alla diversità spinge a interessarsi maggiormente degli aspetti soprannaturali della vita di Gesù.

Fatta ogni dovuta critica agli entusiasmi razionalisti dell'Illuminismo, bisogna dire che la contemporaneità non offre aspetti migliori, divisa com'è fra un disincanto dominato dal denaro e una paccottiglia pseudoreligiosa che diventa spesso una parodia del sacro.

L'attuale tendenza ad accettare acriticamente ogni forma di concezione pseudometafisica o irrazionale, il diffondersi di pratiche religiose che inseguono un contatto personale con forze soprannaturali, alcuni tratti deteriori come la credulità in tecniche divinatorie non devono spingerci ad accettare un'interpretazione mistico-irrazionale della figura di Gesù. Credo, al contrario, che il centro del suo messaggio fosse un ideale socioreligioso di uguaglianza e di amore, il desiderio di trasformare questo mondo alla luce della volontà di Dio. Aspetti sicuramente religiosi e morali, con accanto, però, la dimensione mistica, in cui Gesù appare come un uomo che prega, ha visioni e riceve rivelazioni, cerca continuamente un rapporto speciale con Dio.

Torniamo al Vangelo di Giovanni e alle sue curiose «omissioni».
Se avessimo soltanto Giovanni e neppure una riga degli altri, non sapremmo nulla delle richieste radicali che Gesù ha rivolto ai suoi più stretti discepoli, ai pochi che dovevano condividere la sua condizione di predicatore itinerante. Egli chiede loro di abbandonare famiglia, moglie, figli, lavoro, la propria casa, tutte le proprietà vendendole e dandone il ricavato ai poveri (*Mc* 10,28-30, per esempio). Di questa richiesta estrema, che caratterizzava in modo radicale la loro vita, nel Vangelo di Giovanni non si fa cenno. Se stiamo a quel testo, al discepolo si chiede solo di seguire la parola del Maestro, che al limite vuol dire riconoscere la particolare intimità di Gesù con Dio Padre, riconosce-

re che lui è la Verità, la Via, la Luce, la Vita. Da un punto di vista sociologico è come se alla radicalità della vita itinerante, all'attenzione particolare verso i poveri e i diseredati si sostituisse un ideale molto più centrato sugli interessi familiari. Infatti il cosiddetto «discepolo amato» che sembra possedere una casa, e potrebbe trattarsi di una ricca dimora in Gerusalemme, la mette a disposizione di Maria quando Gesù gli affida la madre alla vigilia della morte. L'immagine sociologica che ricaviamo è di comunità ormai organizzate su base locale, e questo – ecco il punto – descrive esattamente la realtà dei seguaci di Gesù alla fine del I secolo e agli inizi del II, quando i predicatori itineranti non sono più un fattore determinante.

Il Gesù di Giovanni viaggia molto nella Giudea, meno in Galilea, cioè nella zona nord della terra d'Israele.

Il Vangelo di Giovanni, oltre a essere, potrei dire esagerando, il vangelo della Giudea, è anche un testo che, a differenza di Matteo, Marco e Luca, s'interessa molto alla Samaria, zona centrale del paese. Ciò comporta che Giovanni metta in luce una serie di dati storici, geografici e religiosi ignorati dagli altri vangeli che, a loro volta, contengono informazioni trascurate da Giovanni.

Credo di capire che la particolare attrazione esercitata da questo testo dipenda anche dal senso di mistero che sprigionano le sue parole a partire dall'affermazione iniziale «E il Verbo si fece carne».

Aprire con l'affermazione che in principio era il Verbo, il *Logos*, la parola di Dio, in ebraico potremmo dire *Davàr*, parola creatrice, si riflette fortemente sull'intero testo. Tutto l'interesse di Giovanni è dimostrare che il *Logos* fatto carne non è compreso dagli uomini. Il *Logos* non ha debolezze umane. La stessa crocifissione per Giovanni non è un'umiliazione bensì un'elevazione, anzi lo strumento della vittoria. Questo vangelo appartiene probabilmente a un gruppo che sosteneva l'origine soprannaturale di Gesù, un gruppo che, semplificando, era diviso in due correnti in forte contrasto reciproco. Gli uni sostenevano che l'umanità di Gesù era apparenza e che apparente era anche la sua crocifissione; gli altri che Gesù era vera-

mente un uomo, anche se non davano grande importanza alle
normali debolezze e difficoltà umane. Il Vangelo di Giovanni
appartiene a quest'ultima tendenza.

Il fatto che Gesù sia la parola creatrice di Dio fatta carne compor-
ta profonde differenze rispetto a Marco anche nell'istruzione dei di-
scepoli.

Nell'ultima cena, quando Gesù lava i piedi dei discepoli, si
insiste sul fatto che quelli in realtà sono già stati purificati in
precedenza dalla sua parola. L'avere assistito alla sua predicazione li ha cioè mondati, come se la parola avesse, da sola, un
sovrannaturale potere purificatore. Si potrebbe quasi chiamare
il Vangelo di Giovanni un testo «iniziatico». Il suo scopo è provocare nell'adepto, nel neofita, una rinascita che avvenga appunto tramite un rito d'iniziazione; lo scopo finale è ricevere
dentro di sé lo Spirito Santo. Questo però non può accadere se
non si ha un legame con Gesù e poiché egli è già morto da anni
nel momento in cui il testo viene scritto, si tratta non di un normale legame fra persone, bensì di un rapporto di carattere misterioso, mistico, espresso dallo stesso estensore del testo con
la parabola del tralcio e della vite, come abbiamo detto.

In 15,1-7 Giovanni scrive: «Io sono la vera vite e il Padre mio è il
vignaiolo. Ogni tralcio che in me non porta frutto, lo toglie e ogni
tralcio che porta frutto, lo pota perché porti più frutto. Voi siete già
mondi per la parola che vi ho annunziato. Rimanete in me e io in voi.
Come il tralcio non può far frutto da se stesso se non rimane nella
vite, così anche voi se non rimarrete in me. Io sono la vite, voi i tral-
ci. Chi rimane in me e io in lui, fa molto frutto, perché senza di me
non potete far nulla. Chi non rimane in me, viene gettato via come il
tralcio e si secca, e poi lo raccolgono e lo gettano nel fuoco e lo bru-
ciano. Se rimanete in me e le mie parole rimangono in voi, chiedete
quel che volete e vi sarà dato».

Il brano citato condensa in qualche misura tutta la filosofia,
tutta la religione del giovannismo. Il centro dell'iniziazione
giovannista sta nella dottrina di Gesù «senza di me voi non
potete fare nulla», ma anche «dove vado io, voi non potete venire» (*Gv* 13,33). L'ideale indicato ai discepoli è amare i mem-

bri della comunità al punto da essere pronti a dare la vita per loro. Essi dovrebbero rovesciare i normali rapporti sociali, lavarsi i piedi gli uni con gli altri, farsi addirittura schiavi per servire gli altri. Un ideale impossibile da raggiungere con le sole energie umane: rende necessaria una forza soprannaturale che si ottiene mediante un inserimento nella forza stessa di Cristo; discepoli che si nutrano di lui proprio come il tralcio si nutre dal tronco della vite. In questo modo il discepolo giovannista diverrebbe capace di sottomettersi agli altri e di dare addirittura la vita per loro. Diverrebbe mansueto come Gesù.

IV

GESÙ POLITICO

Ci sono nei vangeli frasi di Gesù che contraddicono l'immagine di un uomo mansueto venuto a portare solo la pace. Matteo, per esempio, gli fa dire: «Non crediate che io sia venuto a portare la pace, ma la spada». Luca (19,27) è ancora più drastico quando attribuisce a Gesù le parole: «E quei miei nemici che non volevano che diventassi loro re, conduceteli qui e uccideteli davanti a me». È a frasi come queste che si rifanno i sostenitori della «guerra santa» e della lotta armata contro i regimi ingiusti. Che peso dare a tali parole e, soprattutto, alle interpretazioni cui hanno dato vita? In quale contesto inserirle? È ciò che si cerca di analizzare in questo capitolo. Ovviamente bisogna cominciare vedendo che cosa debba intendersi con la parola «politica». In Occidente, da almeno tre secoli a questa parte (ma potrei anche scrivere «a partire da Machiavelli»), la politica è un'attività a se stante, separata perfino sul piano etico da ogni altra manifestazione e attività umane. In altre epoche e in altre culture non è stato, e tuttora non è, così. Nel mondo islamico per esempio non è mai stata operata, né concettualmente né nella pratica, una separazione fra religione e politica, fra precetto divino e leggi dello Stato, fra peccato e delitto. Possiamo dire che in questo l'Islam è rimasto «antico», non ha conosciuto cioè né le rivoluzioni né il pensiero politico liberale sviluppatosi in Occidente a partire dal XVIII secolo. Quando si parla di «politica» riferendosi a un ebreo religioso del I secolo bisogna dunque come prima cosa calibrare il termine riportandolo alla sua accezione nel tempo e nel luogo.

C'è poi un'altra avvertenza di metodo di cui tenere conto e riguarda i tempi in cui i vangeli vennero scritti. Quando i redattori mettono mano ai loro testi, siamo negli anni intorno alla fine del I secolo. I biblisti datano gli scritti di Luca, vangelo e Atti degli apostoli, nonché il Vangelo di Matteo intorno agli anni fra l'80 e il 90, ispirati tutti al più antico Vangelo di Marco. Per il vangelo detto «di Giovanni» dobbiamo arrivare ancora più in là. Una ventina d'anni prima, però, era accaduto che in Palestina l'opposizione antiromana, a lungo stimolata dalle sette estremiste e avendo come bersaglio i grandi sacerdoti favorevoli a Roma, era scoppiata in aperta rivolta. Nell'agosto 66 gli insorti si impadronirono di Gerusalemme, massacrarono la guarnigione romana, misero a morte Anna e le più alte gerarchie sacerdotali. Tito, figlio dell'imperatore Vespasiano e poi imperatore a sua volta (79-81), venne inviato in Oriente per domare la rivolta; riuscì nel settembre del 70 a conquistare la «città santa» ordinando, crudelmente, di raderla al suolo dopo averla depredata, compreso il Tempio. L'arco eretto in occasione del suo trionfo, al rientro a Roma, reca sulla fiancata destra l'immagine dei legionari che asportano, con gesto odioso, il candelabro a sette braccia. Questi cenni sommari servono a far capire quanto complicata fosse la situazione storica e psicologica degli estensori dei vangeli negli anni in cui i testi vennero scritti. I vangeli di Luca e di Matteo sono infatti posteriori alla fine d'Israele come entità territoriale e politica. Si capiscono meglio allora invocazioni così forti, parabole e parole dirette alla liberazione, all'avvento di un regno. È un contesto storico in cui il regno d'Israele, che avrebbe dovuto materializzarsi alla fine del mondo, non è arrivato, né è comparso un re d'Israele.

Faccio un paragone certo non appropriato filologicamente, ma forse efficace dal punto di vista emotivo: se qualcuno nel 1943, con l'Italia occupata dai tedeschi, distrutta dalla guerra, con le istituzioni in pezzi, avesse detto «Sogno la restaurazione del regno d'Italia», tutti avrebbero capito benissimo di quali circostanze si stava parlando, quale speranza si cercava di accendere.

Il Vangelo di Luca riferisce anche un altro episodio, molto misterioso, dal quale trapelano possibili riferimenti politici. Dice il testo (22,35-38): «"Quando vi ho mandato senza borsa, né bisaccia, né sandali, vi è forse mancato qualcosa?" Risposero:

"Nulla". Ed egli soggiunse: "Ma ora, chi ha una borsa la prenda, e così una bisaccia; chi non ha spada, venda il mantello e ne compri una. Perché vi dico: deve compiersi in me questa parola della Scrittura: 'E fu annoverato tra i malfattori'. Infatti, tutto quello che mi riguarda volge al suo termine". Ed essi dissero: "Signore, ecco qui due spade". Ma egli rispose: "Basta!"». Sono parole alle quali non è facile dare un significato, tanto più che vengono pronunciate nella drammatica ultima sera, poche ore prima dell'arresto di Gesù. Si tratta di una metafora? O le spade di cui si parla sono effettivamente armi portate da qualcuno dei discepoli? Molti biblisti sostengono che la difficoltà e l'amarezza dei tempi si risolvono con un'interpretazione che, nei vangeli, tende a privilegiare gli aspetti spirituali della predicazione di Gesù. Nel caso l'ipotesi sia vera, la domanda allora diventa se, così facendo, i redattori dei testi non abbiano tradito il messaggio di Gesù. O se, al contrario, non si siano allontanati da lui coloro che hanno insistito a darne un'interpretazione politica. Questo capitolo cerca di rispondere al difficile quesito.

Gesù è stato descritto talvolta come un capo politico. Su quali elementi si basa questa ipotesi?
I vangeli di Matteo e di Luca trasmettono frasi che esprimono il centro del suo messaggio, richiamano il conflitto che egli vuole portare nel mondo. Gesù vede che la realtà sociale del suo tempo contrasta con la volontà di Dio. Il suo scopo è dichiarare guerra a questo disordine per instaurare la giustizia che Dio vuole, in una parola il suo regno. Per questo egli è venuto a gettare il fuoco sulla terra, a portare la spada, a creare divisione all'interno delle famiglie. Questo conflitto, che si manifesta in una battaglia distruttrice dell'avversario, ha come scopo finale l'instaurazione dell'armonia fra gli uomini. Il conflitto è subordinato al conseguimento di una pace generale in terra d'Israele. Nel suo atteggiamento conflittuale Gesù non scende a compromessi, non rinuncia mai alla lotta. Può accettare di essere sconfitto, non di ammorbidire la sua strategia. Nella sua lotta possono esserci la vittoria o la sconfitta, mai il compromesso. La volontà di Dio come egli la intende non è mediabile, non può essere addolcita.

Si tratta di vedere se Gesù si sia servito, per realizzare questo suo scopo, della forza militare, delle leggi e delle istituzioni pubbliche, di quegli strumenti cioè che generalmente chiamiamo politici. La mia risposta è no, non lo ha fatto.

Possiamo dunque dire che il messaggio di Gesù non ha un carattere esclusivamente spirituale, poiché contiene anche, dichiarato o latente, un connotato politico.

Premetto che il significato attribuito alla «religione», dopo il liberalismo del XIX secolo, fa di questa un'attività separata e distinta dalla politica. Ciò è entrato profondamente nella nostra cultura. Si tratta però di una distinzione sconosciuta al mondo antico.

È una distinzione che continua tuttora a essere ignorata dall'Islam.

Due aspetti differenziano il messaggio di Gesù da quello del Corano, da questo punto di vista. Il primo è che Gesù non prevede come strumento di lotta l'uso della forza militare né della forza fisica in genere. Il suo strumento di lotta è la parola, la decisione del singolo di mutare la propria vita. Il Corano invece non ha difficoltà nell'esortare a diffondere la sua verità religiosa anche con la forza. Il secondo è che Gesù prevedeva la fine imminente di questo mondo, e si aspettava l'instaurazione del regno di Dio, non tramite una campagna politico-militare, né mediante la conquista politica del potere. Il suo messaggio è sostanzialmente diverso da quello del cristianesimo successivo che, per questo aspetto, non sembra differenziarsi molto dall'Islam. La diversità fra religione e politica che lei richiama, frutto della parte migliore del pensiero europeo soprattutto della fine del XVIII secolo, è estranea all'Islam, ma è estranea anche a buona parte del cristianesimo.

Nel mondo antico la distinzione di cui stiamo parlando era difficilmente comprensibile.

In molte culture antiche l'adorazione di Dio era strettamente connessa all'unità del popolo, alla sua sopravvivenza. Questo avveniva sia nelle religioni ellenistico-romane, sia in quella

ebraica. I grandi leader religiosi come Gesù si occupavano di
tutti gli aspetti della vita individuale e collettiva. Non avrebbero
avuto l'enorme successo e il seguito popolare che avevano se si
fossero occupati solo di questioni spirituali. Quindi la predicazione e l'azione di Gesù hanno certamente avuto anche risonanze e conseguenze «politiche». Non si può nemmeno tentare
un'analisi se non si riconosce a priori questo elemento. Altrimenti si modernizzano indebitamente i testi e i fatti di cui parlano.

*La citazione della spada fatta da Matteo (riportata all'inizio del
capitolo) è molto forte, aggiunge alla personalità di Gesù un connotato in genere trascurato, che contraddice l'immagine stereotipa di
un uomo solo «buono».*

È una metafora forte perché concentra il fuoco sul conflitto
che Gesù vedeva fra la volontà di Dio, espressa dalla legge religiosa ebraica, e il comportamento effettivo degli uomini. Il suo
obiettivo era di riportare la vita degli uomini all'obbedienza della volontà divina. Un fine che si poteva raggiungere solo con
una denuncia violenta, creando cioè un conflitto con la realtà. La
sua predicazione poteva avere successo solo in seguito a uno
sconvolgimento che egli voleva a ogni costo, senza compromessi. Nonostante questo, gli è totalmente estranea l'idea di affermare la sua predicazione con la forza. Egli s'indirizza in prevalenza
ai singoli, a piccoli gruppi che volontariamente lo seguono, di-
sposti a cambiare la propria vita entrando, se occorre, in un conflitto insanabile con i propri ambienti di provenienza.

Non si può negare che questo provochi anche conseguenze politiche.
Certamente, ma di carattere, potremmo dire, microscopico,
limitato cioè agli ambiti particolari in cui l'individuo agisce.

*Comunque, i sommovimenti che provocava quel tipo di predica-
zione, comprese, diremmo oggi, le turbative dell'ordine pubblico, fi-
nivano per avere anche un carattere politico.*

Infatti troviamo anche aspetti esplicitamente politici nelle
sue parole. L'idea stessa del regno di Dio implica un sommovimento di carattere complessivo della società. Probabilmente
egli aveva in mente l'ideale del «giubileo», una specie di uto-

pia politico-sociale, di cui si legge nella Bibbia ebraica (*Lv* 25,8 e sgg.). Si tratta di un progetto consistente nel far tornare ogni cinquant'anni tutti gli ebrei alla parità iniziale mediante la liberazione degli schiavi e il condono dei debiti. Il suo ideale in ogni caso doveva realizzarsi non con metodi di tipo militare o politico. Egli non ha mai mirato a impadronirsi delle leve di potere nemmeno in modo indiretto.

Suo fratello Giacomo, però, dopo la sua morte diventerà capo della comunità cristiana di Gerusalemme.

Personalmente ritengo che il legame familiare abbia giocato un ruolo determinante nel far emergere Giacomo; secondo altri, invece, Giacomo è diventato importante non perché fosse fratello di Gesù, ma solo in virtù delle sue doti. L'argomento è discutibile. Esiste anche una forte corrente di pensiero secondo la quale l'intera azione di Gesù mirava a una rivoluzione politica, a sollevare cioè il popolo ebraico contro i romani. Negli anni Cinquanta uno studioso inglese, S.G.F. Brandon, autore di numerosi testi sull'argomento, ha sostenuto che i vangeli, sotto l'influsso di Paolo, altro non sarebbero che una spiritualizzazione dell'azione politica di Gesù in favore degli ebrei, della quale rimarrebbe qualche traccia. Una delle più consistenti sarebbe quella che trapela dall'ultima cena secondo il racconto di Luca.

Vorrei che esaminasse l'enigmatico testo, citato in apertura, in cui Luca parla di due spade. Che senso hanno quelle armi?

È un testo che ha fatto arrovellare gli interpreti più agguerriti. La spiegazione più facile sta nel dire che Gesù parlava di spade in senso metaforico. Che cos'è la spada? La spada è la parola di Dio. Gesù non invita i suoi ad armarsi di pistole e fucili, vale a dire di una spada ciascuno. Intende che si debba acquistare una spada metaforica, cioè la parola di Dio che è una spada a due tagli capace di separare, come dice la Lettera agli Ebrei, la psiche dallo spirito. La risposta dei discepoli che replicano «Signore, ecco qui due spade» (*Lc* 22,38) sarebbe invece da interpretare secondo il meccanismo consueto: Gesù dice delle cose spirituali e i seguaci, che non sono all'altezza del suo insegnamento, lo interpretano nel modo più materiale. La conclusione di Gesù, «Basta!», sarebbe, quindi, un'espressione di sdegno per interrompere un discorso senza senso oppure per condannare una tendenza politico-militare che vede affiorare in alcuni suoi seguaci.

Abusando del ricorso alle «metafore» si riesce a spiegare qualunque cosa.

Infatti, altri studiosi respingono questa interpretazione, domandandosi come mai i discepoli durante l'ultima cena avessero con sé delle spade. La risposta è che le portavano perché nel movimento di Gesù circolavano propositi rivoluzionari. Secondo altri ancora si può interpretare il passo in modo addirittura grottesco, dando a quel «Basta!» il significato che due spade bastavano, erano sufficienti.

Da quale di queste possibili e assai diverse interpretazioni si sente più convinto?

A me sembra probabile che quelle spade realmente ci fossero. L'accento va posto sulla frase «Deve compiersi in me questa parola della Scrittura: "E fu annoverato tra i malfattori"» (*Lc* 22,37). Lo stesso Luca, che sugli eventi aveva solo raccolto informazioni (unico a riportare questa frase), riferisce la circostanza che i discepoli avessero due spade perché evidentemente la giudica attendibile. Vuole darne però un significato non politico e tenta di mettere sulla bocca di Gesù una spiegazione: avete con voi delle spade, cercherete di resistere all'arresto operato dai romani ma, facendo questo, vi comporterete male. Tutto, in fondo, era già previsto dalla Scrittura nelle parole «Fu annoverato fra i malfattori». Anche voi, usando le spade, vi comporterete, in qualche misura, come dei malfattori. È come se Luca volesse attenuare la scandalosa presenza di armi nella sala dell'ultima cena.

La cerchia più stretta dei discepoli attorno a Gesù, viene presentata in genere come una comunità ideologicamente compatta. Forse le cose non stavano proprio così.

Alcuni ricercatori, fra i quali il celebre studioso protestante Oscar Cullmann, hanno insistito sul fatto che nel gruppo dei discepoli non tutti la pensavano alla stessa maniera e ognuno aveva ragioni diverse per seguire Gesù. Il gruppo si teneva unito perché ogni discepolo aveva un rapporto diretto con Gesù, non perché tutti condividessero la stessa ideologia. È probabile che gli autori dei vangeli di Marco, Luca e Matteo, che non avevano conosciuto Gesù di persona, abbiano immaginato il gruppo come un insieme di discepoli attorno al maestro di una scuola filosofica, dove tutti erano compatti nell'abbracciarne l'insegnamento. Più probabilmente, dobbiamo pensare a un gruppo di seguaci di tendenze diverse riuniti attorno a un leader. Questo può spiegare perché ci fosse fra loro anche chi intendeva l'avvento del regno di Dio come una rivolta armata antiromana.

Questa interpretazione trova una sua plausibilità nell'esperienza comune a ogni gruppo umano, mosso che sia dalla fede, da un'ideologia politica, da un qualunque comune interesse.

Si è addirittura ipotizzato che, fra coloro che puntavano a suscitare una rivolta antiromana, ci fosse Giuda e che il suo «tradimento» fosse legato alla sua delusione per il progressivo indebolirsi dell'aspetto politico nella missione di Gesù. Quando Giuda ha la percezione che il Maestro sta per arrendersi, scegliendo una via non politica, non solo lo abbandona, ma fa in modo di consegnarlo ai suoi nemici; giudica che sia stato *lui* a venire meno al suo compito, che in un certo senso *lui* abbia tradito. Confesso che una visione che attribuisca aspetti politici non a Gesù stesso, bensì a una parte dei discepoli, mi sembra un tentativo per sfuggire alla domanda di quale fosse il vero scopo dell'azione di Gesù.

Leggo un altro famoso episodio raccontato anch'esso da Luca (19,37-40): «Era ormai vicino alla discesa del monte degli Ulivi, quando tutta la folla dei discepoli, esultando, cominciò a lodare Dio a gran voce, per tutti i prodigi che avevano veduto, dicendo: "Benedetto colui che viene, il re, nel nome del Signore"». A questo punto i farisei intervengono e dicono a Gesù: «Maestro, rimprovera i tuoi discepoli».

Qui siamo di fronte a un'attesa politica: Gesù è visto come un re. I discepoli gridano: «Benedetto colui che viene, il re, nel nome del Signore!». Infatti, negli Atti degli apostoli, attribuiti allo stesso Luca, quando Gesù, ormai risorto, sta ascendendo miracolosamente al cielo, i discepoli dicono: «Signore, è questo il tempo in cui ricostruirai il regno di Israele?» (*At* 1,6). Mi sembra innegabile che l'attesa del regno di Dio sia, nello stesso tempo, l'attesa del regno politico d'Israele e che comunque alcuni dei suoi discepoli credano che egli possa essere il re d'Israele. L'attenzione politica è ancora una volta difficilmente distinguibile da quella religiosa. Se approfondiamo la ricerca scavando nell'immaginario religioso ebraico, troviamo un brano sconvolgente. Si tratta del capitolo 40 del libro di Isaia. Il suo carattere straordinario viene dall'uso che dei suoi versetti hanno fatto prima Giovanni Battista, poi Gesù stesso.

Il libro di Isaia fa parte dei libri profetici contenuti nella Bibbia ebraica; il capitolo 40 si apre così: «Consolate, consolate il mio popolo, dice il vostro Dio. Parlate al cuore di Gerusalemme e gridatele che è finita la sua schiavitù, è stata scontata la sua iniquità, perché ha ricevuto dalla mano del Signore doppio castigo per tutti i suoi peccati». Quale significato può avere il brano oltre quello evidente?

Gerusalemme, cioè Israele, è stata punita a sufficienza. Finita la schiavitù, ora c'è la sua liberazione. Come comincia? Una voce grida: «Nel deserto preparate la via del Signore, appianate nella steppa la strada per il nostro Dio». Questo è esattamente il brano di Isaia citato da Giovanni Battista, maestro di Gesù. Quindi, sia Giovanni Battista sia Gesù si aspettavano la fine di questo mondo e l'arrivo di un mondo nuovo, che sarebbe cominciato con la liberazione d'Israele.

A opera di chi? Se ci limitiamo agli aspetti spirituali è chiaro che dobbiamo considerare le doti, le capacità, il coraggio di ognuno per conquistare la propria salvezza. Ma se ci trasferiamo sul piano politico, allora entrano in gioco aspetti diversi, siamo nella storiografia. Isaia però aveva profetizzato molti secoli prima di Gesù, a quale restaurazione poteva mai riferirsi?

Una corrente di studiosi sostiene che il capitolo 40 del libro di Isaia è l'inizio di un libro chiamato *Il secondo Isaia*, o *Deutero Isaia* ovvero *Libro della consolazione d'Israele*. Sarebbe stato unito alle parti precedenti in un'epoca non databile con esattezza. Quindi non possiamo collocare questi oracoli in una precisa situazione storica. Lo scopo è consolare il popolo d'Israele per la perduta autonomia politica, preannunciando una futura liberazione. Nella liturgia sinagogale ebraica questi testi venivano destoricizzati, il versetto profetico veniva messo a commento o a integrazione di altri brani presi dalla Torah. È quindi normale che un religioso ebreo, come era Gesù, non badasse tanto all'eventuale contesto storico di quelle profezie, concentrandosi invece sul loro significato generale. In una situazione di sottomissione politica Dio prometteva, mediante il profeta, una liberazione più o meno definitiva. Il punto è che sia Giovanni Battista sia Gesù sono ebrei religiosi, imbevuti dei sogni profetici della Bibbia. Quando parlano di regno di Dio, parlano di un regno d'Israele, di una restaurazione d'Israele, perché regno di Dio e restaurazione d'Israele coincidono. Quando Dio regnerà, anche Israele si convertirà veramente a Lui, e si convertiranno probabilmente tutti i popoli, non solo gli ebrei. È un sogno che in qualche modo riguarda tutta l'umanità anche se imperniato etnicamente (diremmo oggi) su Gerusalemme come centro del mondo. Il vero Dio è il Dio dei giudei e la conversione di tutti i popoli è sì conversione al vero Dio, ma è in qualche modo sottomissione a Israele. Mi sembra difficile non attribuire a Giovanni Battista e a Gesù questa immaginazione.

Giovanni Battista e Gesù immaginavano dunque l'avvento del regno d'Israele in modo politico, forse impiegando perfino i normali strumenti impiegati dagli uomini che fanno politica.

Gesù è una figura gigantesca, in cui convivono i diversi aspetti dell'immaginario religioso della tradizione ebraica. Ha un'attenzione estrema per l'ingiustizia che vede intorno a sé, per l'immoralità profonda dei singoli e della società nel suo complesso. Egli auspica lo sradicamento di questi mali tramite l'azione di Dio. E se davvero Dio interverrà finalmente nel mondo per introdurre il bene, sarà di necessità costretto a schiacciare i suoi nemici per porre fine una volta per tutte al disordine e all'obbrobrio della storia precedente.

Tutti i profeti, compresi quelli, per dir così, della politica, nelle loro affermazioni o nei loro scritti condividono questa doppia visione: da una parte, l'affermazione del bene, dunque valori positivi come la carità, la tolleranza, addirittura l'amore; dall'altra la forza, addirittura la violenza degli strumenti e dei metodi con i quali questo bene si deve affermare, vincendo le resistenze e, quando occorre, perfino una diversa visione dello stesso bene, in definitiva imponendosi.

Non soltanto nel Vangelo di Luca, ma anche in altri scritti si fa luce questa tendenza a un'interpretazione tendenzialmente politica delle speranze di Gesù e dei suoi discepoli. Nello stesso Vangelo di Giovanni (1,49), Natanaele, uno dei primi seguaci dice: «Rabbi, tu sei il figlio di Dio, tu sei il re d'Israele». Anche qui «re d'Israele» vuol dire proprio re d'Israele. Quando però i vangeli sono stati composti, la probabile preoccupazione di fondo era modificare e combattere la tendenza, ancora esistente, a una interpretazione politico-giudaica della sua figura. Nel Vangelo di Luca appaiono le frasi emozionanti secondo le quali «Il regno di Dio è dentro di voi» (17,21). Sono parole che sottraggono il «regno» alla dimensione temporale e politica. Il regno di Dio si realizza anzitutto all'interno di ciascun uomo. La stessa tendenza la troviamo nel Vangelo di Giovanni. Al capitolo 6, dopo il discorso nella sinagoga di Cafarnao a Pasqua, alcuni cercano Gesù per farlo re ed egli fugge. Anche Giovanni scorge questa tendenza politica e tenta di emendarla.

Quando gli evangelisti cercano di depoliticizzarne le parole, tradiscono Gesù o al contrario rispettano il suo messaggio? Se la risposta è quest'ultima, a tradirlo erano forse coloro che ne davano un'interpretazione politica?

La figura di Gesù comprende entrambi questi aspetti. Non possiamo isolare l'attesa sociale, in qualche modo politico-religiosa, di Gesù dall'importanza che egli ha dato alla conversione interiore, intima, personale, mistica di ogni singolo uomo. Gesù è insieme un mistico e un grande sognatore religioso, che cerca di collocare la giustizia al centro del mondo.

V

È PIÙ FACILE CHE UN CAMMELLO...

Possiamo considerare Gesù un agitatore sociale? Egli è un uomo che cerca di rimuovere dai singoli la tendenza alla facilità
della vita, all'evasione dagli impegni e dai doveri, che sappiamo essere la vera zavorra che ognuno si trascina dietro. Se fai
questo con una singola persona, sei un confessore, un amico,
un confidente. Se lo fai davanti ai discepoli o, meglio ancora,
pubblicamente di fronte alle moltitudini, sei un agitatore sociale. Lo diventi a dispetto delle tue intenzioni, lo sei nei fatti e
di fatto. Gesù cerca di convincere gli uomini e le donne che incontra a comportarsi in una certa maniera, cercando così di
provocare, a catena, un cambiamento sociale collettivo.
   È un aspetto di grande attualità, che apre a una questione
più ampia e lungamente dibattuta: se il cristianesimo abbia rispettato il suo insegnamento. Il ritorno a Dio, così come egli lo
pone, dovrebbe derivare da un moto interiore di esseri umani
toccati dalla grazia. Il cristianesimo, nella sua applicazione
pratica, gerarchica, istituzionalizzata, ha rispettato questo
precetto? C'è chi ha risposto – con una battuta che talvolta acquista l'amaro sapore della verità – che, se Cristo tornasse sulla terra, non riconoscerebbe le Chiese che pretendono di agire
in suo nome. Sono domande che ancora una volta pongono
l'eterno dilemma degli strumenti usati per raggiungere uno
scopo, benefico che sia. Nel suo odio anticristiano, molto acceso ma molto lucido, Friedrich Nietzsche nell'opera *L'Anticristo*
scrive: «In [san] Paolo s'incarna il tipo opposto al "buon nun-
zio", il genio in fatto di odio, di inesorabile logica dell'odio! ...
la potenza era il suo bisogno, ancora una volta il prete mirò alla potenza – egli poteva utilizzare soltanto idee, teorie, simbo-

li, con cui si tiranneggiano masse, si formano greggi». Paolo è il primo che comincia a predicare ai gentili (i non ebrei) contravvenendo al precetto di Gesù che intendeva dedicare la sua parola solo «alle pecore smarrite del popolo d'Israele». È stato Paolo, il fariseo, il primo ad allontanarsi da lui?

C'è chi ritiene che Gesù sia completamente soffocato sotto l'imponente sovrastruttura elaborata nel corso dei secoli, tanto che ogni tentativo di ritrovarne il vero messaggio sarebbe destinato in partenza al fallimento. Sappiamo comunque con sufficiente precisione che egli rispettava la Legge (Torah), e che intendeva completarla a suo modo; e che per fare questo non esitò a scontrarsi con le gerarchie religiose e con i più consolidati luoghi comuni. Lo studioso John Dominic Crossan, nel suo *Gesù, una biografia rivoluzionaria*, coglie vari aspetti di questo suo *modus operandi*. Nel *Vangelo di Tommaso* (55) Gesù dice: «Colui che non odierà il padre e la madre non potrà divenire mio discepolo, e chi non odierà i suoi fratelli e le sue sorelle e non prenderà la sua croce con me... non sarà degno di me». In Luca 12,51-53 leggiamo: «Pensate che io sia venuto a portare la pace sulla terra? No, vi dico, ma la divisione. ... padre contro figlio e figlio contro padre, madre contro figlia e figlia contro madre, suocera contro nuora e nuora contro suocera». Matteo, che riporta queste frasi quasi alla lettera, aggiunge (10,36): «e i nemici dell'uomo saranno quelli della sua casa». In ogni società, in particolare nelle società mediterranee, la famiglia è la sede privilegiata degli affetti (e degli interessi) nonché il primo nucleo della collettività.

Ma allora, che senso ha diffondere nei villaggi sentenze esplosive come queste? I possibili esempi di parole o azioni empiricamente politiche sono numerosi. L'atteggiamento di Gesù verso i poveri e i deboli ne fa parte. «Beati i poveri perché vostro è il regno di Dio» (*Vangelo di Tommaso*, 54); «Beati voi, poveri, perché vostro è il regno di Dio» (*Lc* 6,20); «Beati i poveri in spirito, perché di essi è il regno dei cieli» (*Mt* 5,3). Le fonti sono concordi, ma di quali poveri sta egli parlando? In greco «povero» è *penes*, mentre la parola usata nei vangeli è *ptochòs*, che non significa persona di scarsa o umile condizione, bensì «derelitto», colui che nulla possiede. Il povero di cui si parla è colui che deve impegnarsi allo spasimo per mettere insieme il pranzo con la cena. È il mendico, il vagabondo, il miserabile, colui che non ha casa né cibo. Perché Gesù si sarebbe rivolto a questi *ptochòi*? Forse, anticipando il romanticismo, per ingenua, idealizzata illusione sul fascino della povertà? O non ha voluto indicare nei *ptochòi* il frutto dell'ingiustizia sociale, gli scarti umani che il «sistema» (diremmo oggi) rifiuta ed espelle? E non è questa una tipica azione politica?

Vediamo un altro aspetto di questa sua azione profondamente riformatrice: ciò che dice, e fa, a proposito dei bambini. In Marco (10,13-16), lo vediamo impegnato in un'azione esemplare: «Gli presentavano dei bambini perché li accarezzasse, ma i discepoli li sgridavano. Gesù, al vedere questo, s'indignò e disse loro: "Lasciate che i bambini vengano a me e non glielo impedite, perché a chi è come loro appartiene il regno di Dio"». Non si può apprezzare la forza di queste parole, se non si considera che i bambini, in una società contadina primitiva, erano nulla, erano non persone, proprio come i miserabili. Un bambino non aveva nemmeno diritto alla vita. Se suo padre non lo accettava come membro della famiglia, poteva benissimo gettarlo per la strada e farlo morire oppure cederlo a qualcuno come schiavo.

Un ulteriore esempio, sempre sullo stesso tema, si può fare ricorrendo alla famosa parabola dell'uomo (del re, secondo alcuni) che, avendo preparato un banchetto, manda un suo servitore a convocare gli amici. Tutti gli invitati però, chi per una ragione chi per un'altra, declinano l'offerta. Il padrone dice allora al servo: «"Va' fuori per le strade e conduci qui quelli che troverai affinché pranzino". I compratori e i mercanti non entreranno nella casa del Padre» (*Vangelo di Tommaso*, 64). Questa parabola è piena di un radicalismo egualitario che non esiterei a chiamare di tipo comunista, forse di quella particolare qualità di comunismo che, nell'Israele dei pionieri, subito prima e dopo il 1948, si è praticato nelle fattorie collettive dette *kibbutzim*. In questa commensalità egualitaria, dove i poveri e i ricchi, i sani e gli ammalati, radunati a caso per la strada, siedono l'uno accanto all'altro e spezzano lo stesso pane, c'è una sfida sociale così forte da diventare quasi minacciosa.

Gesù dunque come un agitatore sociale?
Agitatore? No. Perché lo definisce agitatore?

Perché sommuove le coscienze. Chiunque vada in giro esortando la gente, cercando di smuoverne l'inerzia, di allontanare da loro il Male o comunque si vogliano definire i tanti aspetti negativi dell'umana natura, è nei fatti un agitatore sociale.

Nel Vangelo di Matteo ci sono due aspetti che, a mio parere, hanno buone probabilità di riflettere l'effettivo orientamento di Gesù. Di uno abbiamo già parlato in precedenza precisando che Gesù nel *Padre nostro* dice a un certo punto «rimetti a noi i nostri debiti come noi li abbiamo rimessi ai nostri debitori» (*Mt* 6,12). Si delinea una specie di condono a catena: io perdono te e Dio perdona me perché ho perdonato te, anche tu però devi perdonare il tuo prossimo. Illustra bene tale aspetto la famosa parabola del servitore al quale il padrone condona un grosso debito. Il servo così gratificato incontra poi un altro schiavo che gli deve una piccola somma, e lo vuole mettere ai lavori forzati perché saldi il suo debito. Allora il padrone mette ai lavori forzati lui, servitore spietato. Qui sembra che Gesù immagini una specie di rivolgimento sociale, realizzabile, però, solo mediante l'impegno del singolo. Il secondo aspetto è che in questo meccanismo di condono a catena è implicito un grande progetto di rinnovamento di tutta la società d'Israele e qui in realtà si configura un vero e proprio progetto politico. In ogni caso, si tratti dell'atteggiamento del singolo o di un progetto utopico generale, egli tenta di raggiungere questi fini senza organizzare gruppi di pressione, né con denunce pubbliche ai detentori del potere, né con la minaccia di spostare clientele da un gruppo politico sfavorevole a un altro più disposto ad accogliere il suo progetto.

Ne dovrei dedurre che il cristianesimo non ha rispettato questo precetto ogni volta che, divenuto religione di Stato, ha cercato di difendere i suoi principi, per esempio sul matrimonio, la procreazione, la vita sessuale, mediante leggi «cristiane» dello Stato.

La sua domanda racchiude la grande questione se il cristianesimo sia stato un'evoluzione legittima del pensiero di Gesù

o se sia andato talmente avanti da non essere più legittimo o
addirittura, in alcuni casi, da essere diventato una sconfessio-
ne di quegli stessi principi. Credo di poter dire che Gesù si sia
servito per il suo fine di strutture sociali che oggi potremmo
definire «associazioni volontarie». Gesù non ha fatto leva sui
nuclei familiari, domestici, né sulle sinagoghe o sul Tempio.
Ha creato un gruppo di persone in una posizione, per così dire, interstiziale fra l'organizzazione familiare di base, le strutture religiose, le istituzioni politiche. Lo studioso americano
Jonathan Z. Smith ha sostenuto che alcune religioni del periodo tardo antico, diciamo dai tempi di Alessandro Magno fino
al VI, VII secolo, si caratterizzano per non essere né religioni
domestiche né religioni del tempio; esse sono piuttosto «religioni del dovunque», in inglese religioni dell'*anywhere*. Il loro
centro non coincide con un luogo fisso. Quando il cristianesimo tende a diventare religione domestica o delle istituzioni,
perde la caratteristica iniziale che Gesù gli ha conferito. Egli
non è un fondatore di società come sarà Maometto, non affronta tutti i problemi della società, individua soltanto dei
punti su cui fare leva attraverso i quali l'intera società può essere ripensata e, forse, riorganizzata. Quando i suoi seguaci
hanno cominciato a parlare ai gentili, hanno dovuto per esempio inventarsi una predicazione sul monoteismo, di cui Gesù
non aveva certo bisogno poiché parlava a persone già monoteiste. Allontanandosi dal giudaismo originario, il cristianesimo ha dovuto porsi problemi che Gesù non aveva.

Correndo tutti i relativi rischi spirituali e sociali.
Certo, il primo dei quali era di trasformarsi o in una religione identificata con la struttura sociale di base, cioè la famiglia,
comprese le logiche di costrizione sociale che le alleanze parentali comportano, oppure in una religione che esprime sim-
bolicamente le istituzioni. In entrambi i casi perdendo l'elemento fondamentale: essere un messaggio interstiziale che
cerca di rovesciare gli atteggiamenti sociali consueti per ade-
guarli alla volontà di Dio. Tento in questo modo di spiegarmi
perché così spesso, forse troppo spesso, le Chiese cristiane abbiano cercato di realizzare il proprio messaggio servendosi di

quelle istituzioni politiche cui Gesù non aveva mai fatto ricorso. È una differenza fondamentale, direi una discontinuità; se vogliamo, un tradimento del cristianesimo rispetto a Gesù.

Un'ampia corrente di studiosi sostiene che rimuovere dalle azioni di Gesù ciò che è radicalmente sovversivo, socialmente rivoluzionario e politicamente pericoloso significa rendere incomprensibile sia la sua vita sia la sua morte. Una di queste linee di frattura passa all'interno della famiglia, corre lungo la linea delle generazioni: figlio contro padre, figlia e sposa contro madre e suocera.

Gesù sapeva benissimo che alla base della società del suo tempo e del suo paese c'era il nucleo domestico, cioè il centro delle attività lavorative costituito dal padre e da tutta la sua famiglia e le famiglie dei figli, gli schiavi, la casa e i terreni su cui il lavoro si svolgeva. Egli aveva capito che una rivoluzione sociale profonda doveva investire soprattutto queste realtà di base. Finché continuavano i contrasti economici fra i nuclei domestici e le alleanze politiche fra essi per difendere i propri interessi contro altri, non ci sarebbe stata alcuna possibilità di cambiamento.

Dagli studi di un'antropologa italiana, Adriana Destro, risulta chiaro che i discepoli più stretti di Gesù erano i membri della generazione più giovane, intermedia, gente creativa, più abituata alla mobilità sociale e religiosa. Gesù voleva sottrarre queste persone alla logica degli stretti interessi familiari. Egli obbligava i suoi discepoli ad abbandonare la moglie e i figli, il lavoro, li induceva a vendere tutto ciò che possedevano per diventare nullatenenti, sottraendosi così alle logiche dell'interesse contrapposto delle famiglie e dei gruppi politico-economici.

Quali motivazioni avevano richieste così radicali?

Gesù attendeva l'avvento imminente del regno di Dio che avrebbe dato inizio a un periodo di giustizia, di eguaglianza, di benessere e di pace non solo fra gli uomini, ma con la stessa natura, con gli animali. Questa attesa permeava il grande sogno utopico del «giubileo» cui accennavo sopra. Il regno di Dio doveva essere instaurato da Dio stesso, non certo con un'azione militare poiché non aveva natura politica. Nonostante questo, il contenuto politico del messaggio sul regno di Dio rimaneva in sé enorme. L'annuncio del regno, il progetto di un rivolgimento radicale, contiene un giudizio severo sull'ingiustizia e sul disordine esistenti. Se non era politico nei metodi, il messaggio di Gesù lo diventava nei contenuti e nelle conseguenze indirette.

Una delle innovazioni profonde del suo messaggio in quella società oligarchica (ma sono mai esistite società non oligarchiche?) è l'attenzione verso gli umili e i poveri. Non diventava anche questo un messaggio fortemente politico?

Un altro modo, quasi opposto al precedente, con cui Gesù cercava di scardinare la logica egoistica dei nuclei domestici, stava nell'obbligarli a praticare un'ospitalità senza contraccambio. Gesù voleva che le famiglie ospitassero i diseredati, quelli che in greco si chiamano, come dicevamo, *ptochòi*, e anche i malati gravi, in tal modo riconfigurando radicalmente la vita familiare. Il suo sogno utopico era una società di eguali, in cui si praticassero la giustizia e l'amore reciproco. Ma la sua attenzione verso i poveri non ha nulla di romantico. Non si tratta dell'atteggiamento tipico di certe élite che esaltano la vita semplice. Gesù sa che la malattia e l'estrema povertà sono orribili, che vanno combattute ed eliminate; cerca di farlo, come può.

L'annuncio del regno di Dio è in primo luogo per lui un annuncio di liberazione per gli schiavi, per i poveri, per gli ammalati. In questo l'annuncio della «buona novella» ai poveri è essenzialmente politico, denuncia l'ingiustizia esistente e propone un nuovo ordine. Non è però politico nei metodi, insisto. Gesù non è un uomo politico né mai lo furono i gruppi dei suoi primi discepoli.

Proseguendo in questo excursus delle categorie e delle condizioni umane investite dal suo messaggio, si può estendere ai bambini, come anche abbiamo accennato, ciò che Gesù dice dei miserabili. Anche nella rivalutazione della condizione infantile egli si dimostra politico, agisce cioè sul costume pubblico, si fa eversore.

I bambini rappresentano uno degli aspetti più importanti della sua azione, tanto che nei vangeli essi sono spesso presentati come un modello che il credente deve imitare, per esempio per potere entrare nel regno di Dio: «In verità vi dico: chi non accoglie il regno di Dio come un bambino, non entrerà in esso». Questo lo dice Marco (10,15), ma anche Matteo lo ripete e in modo ancora più solenne (18,1-5): «In quel momento i discepoli si avvicinarono a Gesù dicendo: "Chi dunque è il più grande nel regno dei cieli?". Allora Gesù chiamò a sé un bambino, lo pose in mezzo a loro e disse: "In verità vi dico: se non vi convertirete e non diventerete come i bambini, non entrerete nel regno dei cieli. Perciò chiunque diventerà piccolo come questo bambino, sarà il più grande nel regno dei cieli. E chi accoglie anche uno solo di questi bambini in nome mio, accoglie me"». Gesù qui addirittura si identifica con i bambini. La rivelazione di Dio è concessa a quelli che sono come bambini (*Mt* 11,25): «Ti benedico, o Padre, Signore del cielo e della terra, perché hai tenuto nascoste queste cose ai sapienti e agli intelligenti e le hai rivelate ai piccoli». E il detto numero 4 del *Vangelo di Tommaso* insiste sul fatto che chi è bambino ha una comprensione religiosa molto maggiore di chi è anziano: «Dice Gesù: Un uomo vecchio di giorni non esiterà a interrogare un bimbo di sette giorni sul luogo della vita».

Che tipo di messaggio è quello che manda attraverso i bambini?

Come per i miseri, anche per i bambini egli non ha una visione idilliaca, idealizzata, della loro realtà. I bambini dei ceti sociali più umili sono esposti allo sfruttamento, vivono per strada, sono fastidiosi, forse anche pericolosi. Ma bisogna diventare come loro perché il regno appartiene agli ultimi. Proprio per questo egli si sente come loro, vorrebbe che i suoi discepoli organizzassero comunità non per diventare potenti e grandi, bensì per conservare la posizione che i bambini diseredati, i figli della strada, hanno nella società. Dio rivela il suo messaggio non ai ricchi sapienti, ma a questi piccoli che aspettano ardentemente una redenzione concreta, il ristabilimento di una giustizia elementare.

Questa è però solo la situazione sociale implicita, non dobbiamo forzare i vangeli piegandoli a una nostra visione sociopolitica. In realtà, il celebre rimprovero di Gesù ai discepoli che cercavano di non farlo infastidire dai bambini non deve essere interpretato come se si trattasse di bande di bambini di strada abbandonati e minacciosi. Sono al contrario i genitori stessi che portano a Gesù i propri figli per farli benedire, o guarire da lui (*Mt* 19,13; *Mc* 10,13; *Lc* 18,15). Del resto, secondo Marco (5,35-42), Gesù compie uno dei suoi miracoli più strepitosi proprio resuscitando la figlia bambina di un uomo certo non povero, un capo della sinagoga.

Sappiamo quanto contino le differenze, lo status, i titoli, quando si tratta di sedere alla stessa mensa. Gesù, nella famosa parabola del servitore che non riesce a trovare commensali per il suo padrone e riceve l'ordine di invitare chi capita, abolisce ogni gerarchia e quando si comincia così si può benissimo arrivare a invocare anche l'abolizione di altre gerarchie per la creazione di una comunità di credenti uguali.

La parabola del banchetto ci è pervenuta in tre versioni diverse: quella del *Vangelo di Tommaso* (64), quella del Vangelo di Luca (14,16-24), quella di Matteo (22,2-14). La versione di Matteo è una rielaborazione molto lontana dalla parabola originale di Gesù. Per lui si tratta di un pranzo che un re organizza per le nozze di suo figlio. Quando «tutto è pronto» manda i propri schiavi per avvisare gli invitati. Ma questi rifiutano e addirittura uccidono gli schiavi stessi. Allora il re organizza una spedizione punitiva e il suo esercito distrugge la città degli invitati assassini. Al ritorno dell'esercito, il pranzo – in modo del tutto inverosimile – è ancora pronto (22,8), allora vengono invitate delle persone qualsiasi, buoni e cattivi, ferme ai crocicchi. Quando tutti sono entrati il re viene a vedere come vanno le cose e si accorge che uno degli invitati non ha l'abito nuziale: lo fa legare mani e piedi e lo caccia fuori. Questo è un buon esempio di come a volte i vangeli abbiano profondamente rielaborato e, in questo caso, addirittura stravolto le parole di Gesù. Matteo ha trasformato la parabola di Gesù che parlava di un uomo ricco che fa un pranzo per i suoi conoscenti, in un grande banchetto per le nozze del figlio di un re. La parabola diventa quindi metafora del fatto che Dio ha inviato suo figlio e molti non solo hanno rifiutato il suo messaggio, ma anche ucciso i suoi inviati (forse Matteo pensa all'uccisione di Stefano e di Giacomo, molti anni dopo la morte di Gesù). Dio allora, per vendetta, distrugge la città di Gerusalemme nell'anno 70. Matteo aggiunge anche la scena terribile dell'invitato senza abito nuziale, volendo far capire ai cristiani che anche loro saranno giudicati con estrema serietà se non si comporteranno in modo coerente con la propria fede. L'abito nuziale è la metafora di una condotta degna della conversione.

Nel Vangelo di Luca abbiamo invece una versione più vicina a quella di Gesù. Egli avrebbe pronunciato questa parabola allo scopo di mostrare come si deve praticare l'ospitalità nei nuclei domestici. «Quando offri un pranzo o una cena, non invitare i tuoi amici, né i tuoi fratelli, né i tuoi parenti, né i ricchi vicini, perché anch'essi non ti invitino a loro volta e tu abbia il contraccambio. Al contrario, quando dai un banchetto, invita poveri, storpi, zoppi, ciechi; e sarai beato perché non hanno da ricambiarti. Riceverai infatti la tua ricompensa alla resurrezione dei giusti» (*Lc* 14,12-14). Il progetto di Gesù, come abbiamo visto, era di trasformare radicalmente la vita delle famiglie. Una nuova pratica dell'ospitalità era per lui uno degli strumenti principali in vista di questo fine. Le case della gente ricca dovevano aprirsi ai diseredati, bisognava smetterla di invitare i più ricchi per riceverne in cambio un qualche beneficio. Nella parabola succede che un uomo ricco si veda snobbato dai suoi invitati, che preferiscono rimanere a curare i propri interessi. È come se dicessero: venire da te non mi reca alcun vantaggio. È solo a questo punto che il padrone di casa cambia strategia (*Lc* 14,21): «Esci subito per le piazze e per le vie della città e conduci qui poveri, storpi, ciechi e zoppi». Di spedizione militare, distruzione di Gerusalemme e abito nuziale obbligatorio per gli inviati non si parla più.

A volte questa parabola viene letta in modo metaforico. Si pensa che gli invitati ricchi rappresentino delle persone «per bene», che però non credono in Gesù, mentre i poveri sarebbero i peccatori che, però, accettano il suo messaggio di conversione.

Detesto queste trasformazioni indebite del messaggio di Gesù. L'esegesi attenta del Vangelo di Luca mostra che Gesù aveva un interesse molto forte nel ristabilire la giustizia verso i più poveri. La pratica dell'ospitalità doveva venire incontro ai loro bisogni. Gesù però, come già detto, non aveva una visione idilliaca della povertà. L'estrema privazione rende gli uomini astiosi e malvagi. Anche i poveri secondo lui avevano bisogno di convertirsi, pur essendo molto più pronti a ricevere il suo messaggio.

Per i ricchi, invece, entrare nel regno di Dio era più difficile che per un cammello passare per la cruna dell'ago, secondo la celeberrima frase, certo di grande impatto anche se priva di ogni logica. Infatti si tratta di un evidente errore di trascrizione del greco: il sostantivo kamilos *(grossa fune, gomena di nave) è stato scambiato per* kamelos, cammello.

Filologia a parte, comunque importante, non bisogna dare al messaggio di Gesù uno scopo prevalentemente politico-sociale. La società cui egli pensava non era organizzata in modo egualitario e collettivistico. Quando Gesù invitava i capi famiglia a praticare l'ospitalità verso i poveri, non poneva in discussione il fatto che essi fossero legittimi proprietari, e gli ospiti poveri restassero in posizione subordinata. Gesù non ha mai progettato concretamente un sistema di vita associato. Nulla gli è più estraneo che immaginare una società organizzata in modo uniforme e costrittivo. Nulla gli è più estraneo di un monastero, di un convento o di un *kibbutz*. Egli denuncia l'ingiustizia, non propone l'egualitarismo, ma neppure il suo contrario. In poche parole, non sembra prendere in considerazione che esistano organizzazioni sociali migliori di altre. È come se inserisse cunei eversivi all'interno di ogni sistema. Se nei pranzi si stabiliscono delle gerarchie, non si tratta di abolirle, il suo discepolo deve semplicemente occupare il posto più umile. Nell'ultima cena, egli si veste da schiavo e lava i piedi ai discepoli (*Gv* 13,1-14). Quel gesto non simboleggia un sistema sociale particolare, suggerisce un atteggiamento praticabile in ogni società. A proprie spese però, non a spese degli altri. Il suo seguace converte se stesso, non obbliga gli altri a convertirsi. Gesù non ha mai cercato di organizzare la società del futuro regno di Dio, né la vita sociale del periodo in cui il regno di Dio non è ancora arrivato. Egli non è un fondatore di società, né un organizzatore di sistemi sociali né un legislatore. Indica i punti nevralgici da trasformare per poter entrare nel regno. Tutta la legge di Dio dev'essere osservata, a cominciare dai dieci comandamenti, ma l'ingiustizia, la malattia e l'ipocrisia sono gli obiettivi contro cui più si batte.

VI

FARISEI E ALTRE POLEMICHE

Uno dei temi che ricorrono con più frequenza nei vangeli è la polemica contro i farisei visti come campioni di ipocrisia, infingardi, dei «sepolcri imbiancati». Il termine «fariseo» è diventato addirittura un modo per indicare tartuferia e doppiezza; da fariseo è derivato l'aggettivo «farisaico», per esempio nell'espressione «atteggiamento farisaico», che indica un comportamento ambiguo, ingannevole. Sappiamo che i farisei erano uno dei gruppi religiosi formatisi all'incirca nei due secoli precedenti la nostra era. Ma di quali colpe si erano caricati per meritare una tale cattiva fama? Queste polemiche, e alcune altre che vedremo nel presente capitolo, ci rimandano in realtà dagli anni in cui Gesù visse a quelli in cui, alcuni decenni dopo la sua morte, i vangeli vennero scritti. Per conseguenza si tratta di atteggiamenti che quasi sempre denunciano i contrasti e le difficoltà incontrate dal nuovo movimento cristiano sia rispetto alle altre religioni sia al suo stesso interno nel difficile periodo in cui l'ortodossia stava cercando di stabilizzarsi.

Del resto anche Paolo di Tarso proveniva dal movimento dei farisei e, secondo lo studioso Donald Harman Akenson, fariseo era lo stesso Gesù. Il critico letterario Harold Bloom ha ripreso la congettura per aggiungere che, ironicamente, la circostanza contribuirebbe a spiegare «il furore antifarisaico del Nuovo Testamento».

Al contrario di Gesù e dei suoi seguaci, che non hanno mai chiesto né cercato posti di potere, molti farisei riuscirono a raggiungere posizioni di rilievo in vari organismi, fra i quali si deve includere il famoso sinedrio. Dal punto di vista amministrativo si potrebbe tradurre sinedrio con «consiglio» o forse anche «corte di giustizia». Si trattava della più alta assemblea politica e religiosa (ancora una volta i due aspetti coincidono) in terra d'Israele in epoca greco-romana. La maggioranza dei suoi membri ebbero un atteggiamento decisamente ostile nei confronti di Gesù durante il «processo» al quale venne sottoposto.

I farisei erano anche molto attenti all'autonomia politico-amministrativa e religiosa del popolo d'Israele. Tutto sommato appaiono come persone profondamente coinvolte sia nel rispetto della tradizione sia nell'amministrazione della cosa pubblica. Mantennero il loro atteggiamento, nonostante le responsabilità politiche assunte li dovessero indurre a una visione piuttosto realistica della situazione. Un potere come quello romano non aveva alcuna possibilità di essere abbattuto o eguagliato se non mettendo in piedi grandi alleanze internazionali di difficilissimo esito. Il ribellismo, ieri come oggi, si diffonde con maggiore facilità e frequenza in chi conosce poco la portata reale delle questioni in gioco.

Dopo la distruzione del Tempio e di gran parte di Gerusalemme operata nel 70 dai legionari di Tito, ci fu, qualche decennio più tardi, un'altra importante ribellione contro Roma. La guidava Simon bar Kokhba che riuscì a tenere testa alle truppe di Roma per parecchi mesi fino a quando, nel 135, con la sua morte e la caduta di Bethar, la rivolta venne stroncata. L'imperatore Adriano ordinò una repressione durissima. Fu l'ultimo episodio di resistenza in terra d'Israele prima del 1947.

Un'altra forte polemica che affiora nei vangeli, in quello di Giovanni in particolare, riguarda non una corrente, cioè una confessione religiosa, ma un individuo: Tommaso. Questo discepolo è l'incredulo, colui che mette in discussione l'insegnamento del Maestro, un uomo più volte rimproverato, ripetutamente accusato. Alcuni studiosi hanno avanzato l'ipotesi che le insistenti accuse tendessero in realtà a screditare il suo insegnamento che sappiamo consegnato al testo, già ricordato, noto come il *Vangelo di Tommaso*. Il tema «Tommaso» presenta qualche aspetto di analogia con le polemiche verso i farisei. Nei vangeli affiora di continuo la necessità di affermare una linea in opposizione ad altre linee. Al lettore non specialista; al lettore che cerca nei vangeli non un alimento per la fede, ma l'uomo Gesù, la sua vita, i segni del suo tempo; al normale e appassionato, talvolta commosso, lettore, i vangeli appaiono anche come testi polemici, si potrebbe anche dire come testi fondativi. È come se ci trovassimo di fronte a un tipo di religione, perlomeno nella forma datale da Paolo o da Giovanni, nella quale il chiarimento dottrinale diventa importante, anzi così importante da portare a manifestazioni d'intolleranza o di esclusione verso i non allineati, con le conseguenze che la storia ha più volte dimostrato possibili.

Un'ultima polemica che qui può essere richiamata riguarda l'apostolo Giuda. Se Tommaso incarna l'incredulo, Giuda è per antonomasia il traditore. Ora, fra le decine di vangeli allora in circolazione, alcuni dei quali arrivati fino a noi, ce n'è uno noto appunto come *Vangelo di Giuda*, di recente restaurato e pubblicato. Il quadro che offre del personaggio e delle sue motivazioni ribalta completamente l'immagine usuale. Quando Giuda consegna il Maestro alle autorità, non fa che eseguire l'ordine di Gesù che (si legge nel testo) gli dice: «Tu sacrificherai l'uomo che mi riveste». Il testo (ne parleremo meglio più avanti) rende esplicita la necessità che l'uomo tradisca Gesù e lo mandi al sacrificio, affinché possa compiersi il disegno della redenzione dopo la caduta di Adamo. Dal testo affiora la figura, opposta rispetto a quella consueta, di un uomo consapevole del suo tragico destino di doversi fare strumento abietto della volontà divina. Una traccia di questa versione si trova del resto anche negli Atti degli apostoli dove Pietro (1,16) dice: «Fratelli, era necessario che si adempisse ciò che nella Scrittura fu predetto dallo Spirito Santo per bocca di David riguardo a Giuda, che fece da guida a quelli che arrestarono Gesù».

Anche in questo caso, secondo la tesi di numerosi biblisti, la *damnatio memoriae* nei confronti di Giuda e l'esclusione del suo «vangelo», relegato fra gli scritti rifiutati, risponde a un disegno preciso. A mano a mano che il cristianesimo si allontanava dalle originarie radici ebraiche, la polemica fra ebrei e cristiani aumentava e risultava quindi ovvio far ricadere soprattutto sugli ebrei la colpa della morte di Gesù. Giuda incarnava alla perfezione la figura dell'ebreo traditore per denaro. Una versione più frivola dell'accaduto si trova nel celebre musical *Jesus Christ Superstar*, con la sua aria *Poor Old Judas*, dove il «povero vecchio Giuda» canta, con angoscia: «Ho fatto soltanto quello che Tu volevi», così riducendo all'essenziale la sua tesi difensiva.

Da dove deriva storicamente e da quali cause dipende la polemica nei confronti dei farisei? Perché una fama così cattiva?

Quando i movimenti proliferano, vuol dire che si è creata incertezza sui luoghi del potere o, addirittura, sulla loro legittimazione. Se mancano punti di riferimento largamente riconosciuti, i ceti «riflessivi» elaborano ipotesi alternative. In poche parole: nei periodi di crisi, si moltiplicano i movimenti. Quello farisaico è durato a lungo, ha acquisito solide tradizioni, prodotto numerose opere. Era diffuso in modo capillare nella società ebraica dentro e fuori la terra d'Israele; si basava su piccole associazioni, *Chavuroth*, formate da *chaverim*, cioè compagni, associati, che seguivano un certo numero di regole ispirate alla Torah. Fra i loro obiettivi rientravano lo scrupoloso rispetto della tradizione religiosa, nonché la trasformazione politica della società ebraica. Infatti, durante il regno di una regina asmonea, Alexandra Salome, i farisei raggiunsero cospicue posizioni di potere con una presenza localizzata a vari livelli: popolare, intermedio, istituzionale.

Restano da chiarire le ragioni possibili della ricorrente e spesso dura polemica nei loro confronti.

Le ragioni sono di ordine dottrinale e storiche. I farisei insistevano sulla libertà di scelta dell'uomo, in questo avvicinandosi in qualche misura agli stoici. Credevano nella possibilità di compiere il bene, ritenevano possibile l'obbedienza alla volontà di Dio e alla sua Legge. A loro giudizio ciò che qualifica l'azione morale non è tanto la correttezza esteriore, ma l'intenzione di chi agisce. La loro concezione di Dio è nobile: Dio può agire secondo giustizia o secondo misericordia, ma alla fine la misericordia ha sempre il sopravvento. La loro insistenza sulla resurrezione del corpo alla fine di questo mondo li differenziava da altre tendenze giudaiche; il fariseismo in definitiva attendeva la fine di questo mondo e l'avvento d'un mondo nuovo. Attivissimi sul piano dell'educazione del popolo, cercavano di indurre strati ampi della popolazione al rispetto della Legge tradizionale.

Ma queste diversità dottrinali erano sufficienti a suscitare una tale, convinta ostilità?

Quanto più i movimenti sono affini, tanto più tendono a polemizzare fra loro. Ci sono chiare affinità fra il movimento di Gesù e i farisei. La fede nella resurrezione, per esempio, ampiamente diffusa tra i farisei, è fondamentale anche per Gesù e i suoi seguaci, i quali sembrano molto influenzati da loro sull'argomento. Un altro motivo che può aver acuito il conflitto è la concorrenza sul territorio, almeno a livello popolare. Gesù e i farisei cercavano infatti di attirare le medesime persone. Ci sono poi anche ragioni di diversità sostanziale. I farisei ritenevano che tutti i membri del popolo d'Israele, compresi i non sacerdoti, dovessero vivere i tre aspetti della vita quotidiana, lavoro dei campi, rapporti coniugali e commensalità, rispettando come i sacerdoti del Tempio la purità rituale. In altre parole consideravano tutto il popolo, compresi i laici, una comunità sacerdotale. Non così Gesù che, pur non infrangendo la Legge, non dava molta importanza alle norme di purità nella vita quotidiana, che spesso neppure la Bibbia esigeva. Gesù sembrava interessato più alla convivenza amichevole fra le persone che non al rispetto rigoroso delle regole tradizionali. Un altro motivo di scontro sta nel fatto che, dopo la tragedia del 70, i farisei presero il sopravvento all'interno delle comunità giudaiche. Fu certamente un bene per la sopravvivenza del popolo d'Israele, ma i seguaci di Gesù si trovarono a polemizzare con una maggioranza favorevole ai farisei, che tendeva, se non proprio a escluderli, a sospingerli verso i margini.

È nel Vangelo di Matteo che la polemica con i farisei assume i toni più aspri. Non a caso è anche il vangelo che insiste maggiormente sul rispetto radicale della Torah, la legge rivelata da Dio a Mosè sul Sinai e contenuta nel Pentateuco, i primi cinque libri della Bibbia secondo la denominazione degli ebrei di lingua greca.

Accennava prima a un secondo motivo di attrito di carattere più propriamente storico.

Sembra che, dopo la caduta di Gerusalemme nel 70, un gruppo di tendenza farisaica abbia preso realisticamente atto che la sopravvivenza della tradizione religiosa ebraica era legata a un'intesa con il potere politico romano ormai vincente. Questa linea è attribuita a uno dei grandi maestri della tradizione ebraica successiva, Yochanan ben Zakkai. Secondo una leggenda, costui, uscito da Gerusalemme assediata, si sarebbe accordato con le massime autorità romane per mantenere in vita le scuole tradizionali, anche se fuori da Gerusalemme. La componente farisaica sarebbe, insomma, all'origine di una svolta nella leadership religiosa ebraica negli anni in cui il cristianesimo stava muovendo i primi passi. È per questo che, di fronte al disastro politico-religioso della Giudea, i farisei tentarono di eliminare le correnti che potevano sembrare antiromane. In un momento così drammatico tutte le tendenze, cristiani compresi, che parlavano della fine di questo mondo e di un futuro regno di Dio apparivano politicamente pericolose. Lo scontro avvenne tra i farisei, che guadagnavano sempre più posizioni nelle comunità giudaiche, e i seguaci di Gesù, anch'essi in forte espansione.

Se stiamo a questa ipotesi non sarebbe stato Gesù a pronunciare le frasi violente contro i farisei di cui scrivono gli evangelisti.

Infatti, quelle parole sarebbero invece espressione della polemica degli anni Settanta e Ottanta, quelli in cui i vangeli vennero scritti.

Un'altra ricorrente polemica è quella nei confronti di Tommaso, l'incredulo. Non una corrente in questo caso, ma un singolo individuo. Come si spiega?

Nella versione copta, che differisce dalla versione greca, le parole che aprono il *Vangelo di Tommaso* sono: «Questi sono i detti segreti che Gesù vivente disse e Giuda Tommaso il gemello [Didimo] scrisse».

Dunque questo vangelo viene anche attribuito a Giuda? Ma chi è questo Giuda?

Giuda come lei sa è un nome molto diffuso, quindi non siamo nella situazione più favorevole per capire di chi si tratti. Però, dal Vangelo di Marco, sappiamo che uno dei fratelli di Gesù si chiamava Giuda. In greco Tommaso si dovrebbe scrivere *Thomàs*, con la «s» finale. Uno specialista di aramaico, il gesuita americano Joseph Fitzmyer, pensa però che qui si sia creato un equivoco. *Tomà* senza «s» in aramaico significa «gemello». Quindi Giuda prende il nome di Tommaso non perché si chiamasse realmente Tommaso, ma perché era il gemello.

Gemello di chi, mi scusi?

A taluni piacerebbe ipotizzare che fosse il gemello di Gesù, nell'ipotesi in cui identificassimo Giuda con uno dei suoi fratelli. In realtà la questione è più complessa. Nel Vangelo di Giovanni un discepolo chiamato Tommaso riceve più volte l'appellativo di Didimo: «Tommaso detto Didimo». *Didimo* in greco significa appunto «gemello». La circostanza potrebbe confermare che l'appellativo di «gemello», attribuito a un discepolo di Gesù, si sia poi trasformato, per un errore di trascrizione, nel nome proprio Tommaso.

Se ho capito bene il problema è cercare di capire se si tratti di Giuda il gemello o di Tommaso il gemello.

Sì, e per una tradizione protocristiana Giuda, fratello di Gesù, potrebbe essere stato considerato suo gemello. Il Vangelo di Giovanni non solo parla di Tommaso detto Didimo, ma contiene anche una serie di parole di Gesù molto simili a quelle che si trovano nel *Vangelo di Tommaso* e non nei vangeli sinottici. Coincidenze che potrebbero dimostrare un qualche legame fra i testi di Giovanni e di Tommaso.

Immagino che i biblisti si siano chiesti se il Vangelo di Tommaso *abbia preso da quello di Giovanni o viceversa; oppure se ambedue abbiano attinto a una fonte comune.*

Certo, sono state fatte, per esempio, liste di parole di Gesù, riportate da Giovanni, molto simili ad alcune parole di Gesù riportate da Tommaso, e viceversa. Condivido l'idea che attingano a una medesima tradizione e che ne rappresentino due versioni diverse, anche in polemica reciproca nonostante l'affinità su alcuni punti. Nel *Vangelo di Tommaso* si fa luce più volte un carattere di tipo giovanneo. Il primo versetto dice, per esempio: «Ed egli disse: "Chi troverà l'interpretazione di queste parole, non gusterà la morte"». Non gustare la morte è un tema tipicamente giovanneo. Nel Vangelo di Giovanni si critica Tommaso per non avere creduto nella resurrezione di Gesù. Condivido l'opinione degli studiosi che, nell'insistenza di Giovanni su Tommaso detto Didimo, vedono il bisogno di quel vangelo di marcare una differenza rispetto ai «tommasiani». Tommaso potrebbe essere un discepolo arrivato con fatica a comprendere la resurrezione di Gesù, perciò non un vero leader da porre alla stessa stregua del discepolo amato o di Pietro.

Eppure c'è almeno un episodio in cui Tommaso sembra avere un rapporto speciale con Gesù.

Il *Vangelo di Tommaso* vorrebbe affermare proprio questo suo primato sopra tutti gli altri con la sola eccezione, forse, di Giacomo. Il detto numero 13 del *Vangelo di Tommaso* è chiaro: «Gesù disse ai suoi discepoli: "Cercate un paragone e ditemi a chi sono simile". Rispose Simon Pietro: "Sei simile a un angelo giusto". Rispose Matteo: "Somigli a un saggio e retto filosofo". Rispose Tommaso: "Maestro, la mia bocca non è idonea a dire a chi sei simile". Gesù gli disse: "Io non sono più il tuo maestro, giacché tu ti sei inebriato bevendo alla copiosa sorgente d'acqua viva che io stesso ho gustata". Poi lo prese in disparte e gli disse tre parole. Quando Tommaso tornò dai suoi compagni questi gli domandarono: "Cosa ti ha detto Gesù?". E Tommaso rispose: "Se io vi dicessi una sola delle parole che lui mi ha detto, voi prendereste delle pietre per lapidarmi e un fuoco verrebbe fuori dalle pietre e vi brucerebbe"».

Secondo Elaine Pagels, il *Vangelo di Tommaso* e quello di Giovanni erano però usciti da un medesimo ambiente: ambedue pensavano che Gesù fosse «la luce di Dio in forma umana» a differenza di Marco, Matteo e Luca che lo concepivano come «l'agente umano di Dio».

In che cosa consiste allora la differenza fra il Vangelo di Giovanni e quello di Tommaso?

L'appartenenza a un medesimo ambiente è proprio quello che ci fa capire la loro diversità. Se ascoltiamo ancora una volta Elaine Pagels, il Vangelo di Giovanni e quello di Tommaso sono due testi in conflitto. Giovanni ha costruito il suo vangelo per combattere le idee di Tommaso; la Pagels sostiene che Giovanni doveva almeno conoscerne il contenuto, se non il testo per intero. Giovanni e Tommaso divergono radicalmente sulla proposta religiosa: mentre Giovanni pensa che solo Gesù porti la luce di Dio al mondo, Tommaso ritiene che «la luce divina incarnata da Gesù è condivisa da tutta l'umanità». Nella lotta fra i due vangeli la vittoria è andata a Giovanni scelto dall'ortodossia cristiana, che ha invece rigettato Tommaso.

Ci sono poi molte altre differenze. Intanto il *Vangelo di Tommaso* non racconta i fatti ma è solo una raccolta delle parole di Gesù. Per Tommaso, poi, Gesù è essenzialmente un grande maestro di sapienza. Egli non racconta la morte di Gesù e neanche la sua resurrezione, che invece per Giovanni hanno un'importanza assoluta.

Al punto da sopprimere, a differenza degli altri, quel grido straziante sulla croce: «Signore, Signore, perché mi hai abbandonato?».

Infatti Giovanni tende a considerare la crocifissione addirittura come una vittoria sul Principe di questo mondo cioè Satana. Tommaso, invece, sembra considerare che la resurrezione in quanto tale possa essere un evento negativo. Chi è arrivato alla conoscenza radicale di sé, trovando in se stesso di essere figlio del Padre, ha raggiunto la radice della vita e non ha bisogno di resurrezione perché è già arrivato alla vita eterna che ha in se stesso. Il problema non è risorgere, è non conoscere la morte. Si può ottenere l'annullamento della morte non grazie alla resurrezione, ma attraverso un processo che Tommaso, al versetto 2, descrive in questi termini: «Chi cerca, non smetta di cercare finché non avrà trovato. Quando avrà trovato, si meraviglierà; quando si sarà meravigliato, si stupirà e regnerà su tutte le cose». Il processo della vita spirituale viene scandito per fasi: cercare, trovare, meravigliarsi, ma direi meglio «stupefarsi», infine pervenire al regno inteso come riposo, pace, dominio di sé. L'uomo che tocca questo livello di conoscenza è diventato *monachos*, è totalmente concentrato su se stesso. Si è posta fine alla molteplicità, alla frattura interiore, non c'è più né maschio né femmina, la frattura fra i sessi è terminata, si è raggiunta la vita. Il Vangelo di Giovanni potrebbe criticare in Tommaso l'eliminazione del concetto di resurrezione e la mancata distinzione fra il neofita e il Cristo. In ciò starebbe una delle differenze fondamentali fra i due vangeli. C'è insomma una polemica implicita in Giovanni verso tendenze che troviamo nel *Vangelo di Tommaso*, ma è come se tale controversia fosse interna a una vasta corrente del cristianesimo primitivo, dove esistono anche affinità reciproche. In ogni caso questa polemica contro Tommaso si sviluppa verso la fine del I secolo. È nel Vangelo di Giovanni, scritto in quel periodo, che Tommaso appare molte volte, mentre nei vangeli di vent'anni prima era quasi assente.

Affiora continuamente nei vangeli la necessità di affermare una linea in opposizione ad altre linee. Essi sembrano voler dire non soltanto «Questa è la cosa» bensì «Questa è la cosa contro tutte le altre cose che voi potrete ascoltare».

È un aspetto cruciale del cristianesimo primitivo, sul quale tutti ci interroghiamo. Forse, più oggi di ieri, nel momento in cui siamo costretti a chiederci in che misura le grandi religioni mondiali contribuiscano ai conflitti. Alcuni studiosi si sono dedicati all'esame degli elementi conflittuali contenuti nel «DNA» delle origini cristiane, dell'Islam, dello stesso giudaismo.

Le tre grandi religioni monoteiste sono state spesso protagoniste di conflitti. Anche se le prime due molto più del giudaismo che, per la verità, dei conflitti è stato spesso solo una vittima.

Quando la predicazione cristiana primitiva cominciò a rivolgersi ai non ebrei, a coloro che definiamo impropriamente «pagani», fu in termini non solo di salvezza, ma anche «contro», con una critica radicale alle religioni tradizionali e ai comportamenti morali dei non ebrei, di cui spesso si sottovalutava il valore. Gli ebrei invece, pur non condividendo le religioni dei «pagani», non rivolgevano critiche militanti e aggressive. Il loro fine era di convivere pacificamente nelle città in cui erano insediati. Fra le religioni che hanno avuto atteggiamenti conflittuali potremmo includere anche il buddismo, che non è stato sempre portatore di pace e di riconciliazione. Nel cristianesimo delle origini la costruzione dell'identità avviene attraverso una lotta, spesso impietosa e violenta, quanto meno a livello dottrinale, contro altre correnti giudicate inaccettabili o inconciliabili. Gli atteggiamenti conflittuali più marcati li troviamo in Paolo e nel Vangelo di Giovanni.

Si può fare qualche esempio di un tale accanimento?
Lo trovo in una lettera di Paolo ai Galati (che erano collocati al centro dell'attuale Turchia), scritta nella prima metà degli anni Cinquanta. Nella zona Paolo aveva fondato alcune comunità. Poi erano sopraggiunti dei predicatori da Gerusalemme, probabilmente mandati da Giacomo, il fratello del Signore diventato capo di quella Chiesa. Il loro messaggio aveva modificato quello precedente di Paolo, che evidentemente avevano trovato inadeguato soprattutto nel rispetto della tradizione ebraica. La reazione di Paolo è molto dura. Scrive (*Gal* 1,6 e sgg.): «Mi meraviglio che così in fretta da colui che vi ha chiamati con la grazia di Cristo passiate a un altro vangelo. In realtà, però, non ce n'è un altro. Soltanto che vi sono alcuni che vi turbano e vogliono sovvertire il vangelo di Cristo. Orbene, se anche noi stessi o un angelo dal cielo vi predicasse un vangelo diverso da quello che vi abbiamo predicato, sia anatema [significa «escluso dalla comunità»]. L'abbiamo già detto e ora lo ripeto, se qualcuno vi predica un vangelo diverso da quello che avete ricevuto [cioè «che ho predicato io»] sia anatema». Più avanti aggiunge: «Vi dichiaro dunque, fratelli, che il vangelo da me annunziato non è modellato sull'uomo. Infatti, io non l'ho ricevuto né l'ho imparato da uomini, ma per rivelazione di Gesù Cristo». Il giudizio di Paolo su chi pensa che esista un messaggio evangelico diverso dal suo è violento.

È una lettera non meno dura di una qualunque condanna nei confronti di una corrente politica «deviazionista». Tanto più lo è, se rife-

*rita a predicatori inviati da Giacomo, capo della comunità gerosoli-
mitana nonché fratello del «fondatore» di quella religione.*

Giacomo, fratello del Signore, era infatti una delle tre colonne della Chiesa di Gerusalemme, come nella stessa lettera
Paolo afferma. Anche nel giovannismo però affioravano tendenze che possiamo definire senza timore intolleranti.

*Tutti i movimenti allo stato nascente conoscono divergenze anche
violente in attesa che si formi una stabile ortodossia.*

Infatti, una certa forma di intolleranza, di incapacità di
coordinare punti di vista diversi è stata certamente presente
nel cristianesimo primitivo. Nel XVI secolo troviamo tendenze irenistiche, per esempio quelle di Tommaso Moro o Era-
smo da Rotterdam, secondo le quali fondamento del cristianesimo è l'amore per il prossimo. Questo porta di per sé a non
esacerbare gli aspetti puramente dottrinali, che di necessità
conducono alle divisioni fra gruppi. Ma la dimensione dottrinale intollerante e quella tollerante fondata sull'amore sono
sempre convissute nella storia cristiana. Non di rado è preval-
sa la prima.

*Quali possono essere le cause e gli scopi di una tale esasperazione
nella corrente giovannista?*

La mia ipotesi è che si tratti di gruppi che pretendevano di
avere la rivelazione direttamente da Dio. Paolo lo scrive: «Il
vangelo da me annunziato ... non l'ho ricevuto né l'ho imparato da uomini, ma per rivelazione di Gesù Cristo». I giovannisti
pensano di possedere la «verità tutta intera» tramite lo Spirito
Santo (*Gv* 16,13). Il che può solo portare a una contrapposizione radicale. Chi ritiene di avere ricevuto una rivelazione da
Dio in persona non potrà mai accettare che quella rivelazione
sia criticata o negata, nemmeno in parte. È anche vero, peraltro, che il Vangelo di Giovanni sostiene: «Da questo vi ricono-
sceranno tutti, se vi amerete gli uni con gli altri». L'adesione al
gruppo sembra dunque essere qualcosa di più di una pura
convergenza intellettuale. Entrano in gioco l'amicizia interna,
la parità interna, l'amore interno del gruppo. Oltre alla dimensione dottrinale, potenzialmente conflittuale, c'è anche quella

sociale e unificante. È una questione di accento. Non siamo in grado di definire troppo nettamente questi gruppi. Essi contengono in modo latente la possibilità sia dell'intolleranza sia della pacificazione e del compromesso. Forse più in Paolo che in Giovanni.

VII

IL MISTERO DELLA NASCITA

I due momenti centrali nell'esistenza terrena di Gesù sono la nascita e la resurrezione. Una *Vita di Gesù*, scritta da Ernest Renan e pubblicata nel 1863, suscitò non poche polemiche per la sua concezione molto spregiudicata. Anche se è un'opera per più aspetti superata, conserva il fascino di una scrittura molto partecipe. Eccone un breve esempio:

> Il nome impostogli di Gesù (Jesus) è un'alterazione di Giosuè, nome assai comune nel quale più tardi naturalmente s'andarono cercando misteri e allusioni alla sua parte di salvatore. Forse egli stesso, come tutti i mistici, a tale proposito si esaltava l'animo. Nella storia si constata che certe grandi vocazioni sono talvolta occasionate dal nome imposto a un fanciullo senza secondi fini. ... Egli uscì dalle file del popolo. Giuseppe suo padre e Maria sua madre erano gente di mediocre condizione, artigiani che vivevano del loro lavoro, in quello stato comunissimo in Oriente, né agiato, né misero. Il vivere semplicissimo di tali paesi, non lasciando sentire il bisogno degli agi, rende quasi inutile il privilegio del ricco, onde tutti si trovano in una povertà volontaria. D'altra parte l'assoluta mancanza di gusto per le arti e per tutto ciò che contribuisce all'eleganza della vita materiale, anche alla casa di chi non manca di nulla imprime un aspetto di miseria. Lasciando da parte quel non so che di sordido e di ripugnante che l'islamismo porta con sé dovunque, la città di Nazareth, al tempo di Gesù, non era forse molto diversa da quella di oggi. Noi vediamo le vie dov'egli si trastullò bambino, in quei sentieri sassosi o in quegli angusti crocicchi che dividono le casupole. Probabilmente quella di Giuseppe rassomigliava molto alle povere botteghe che ricevono luce dalla porta, servono a un tempo di laboratorio, di cucina, di camera da letto e hanno per mobilio una stuoia, alcuni cuscini per terra, uno o due vasi d'argilla e un cofano dipinto. La famiglia, provenisse da uno o più matrimoni, era molto numerosa. Gesù aveva fratelli e sorelle, di cui pare egli fosse il maggiore. Tutti sono rimasti oscuri.

Ci sono in questa descrizione alcune imprecisioni storiche, ma il pathos che emana, la luce e la polvere di quei villaggi, la povera allegria di quei passatempi infantili descrivono con accuratezza quella che dovette essere la fanciullezza di Gesù.

Anche un altro grande scrittore francese, François Mauriac, cattolico fervente, scrisse (nel 1936) una *Vita di Gesù*. Quello che segue ne è un breve stralcio:

> Sotto il regno di Tiberio Cesare, il legnaiolo Jeshu, figlio di Giuseppe e di Maria, abitava quella borgata, Nazareth, della quale non è menzione in alcuna storia e che le Scritture non nominano: alcune case scavate nel macigno d'una collina, di fronte alla pianura d'Esdrelon. Le vestigia di queste grotte sussistono ancora. E l'una d'esse celò quel fanciullo, quell'adolescente, quell'uomo, fra l'operaio e la Vergine. Là egli visse trent'anni – non già in un silenzio di adorazione e d'amore: dimorava nel bel mezzo d'una tribù, fra i litigi, le gelosie, i piccoli drammi d'una numerosa parentela, dei Galilei devoti, nemici dei Romani e d'Erode; e che, nell'attesa del trionfo di Israel, salivano per le feste a Gerusalemme. Stavano dunque là dal principio della sua nascosta vita quelli che al tempo dei suoi primi miracoli pretenderanno che sia folle e vorranno impadronirsi di lui.

Questi sono due possibili ritratti della famiglia e dei luoghi in cui trascorse i primi anni Yehoshua ben Yosef, Gesù figlio di Giuseppe. Ma anche Gesù «figlio di Dio», appellativo che tende a essere interpretato secondo le varie teologie cristiane e i dogmi elaborati nei secoli a lui successivi. Il compito di biblisti e storici delle religioni è, invece, ricollocare in un contesto appropriato la pluralità di significati che i termini – questo in particolare – hanno: una filologia delle religioni.

Il punto d'inizio di questo tema così dibattuto è la fecondazione della madre di Gesù, avvenuta senza intervento di seme umano. In un famoso brano della Bibbia ebraica, il profeta Isaia (7,14), afferma: «Il Signore stesso vi darà un segno. Ecco: la vergine concepirà e partorirà un figlio e lo chiamerà Emanuele». La parola ebraica che traduciamo con vergine è *almàh*, che indica genericamente una giovane donna. Termine concettualmente vicino al tedesco *Jungfrau*, che vuol dire «vergine» proprio in quanto «giovane donna». Matteo, unico fra gli evangelisti, riprende l'espressione scrivendo (1,22-23): «Tutto questo avvenne perché si adempisse ciò che era stato detto dal Signore per mezzo del profeta: "Ecco: la vergine concepirà e partorirà un figlio che sarà chiamato Emanuele che significa *Dio con noi*"».

Molti storici sostengono che le vicende relative alla nascita di Gesù da una «vergine» non erano presenti nella tradizione orale antecedente ai testi canonici. Sarebbero un inserimento successivo, motivato principalmente dalla necessità di mostrare che la vita di Gesù portava a compimento alcune profezie della Bibbia ebraica. Nel libro di Isaia la parola usata è *almàh*, che abbiamo detto significa «giovane donna». Nei Settanta, la grande traduzione della Bibbia ebraica in greco, la parola *almàh* è resa da un traduttore non molto preciso con *parthenos*, vergine, e qui c'è già una possibile fonte di equivoci. Un'altra possibile causa può vedersi nell'influenza della cultura ellenistica sulle giovani comunità grecocristiane. La storia della classicità è piena di figure divine o semidivine la cui nascita veniva detta di carattere soprannaturale. Olimpiade, moglie di Filippo il Macedone, disse d'aver concepito suo figlio Alessandro con Zeus; Leda, posseduta anch'essa da Zeus in forma di cigno, dette alla luce Elena, donna di fatale bellezza; Rea Silvia, principessa di Alba Longa, un giorno si scopre incinta, si disse per l'intervento del dio Marte in persona; Enea, la cui discendenza, secondo la leggenda, fondò Roma, era figlio di Afrodite e, attraverso il padre, discendeva dallo stesso Zeus; Danae, figlia di un re di Argo, fu sedotta da Zeus sotto forma di pioggia d'oro e diede alla luce Perseo, l'eroe che si muoveva sul cavallo alato Pegaso con in mano la testa della Medusa; Europa, rapita sulla spiaggia fenicia da Zeus in forma di candido toro, fu trasportata per mare a Creta, dove si unì al padre degli dei concependo tre figli, il più famoso dei quali era Minosse. E via dicendo. È possibile che su queste premesse si sia edificato il complesso apparato teologico che ha fatto di Maria una divinità assunta in cielo in corpo e spirito, nata senza macchia di peccato originale? E se la risposta è positiva, quali ragioni possono aver motivato una tale mobilitazione dottrinale?

«Figlio di Dio.» Che cosa può voler dire «figlio di Dio» nel linguaggio del tempo e nelle denominazioni impiegate dai profeti?

L'espressione «figlio di Dio» ai tempi di Gesù era piuttosto corrente, lo era del resto anche in ambiente romano. Figlio di Dio è un titolo che si può dare agli imperatori, per esempio fu applicato ad Augusto e lo si trova anche nei papiri che rispecchiano modi di dire diffusi fra la popolazione. All'interno della letteratura giudaica l'appellativo «figlio di Dio» non ha il significato che assumerà in seguito per i dogmi cristiani, vale a dire una persona che sia uomo e nello stesso tempo Dio. Significa solo una persona a cui Dio ha affidato un incarico, oppure una persona che segue la volontà e i disegni divini e in questo senso ne è figlio, pur restando integralmente ed esclusivamente uomo. Per la Bibbia ebraica è soprattutto il re a essere «figlio di Dio» e in ciò gli antichi ebrei andavano perfettamente d'accordo con l'uso linguistico del Medio Oriente antico. In una diversa accezione è il popolo d'Israele nel suo complesso a essere chiamato «figlio di Dio». Flavio Giuseppe, che scriveva all'incirca ai tempi dei vangeli canonici, usava l'espressione in senso affatto umano. Anche gli antichi greci usavano il termine per un eroe, o per un uomo che avesse poteri straordinari o per chi detenesse il potere politico. Filosofi come Pitagora e Platone, per esempio, potevano essere chiamati «figlio di Dio». Insomma, il termine in quanto tale non esprime la natura divina di Gesù.

Ai tempi di Marco, cui si attribuisce la redazione del più antico fra i vangeli canonici, l'appellativo «figlio di Dio» era sinonimo di messia e indicava il re d'Israele.

Verso la metà del I secolo il termine *mashiah*, messia, viene usato in ebraico per indicare una figura che, per volere di Dio, è stata dotata di potere politico allo scopo di restaurare, alla fine dei tempi, il regno d'Israele. I testi ebraici di quel periodo parlano di un messia re, di un messia sacerdote, spesso di due messia. Non necessariamente il messia era considerato figlio di David. Tuttavia, l'espressione «figlio di Dio» non è connessa in modo privilegiato né esclusivo al messia né indica di per sé un ruolo messianico. L'appellativo può essere applicato a un re, al popolo, a un giusto, a individui obbedienti alla volontà di Dio. L'espressione «figlio di Dio» non rimanda di necessità a un ruolo messianico anche se qualche volta può indicarlo. È il Vangelo di Marco il più insistente nell'applicare a Gesù questo appellativo. Dio stesso lo proclama tale per ben due volte e come tale lo riconoscono gli spiriti impuri e il centurione romano che assiste alla sua agonia. È interessante che Marco dica chiaramente (14,62) che Gesù è il messia (*christòs*), «il figlio di Dio benedetto». Sembra perciò che per lui «figlio di Dio» e «messia» siano equivalenti. In altre parole, Marco sembra dire che Gesù è il messia anche se non è figlio di David da un punto di vista genealogico. È messia in quanto «figlio di Dio». Attenzione però: per Marco, Gesù era un uomo. Il termine «figlio di Dio» è stato interpretato come se egli volesse davvero alludere a «Dio», solo dopo che il suo vangelo, inserito nel Nuovo Testamento, venne letto alla luce del Vangelo di Giovanni, per il quale Gesù era la parola di Dio fatta carne.

Torno a chiederle, come ho già fatto all'inizio del nostro dialogo, in quale famiglia Gesù nacque? Chi erano i suoi genitori?

Ricostruire storicamente la fisionomia della madre e del padre di Gesù è difficile. I documenti che ce ne parlano sono molto preoccupati di raccontare la sua nascita attraverso la fede che si era venuta formando con i decenni. Nei testi più antichi, per esempio nelle lettere di Paolo, in cui ci si limita a dire che Gesù è «nato da donna» (*Gal* 4,4), non si nota un grande interesse su chi fossero sua madre o suo padre, né sulla materialità degli eventi in cui la nascita avvenne. L'interesse comincia, invece, sul finire del I secolo, intorno agli anni Settanta-Ottanta.

Si possono arguire le ragioni del disinteresse di Paolo per i genitori di Gesù? Su quali altri aspetti ha concentrato la sua attenzione?

Direi soprattutto sulla morte e sulla resurrezione. Per dire meglio, sulla resurrezione alla luce della quale egli interpreta anche la morte. Paolo dà due diverse interpretazioni della nascita. Una nella Lettera ai Romani, l'altra nella Lettera ai Filippesi. Nella prima, Gesù è un uomo che acquisisce una dignità soprannaturale alla fine della sua vita. L'altra interpretazione è invece che Gesù possedeva prima ancora di nascere una dignità soprannaturale. La coesistenza di queste due idee è importante. Paolo non inventa tali interpretazioni, le prende da tradizioni già esistenti formatesi dopo la morte di Gesù. Nella prima, all'inizio della Lettera ai Romani (1,3) dice: «Riguardo al figlio suo, nato dalla stirpe di David secondo la carne, costituito figlio di Dio con potenza, secondo lo Spirito di santificazione mediante la resurrezione dei morti». Alcuni teologi chiamano questa una «cristologia ascendente», nel senso che si tratta di una teoria secondo la quale l'uomo Gesù è, alla nascita, discendente dalla stirpe di David e, alla fine della vita, acquista la superiore dignità di figlio di Dio. Sono idee abbastanza diverse da quelle di Marco. Nella Lettera ai Filippesi (2,6 e sgg.) Paolo cita invece un lungo brano, forse un inno, comunque versi che non ha scritto lui. Dice:

> Cristo Gesù,
> il quale, pur essendo in forma di Dio,
> non considerò un tesoro geloso
> essere uguale a Dio;
> ma abbassò se stesso,
> assumendo la forma di servo
> e divenendo simile agli uomini;
> trovato nella forma come un uomo,
> umiliò se stesso
> facendosi obbediente fino alla morte
> e alla morte di croce.
> Per questo Dio l'ha esaltato
> e gli ha dato il nome che è al di sopra di ogni altro nome;
> perché nel nome di Gesù ogni ginocchio si pieghi
> nei cieli, sulla terra e sotto terra;
> e ogni lingua proclami
> che Gesù Cristo è Signore
> a gloria di Dio Padre.

Qui c'è una teoria che i teologi chiamano «discendente». Gesù, essere divino prima di nascere, assume forma umana. È una teoria sulla nascita di Gesù simile a quella che troviamo nel prologo del Vangelo di Giovanni. Insomma, sulla nascita di Gesù troviamo nello stesso Paolo due interpretazioni diverse e, per certi aspetti, divergenti.

Forse queste diverse tradizioni cercavano di spiegare il fatto che Gesù apparisse come un essere in cui la forza di Dio si era manifestata in modo eccezionale.

Paolo scrive a metà degli anni Cinquanta. Trent'anni dopo, il Vangelo di Matteo e il Vangelo di Luca ci parlano della na-

scita verginale di Gesù per opera dello Spirito Santo. Una delle spiegazioni, certo non l'unica, fu di pensare a una nascita
miracolosa alla quale Dio, mediante il suo Spirito, avesse contribuito. Quindi che Gesù non fosse figlio di un uomo, ma un
vero «figlio di Dio» nel senso che Dio in persona lo aveva fatto nascere da una donna, però miracolosamente, senza seme
umano e mantenendola intatta. Questa è una delle interpretazioni in Matteo e in Luca. La si ritrova anche in un vangelo
apocrifo che ha avuto un influsso enorme, il *Protovangelo di
Giacomo*.

*Come nasce e si afferma, fino a diventare dogma di fede, la teoria
della nascita verginale di Gesù?*

Il celebre passo di Isaia «Ecco: la vergine concepirà e partorirà un figlio» costituisce un problema fondamentale. Una
parte dei primi cristiani si diceva convinta che le Sacre Scritture ebraiche contenessero dei riferimenti a Gesù e alla sua vicenda. Interpretare antichi testi biblici in modo da adattarli alla contemporaneità era una pratica diffusa in tutte le correnti
giudaiche del tempo. Un metodo esegetico che lo storico di
oggi non potrebbe certo accettare. Il senso storico di un testo è
quello che l'autore ha voluto dargli, quello che i suoi contemporanei potevano comprendere. Negli ambienti nei quali si
erano formati i discepoli, si interpretavano alcuni passi profetici in funzione della vita di Gesù. Dopo la persecuzione nazista e la Shoah, una parte della teologia cristiana ha cercato di
rispettare l'identità ebraica della Bibbia evitando di vedervi
dei riposti significati cristiani. Si è così abolita una visione negativa, frequente in passato, base teologica di tanto antisemitismo. Era una concezione che considerava gli ebrei incapaci di
comprendere la Bibbia perché troppo carnali, privi dello Spirito Santo. Solo i cristiani potevano coglierne il vero senso
profondo alla luce di Cristo. Dopo la Seconda guerra mondiale buona parte degli interpreti cristiani ha cercato di ritornare
a una lettura storica dei testi, che può diventare comune sia a
ebrei sia a cristiani. È mia convinzione che il testo di Isaia anche nella traduzione dei Settanta non alluda affatto alla nascita verginale di Gesù, e vada interpretato in senso ebraico, non

cristiano. Il termine *almàh* usato dal profeta non vuol dire che la donna di cui si parla non abbia conosciuto uomo. Può voler dire semplicemente che si tratta di una ragazza. In Isaia, infatti, l'accento non è tanto sulla verginità, bensì sul figlio eccezionale che dovrà partorire. E non si dice nemmeno che debba partorire un Dio, ma solo dare alla luce una persona che avrà un ruolo importante per la storia del popolo d'Israele.

Dunque i versetti che la tradizione cristiana traduce «Ecco: la vergine concepirà e partorirà un figlio e gli porrà nome Emanuele», bisognerebbe piuttosto tradurli «Ecco: una giovane donna concepirà e partorirà un figlio e gli porrà nome Emanuele».

È certamente l'interpretazione più normale. Ed è stupefacente che solo in ambito cristiano se ne dia una versione inesistente in tutta la tradizione giudaica che precede e che segue. Il significato cristiano può «affiorare» dal testo di Isaia solo se qualcuno, leggendolo, abbia già chiara la teoria della nascita verginale di Gesù. Dovendo trovarne una qualche giustificazione nelle Scritture ebraiche, costui cerca i passi che potrebbero essere, bene o male, una prova (a posteriori) di ciò che per via di dottrina egli già crede di sapere.

Nella cultura giudaica del tempo, la verginità rappresenta una virtù e ha anche un pregio economico, solo però nella prospettiva nuziale, non come valore in sé.

Vero che il non avere ancora avuto rapporti sessuali con un uomo era considerato un valore solo in funzione del matrimonio. Ci sono state però anche tendenze ascetiche all'interno del giudaismo del I secolo. Sono esistiti anacoreti ebrei, persone a tendenza monastica. L'ebraismo, come tutti i fenomeni culturali, è frutto di molteplici ibridazioni, tanto più che, fin dai tempi di Alessandro Magno, nel IV secolo a.C., è stato culturalmente esposto a influssi ellenistici. Una valorizzazione del celibato poteva quindi essere presente anche in alcuni ambiti giudaici. Neppure il cristianesimo primitivo, peraltro, si è sottratto ai molteplici influssi culturali presenti in terra d'Israele e nel resto del mondo antico in cui si diffuse.

In molte correnti cristiane il tema della verginità di Maria è stato sviluppato per rafforzare una visione che aveva in sospetto la sessualità. Il modello della vergine corona l'ideale della liberazione dai vincoli del sesso, una visione presente in alcune vocazioni monacali fin dai tempi degli anacoreti.

Non direi che il modo con cui i vari vangeli, compreso il *Protovangelo di Giacomo*, parlano della nascita verginale di Gesù abbia un significato sessuofobico. Una valutazione negativa degli aspetti materiali e sessuali della vita si sviluppa all'interno del cristianesimo solo in seguito, quando alcune sue correnti vengono influenzate da concezioni di tipo ellenistico, che consideravano la materia un elemento negativo, da cui è bene staccarsi, mentre tutto il positivo risiede nello spirito e nel ritorno a Dio. Sarà il greco Origene a castrarsi pur di non affrontare una normale vita sessuale. Vero che il cristianesimo è stato per secoli diffidente nei confronti della sessualità, un atteggiamento che nell'ebraismo è molto più limitato. Il sesso, fino a tempi recentissimi, è stato percepito dai cristiani come una minaccia alla santità. Ed è altrettanto vero che l'ebraismo è stato estremamente attento non alla sessuofobia, ma all'esigenza di vivere in stato di purità. Ciò che rende impuri, però, non è il sesso, ma il contatto con fonti di impurità, in particolare la mestruazione. L'atto sessuale è buono, ma bisogna rifuggire il contatto con il sangue mestruale.

Infatti il ciclo mestruale, nella visione rabbinica, è strettamente legato al problema dell'impurità. Il rapporto con una donna mestruata è un tabù.

L'impurità riguarda una condizione fisica, non morale; lo stato di impurità impedisce a una persona di entrare in un recinto sacro. La stessa letteratura rabbinica, per definire i testi biblici e quindi sacri, li chiama i libri che *contaminano* le mani: dopo avere toccato un libro sacro le mani sono inadatte a un uso profano. L'estrema attenzione allo stato mestruale della donna implica un rispetto altrettanto estremo sia dell'atto sessuale sia del sangue mestruale. Nella prima parte del *Protovangelo di Giacomo*, un testo cristiano prodotto in ambiente giudaico, si insiste molto sulla nascita di Maria, la sua infanzia, il suo parto miracoloso. La purità di Maria viene continuamente sottolineata. Fin da piccolissima Maria è tenuta lontana da possibili fonti di contaminazione. Passa lunghi periodi nel Tempio e ne viene allontanata solo intorno ai dodici anni quando, probabilmente, potrebbe avere le prime mestruazioni. Il menarca le impedirebbe di stare nel Tempio, perché lo contaminerebbe. La tradizione cristiana che si esprime in quel testo tramanda l'idea che Maria fosse pura, ma che partecipasse della normale fisiologia femminile. Che la sua fecondazione sia avvenuta non mediante lo sperma di un uomo, ma per virtù dello Spirito Santo non implica che Maria non avesse come ogni donna le mestruazioni.

VIII

VERGINE MADRE

Quale che sia il modo in cui è avvenuta la fecondazione di Maria, anche ammettendo cioè un diretto intervento divino, il sangue del parto deriva da lacerazioni dopo le quali continuare a parlare di verginità è, per dir così, innaturale. Proprio a causa dello stato di impurità determinato dall'effusione di sangue, quaranta giorni dopo il parto le donne d'Israele dovevano recarsi al Tempio per esservi purificate. Anche Maria venne sottoposta a questo rito e anzi, fino a pochi anni fa, la data veniva segnalata al 2 febbraio, anche nei calendari cristiani, con la voce «Purificazione della Vergine».

Ed è un fatto che solo alcuni testi antichi sostengono la nascita verginale di Gesù, circostanza che fa pensare come, all'inizio del movimento, la straordinaria condizione di sua madre non venisse considerata abbastanza verosimile o importante, o entrambe le cose. Una verginità conservata dopo il parto è talmente fuori dell'ordine naturale che, se in qualche modo fosse stata non si dice accertata, ma anche solo largamente condivisa, tutti i testi avrebbero dovuto segnalarla. Che invece alcuni ne parlino e altri no può significare che i primi fedeli concentrassero la loro attenzione soprattutto sull'eccezionale statura del loro Maestro.

Nel *Protovangelo di Giacomo*, uno dei testi esclusi dal «canone», c'è un mirabile racconto della maternità di Maria, pieno di umanità e di fede. Giuseppe, mentre Maria sta per partorire in una spelonca, cerca una levatrice. Il racconto comincia così: «Ed ecco una donna scendere dalla regione montuosa. Mi disse: "Uomo, dove vai?". Le risposi: "Cerco una levatrice ebrea". Quella mi chiese: "Sei israelita?". Le risposi: "Sì". Quella continuò: "E chi è colei che dà alla luce nella spelonca?". Le risposi: "La mia fidanzata". E quella a me: "Non è tua moglie?". Le risposi: "Ella è Maria, colei che crebbe nel Tempio del Signore e io l'ebbi in sorte come sposa: ella non è però mia sposa, ma ha concepito da Spirito Santo". … La levatrice si mise in cammino con lui. Si fermarono all'ingresso della spelonca. Ed ecco una nube luminosa coprì la grotta. La levatrice disse: "Oggi la mia anima è stata glorificata, perché i miei occhi hanno visto cose straordinarie; è nata la salvezza per Israele". E subito la nube si ritirò dalla grotta e una grande luce apparve, tanto che gli occhi non potevano sopportarla. A poco a poco questa luce si ritirò fino a che apparve un nuovo nato. Ed egli si attaccò al seno di sua madre Maria e la levatrice gridò e disse: "Com'è grande questo giorno per me. Io ho visto questa meraviglia mai sentita". Poi la levatrice uscì dalla grotta e Salome la incontrò ed ella le disse: "Salome, Salome, ho una meraviglia mai sentita da raccontarti: una vergine ha partorito, cosa che la sua natura non permette". E Salome disse: "Come è vero che il Signore mio Dio vive, se io non metto il mio dito e non esamino la sua natura, non crederò mai che una vergine abbia partorito". E la levatrice entrò e disse: "Maria mettiti in posizione: dovrai affrontare una questione di non poco peso". E Maria, avendo sentito questo, si preparò. E Salome mise il dito nella sua natura e gridò e disse: "Maledetta la mia iniquità e la mia incredulità perché io ho tentato il Dio vivente, perciò la mia mano divorata dal fuoco si stacchi da me". E Salome piegò le ginocchia davanti all'Onnipotente dicendo: "Dio dei miei padri, ricordati di me, io sono della discendenza di Abramo, di Isacco e di Giacobbe, non lasciarmi come esempio ai figli di Israele, ma destinami ai poveri, perché tu sai Maestro che io ho prodigato ogni cura nel tuo nome e che la ricompensa la ricevevo da te". Ed ecco che un angelo del Signore si manifestò a lei dicendole: "Salome, Salome, il Padre, padrone di tutte le cose, ha esaudito la tua preghiera, avvicina la mano al bambino e prendilo nelle tue braccia e sarà per te salvezza e gioia". E piena di gioia Salome si avvicinò al bambino, lo prese nelle sue braccia dicendo: "Io lo adorerò poiché è lui che è nato re per Israele". E subito Salome fu guarita ed essa uscì dalla grotta giustificata ed ecco che una voce disse: "Salome, Salome, non annunciare le cose straordinarie che hai visto fino a quando il bambino non sia andato a Gerusalemme"».

Nel corso del capitolo chiederò al professor Pesce a quali interpretazioni questo racconto e altri che è possibile citare abbiano aperto la strada. C'è, tuttavia, un personaggio della storia che, comunque la si volga o la si interpreti, rimane piuttosto in ombra ed è quello del «padre» di Gesù, Giuseppe. Nella vicenda questa figura resta un po' sbiadita, circondata da una modesta considerazione. La sua funzione è talmente ambigua che i redattori dei testi hanno preferito confinarlo ai margini. Giuseppe è più facile recuperarlo sotto il profilo di un uomo onesto, laborioso, paziente, che si carica il pesante fardello di una paternità così fuori del comune. Ci sono brani evangelici nei quali Gesù, per esempio quando va a Nazareth a trovare i suoi conterranei, viene indicato solo come il figlio di Maria. Nell'uso semitico, ebraico in particolare, indicare un uomo solo come figlio di sua madre può significare che ci sono dubbi sull'identità del padre. Luca scrive (3,23): «Gesù quando incominciò il suo ministero aveva circa trent'anni ed era figlio, come si credeva, di Giuseppe». Marco, sempre a proposito della visita a Nazareth, scrive (6,2-3): «Venuto il sabato, incominciò a insegnare nella sinagoga. E molti ascoltandolo rimanevano stupiti e dicevano: "Donde gli vengono queste cose? E che sapienza è mai questa che gli è stata data? E questi prodigi compiuti dalle sue mani? Non è costui il carpentiere, il figlio di Maria, il fratello di Giacomo, di Joses, di Giuda e di Simone? E le sue sorelle non stanno qui da noi?". E si scandalizzavano di lui». Luca torna sull'argomento, corregge la versione di Marco e riferendosi all'episodio di Nazareth scrive (4,22): «Tutti gli rendevano testimonianza ed erano meravigliati delle parole di grazia che uscivano dalla sua bocca e dicevano: "Non è il figlio di Giuseppe?"». In ogni caso la figura di Giuseppe o manca del tutto o resta marginale e piuttosto discussa.

Connessa alla nascita di Gesù c'è poi, fra le molte, la questione, famosa anche per le sue ampie risonanze popolari, della presenza dei magi, re o no che fossero. Matteo è l'unico evangelista a citarli quando scrive (2,7 e sgg.) che re Erode, temendo la nascita di Gesù, «chiamati segretamente i magi si fece dire con esattezza da loro il tempo in cui era apparsa la stella e li inviò a Betlemme esortandoli: "Andate e informatevi accuratamente del bambino e, quando l'avrete trovato, fatemelo sapere perché anch'io venga a adorarlo". Udite le parole del re, essi partirono. Ed ecco la stella, che avevano visto nel suo sorgere, li precedeva, finché giunse e si fermò sopra il luogo dove si trovava il bambino. Al vedere la stella essi provarono una grandissima gioia. Entrati nella casa, videro il bambino con Maria sua madre e, prostratisi, lo adorarono. Poi aprirono i loro scrigni e gli offrirono in dono oro, incenso e mirra. Avvertiti poi in sogno di non tornare da Erode, per un'altra strada fecero ritorno al loro paese».

Questo il racconto di Matteo. Tralasciate le successive leggende, dalle sue parole si capisce, comunque, che i magi non erano re, e che non sappiamo né i loro nomi né quanti fossero. È anche possibile che il termine «magi» in greco non fosse proprio elogiativo, come potrebbe far pensare, per esempio, la figura di Simon mago (Atti degli apostoli). Chi erano dunque i magi? E qual è la loro funzione nella nostra storia?

La domanda che si è posta tante volte è: che bisogno aveva Maria di essere purificata se il suo era stato un parto verginale?

Se il parto di Maria è avvenuto senza comprometterne la verginità fisica, non dovrebbe esservi alcun bisogno di una purificazione. Il fatto è che il racconto della nascita verginale di Gesù e quello della purificazione di Maria al Tempio si sono formati indipendentemente l'uno dall'altro. Il racconto della nascita verginale serviva per dimostrare che Gesù aveva una natura sovrumana, in quanto nato non da sperma maschile, ma dallo Spirito Santo di Dio. Da questo punto di vista la verginità di Maria era secondaria, serviva solo a escludere che Gesù fosse nato da un rapporto sessuale umano. Il racconto, invece, della purificazione al Tempio nasce da tutt'altra preoccupazione. Si voleva dimostrare che la famiglia di Gesù era totalmente rispettosa della tradizione religiosa ebraica. Come ha scritto François Bovon, professore all'università di Harvard, il Vangelo di Luca vuole mostrare che l'evento straordinario della vita di Gesù si

colloca alla fine di una serie di azioni che adempiono rigorosa-
mente ai precetti della Legge ebraica. Una donna ebrea *doveva*
presentarsi al Tempio per la purificazione dopo il parto. Ma chi
ha scritto questo racconto sembra non conoscere quello del parto verginale. Mettendoli insieme, Luca non si è reso conto della
contraddizione, anche perché le narrazioni leggendarie, mitolo-
giche o semplicemente religiose non seguono una logica scientifica. Chi raccontava la nascita verginale di Gesù non si era posto
il problema se si era o no sparso sangue durante il parto. Questa
domanda, invece, sembra che se la fossero già posta quelli che
trascrivevano il testo di Luca. Tanto è vero che alcuni manoscritti di questo vangelo specificano che la purificazione non riguar-
dava Maria ma Gesù, altri sostengono che la purificazione era
«di lei», altri ancora parlano di una «loro» purificazione, cioè di
entrambi. Altri, infine, per togliersi d'impaccio si sono limitati a
dire che si trattava di una purificazione, senza precisare di chi si
trattasse. Insomma, anche nel cristianesimo antico non sembrava congruo che il parto verginale esigesse una purificazione. Il
resoconto di Luca vuole semplicemente dire che Maria era in
tutto obbediente alla Legge ebraica, e che la nascita del suo bambino è dovuta a un intervento divino e non alla fecondazione da
parte del marito. Questo è il senso del testo; leggerlo come se
fosse una documentazione storica e chiedergli di seguire una logica non è lecito.

*Come spiegano gli storici la coesistenza nel tempo di testi che nel
contenuto risultano così contrastanti?*

Il significato storico di idee diverse sulla nascita di Gesù nel
primissimo cristianesimo è semplice: nello stato iniziale del
movimento, una possibile nascita verginale era considerata di
secondaria importanza. Matteo e Luca, nei loro primi capitoli,
insistono sulla nascita verginale di Gesù. Questi vangeli furono scritti probabilmente intorno agli anni Ottanta del I secolo.
La loro visione divenne maggioritaria solo quando l'ortodossia cristiana che si stava formando cominciò a considerarli più
importanti di altri vangeli. Dall'inizio del III secolo il fatto che
Matteo e Luca fossero inclusi fra i quattro vangeli che l'ortodossia nascente considerava più importanti comportò una

svolta notevole. I loro testi contenevano racconti ampi e particolareggiati sulla nascita di Gesù; gli altri scritti, che contenevano solo accenni sporadici ad altre ipotesi su quell'evento, vennero a poco a poco interpretati alla luce delle loro concezioni. Un altro motivo per cui la teoria della nascita verginale ha finito per prevalere è il progressivo allontanamento del cristianesimo dalla matrice culturale ebraica, che valutava positivamente la sessualità. Il messaggio di Gesù venne ripensato all'interno di concezioni ellenistiche che, come già accennato, tendevano a svalutare gli aspetti materiali dell'esistenza, sessualità compresa, a favore d'una dimensione incorporea dell'uomo. Per conseguenza divenne desiderabile che Gesù non fosse nato da una normale unione sessuale che, nella sua materialità e nel legame con la concupiscenza, sembrava troppo connessa a una dimensione inferiore dell'essere. Solo le Chiese successive, tuttavia, hanno fatto della nascita verginale un elemento così centrale della dottrina da spingere spesso a misurare l'ortodossia dei fedeli quasi soltanto su questo elemento. Certamente, non «soltanto» su questo elemento, benché esso abbia finito per diventare, anche a livello popolare, uno dei più importanti.

Il Protovangelo di Giacomo *contiene sulla maternità di Maria un racconto bellissimo, pieno di umanità e di mistero, che ricorda quello di Tommaso, cioè dell'incredulo che crede solo dopo una constatazione diretta. C'è addirittura un gesto identico: infilare il dito nella natura di Maria, così come Tommaso lo ha messo nella piaga aperta di Gesù.*

Oltre a essere un racconto apologetico, che vuole provare la nascita verginale ricorrendo a persone estranee alla famiglia, quello di Giacomo è anche un apologo di conversione, rientra cioè nel filone dell'incredulo convertito. Esistevano certamente tradizioni analoghe applicabili da una parte a Salome nel *Protovangelo di Giacomo*, dall'altra a Tommaso nel Vangelo di Giovanni. Lo storico è affascinato da questi rigagnoli che trasportano una tradizione riconoscibile, nonché dalla constatazione di come la medesima tradizione affiori in testi diversi sotto forme diverse.

La frase finale del racconto, «Non annunciare le cose straordinarie che hai visto fino a quando il bambino non sarà andato a Gerusalemme», impone a Salome un preciso divieto. Il suo scopo è di spiegare come mai la nascita verginale di Gesù sia rimasta ignorata per l'intero corso della sua vita pubblica.

C'è anche un altro racconto della nascita verginale, antichissimo, che si trova nell'apocrifo chiamato *Ascensione di Isaia*, scritto forse ad Antiochia di Siria verso la fine del I o all'inizio del II secolo. Secondo questo testo Maria, «quando era fidanzata, fu trovata incinta, e Giuseppe, il costruttore, voleva rimandarla. E l'angelo dello Spirito apparve in questo mondo e dopo ciò Giuseppe non rimandava Maria e la custodiva. Ed egli da parte sua non rivelava a nessuno questa faccenda. E non si avvicinava a Maria e la custodiva come una vergine santa, ma che era incinta. E non dimorò con lei per due mesi. E dopo due mesi, Giuseppe era in casa e così pure Maria sua moglie, ma erano loro due soli. E avvenne che, mentre erano soli, Maria guardò innanzi a sé con i suoi occhi e vide un bimbo piccolo e fu turbata. E dopo che si fu turbata, il suo ventre si trovò come in precedenza, prima che concepisse. E quando suo marito Giuseppe le disse "Cosa ti turba?", si aprirono i suoi occhi e vide il bambino e glorificò il Signore perché il Signore era venuto nella sua sorte. E una voce venne a loro: "Non narrate a nessuno questa visione!" ... E circolavano voci circa il bambino, a Betlemme. Vi erano coloro che dicevano: "Ha partorito Maria, la vergine, prima di due mesi da che era sposata", e molti dicevano: "Non ha partorito, né è salita una levatrice, né abbiamo udito grido di dolore". Ed erano ciechi tutti riguardo a lui e tutti non credevano in lui e non sapevano donde fosse» (11,3-14).

Qui il parto verginale avviene senza alcuna effusione di sangue. Addirittura Maria non si accorge di partorire. Il bambino esce dal suo ventre in modo miracoloso, dopo solo due mesi di gestazione. Non c'è una levatrice né tantomeno Salome, come invece accade nel *Protovangelo di Giacomo*. Insomma, il primissimo cristianesimo aveva racconti differenti anche sulla nascita verginale di Gesù.

Anche in questo racconto, come in tutti gli altri, resta comunque in ombra la figura alquanto sbiadita di Giuseppe.

Non mi pare che le fonti protocristiane facciano di Giuseppe una figura discussa. Vero che Gesù è chiamato figlio di Maria, questo però non implica che ci fossero dubbi sulla sua paternità. Significa solo che Maria aveva un ruolo forte all'interno dei primi gruppi cristiani. Accade lo stesso anche alla madre di Giovanni e Giacomo il cui marito, Zebedeo, non gioca alcun ruolo, laddove la moglie ha un rilievo importante nel gruppo; infatti è lei a chiedere a Gesù, secondo Matteo, che i suoi due figli abbiano una funzione importante nel futuro regno di Dio (20,20-21): «Dì, che questi miei figli siedano uno alla tua destra e uno alla tua sinistra nel tuo regno». In generale possiamo dire che nel gruppo di Gesù il ruolo delle donne è significativo. Che Giuseppe non appaia non deve far pensare che fosse morto; anche se fosse stato vivo era normale che non gli venisse riconosciuto un grande ruolo. Alcune madri avevano un'importanza ben maggiore.

Ciò che dice contrasta nettamente con l'opinione diffusa sul ruolo che ebbero gli uomini nel movimento di Gesù.

Secondo l'analisi dell'antropologa italiana Adriana Destro, fra i seguaci di Gesù si riscontra una certa assenza dei padri. Non soltanto del padre di Gesù, ma anche dei padri di tutti gli altri. Si nota al contrario una presenza forte delle madri. Dal punto di vista antropologico il fenomeno si può spiegare con il fatto che il movimento è caratterizzato, come ho già detto, da una generazione intermedia di giovani. Spesso si tratta di uomini sposati, spesso li vediamo coinvolti in associazioni di pescatori, rappresentanti cioè di un ceto emergente, protagonista di un conflitto con la generazione precedente. Un'analisi di tipo sociologico spiega l'assenza di Giuseppe nel movimento di Gesù meglio delle teorie di alcuni vangeli sulla nascita verginale. Del resto non tutti i vangeli, neppure quelli canonici, la pensano allo stesso modo. È verosimile, per esempio, che Giovanni consideri Gesù un vero figlio di Giuseppe. Al capitolo 6, versetto 41, scrive: «Intanto i giudei mormoravano di lui perché aveva detto: "Io sono il pane disceso dal cielo". E dice-

vano: "Costui non è forse Gesù, il figlio di Giuseppe? Di lui conosciamo il padre e la madre. Come può dunque dire: sono disceso dal cielo?"». È un testo di straordinaria importanza. Dimostra, a mio parere, che Giovanni non dà tutto questo credito
e forse neppure conosce i racconti di Luca e di Matteo o del
Protovangelo di Giacomo o dell'*Ascensione di Isaia* sulla nascita
verginale. Dal Vangelo di Giovanni emerge che l'ambiente
considerava Gesù un normale figlio di Giuseppe e di Maria,
perché tutti conoscevano il padre e la madre e nessuno sembra
dare di Giuseppe un giudizio denigratorio. Giovanni registra
critiche anche violente nei confronti di Gesù da parte dei suoi
avversari; se ci fosse stato un dubbio sulla sua nascita, sarebbe
stato ovvio ricorrere ad accuse infamanti per screditarlo. Invece non ve n'è traccia. La teoria della nascita verginale è semplicemente ignorata.

*Sempre in Giovanni, però, Gesù afferma di avere una natura par-
ticolare, infatti l'estensore del testo lo definisce il* Logos, *cioè la parola presente* ab aeterno *nel mondo.*
    Affermare che Gesù è un essere divino preesistente non im-
plica di necessità la nascita miracolosa di cui parlano i testi
appena citati. La natura sovrannaturale di Gesù è affermata in
base a concezioni e schemi mentali diversi da quelli della nascita verginale. Quanto a Giuseppe, sono convinto che Matteo
e Luca non lo svalutino affatto, così come non svalutano la
sessualità. Sostenere una nascita verginale non equivale a farsi fautori di una repressione sessuale. Anche perché, sia chiaro, si tratta di racconti, in qualche modo leggendari.

*Connesso alla nascita di Gesù c'è anche il celebre racconto della
visita dei magi. Perché sono state inserite queste figure?*
    Matteo è l'unico fra i quattro evangelisti canonici a parlare
dei magi. Anche il *Protovangelo di Giacomo* lo segue però in
questa narrazione, e anche un altro apocrifo, il *Vangelo dello
Pseudo-Matteo*. Si tratta di un'evidente leggenda, non di un
fatto storico. È tuttavia importante il motivo per cui Matteo
inserisce questo racconto. La parola *magos* (al plurale *magoi*)
secondo Erodoto stava a significare un uomo saggio o anche

un saggio sacerdote (persiano o babilonese) esperto in astrologia, interpretazione dei sogni e altre arti occulte. Lo storico Flavio Giuseppe, ebreo contemporaneo del Vangelo di Matteo, usa spesso il termine in senso positivo. Per esempio, nell'episodio in cui Daniele (2,31 sgg.) alla corte di Nabucodonosor riesce a interpretare il sogno del re che i suoi profeti e maghi (*magoi*, la stessa parola usata da Matteo) non erano riusciti a decifrare pur essendo sapienti e a ciò deputati. La vicenda dei magi è, da alcuni punti di vista, una controstoria dell'episodio di Daniele. Il re babilonese, responsabile della distruzione del Tempio di Gerusalemme (non lo dimentichiamo!), ha un sogno nel quale è prefigurata la monarchia di Israele che dominerà il mondo dopo gli imperi dei gentili (i cosiddetti pagani). Al re Erode, invece, non arriva alcuna rivelazione, né da un sogno né dai teologi di Gerusalemme. La ricevono invece proprio gli eredi di quei *magoi* che erano stati incapaci di interpretare il sogno di Nabucodonosor riguardante l'avvento del regno di Dio e la fine del regno dei pagani. Quel sogno si realizza ora. Matteo dice infatti chiaramente che il Gesù neonato è «il re dei Giudei» ed è il «messia». E non è solo Erode a essere preoccupato dalla nascita del re dei Giudei, ma «tutta Gerusalemme». Matteo insiste sul fatto che «tutta» Gerusalemme è contraria al fatto che Gesù diventi il re dei Giudei ed è corresponsabile della strage degli innocenti che Erode ordina per ostacolarne il possibile regno.

Sempre secondo Matteo un episodio analogo sembra ripetersi durante la passione di Gesù, quando «tutto» il popolo di Gerusalemme chiederà a Pilato di crocifiggerlo a costo di dover subire la vendetta di Dio.

Infatti, anche quella versione dei fatti è inattendibile, compresa l'orribile concezione di un Dio vendicativo. Matteo ha anche un altro intento citando l'episodio dei magi: vuole mostrare che la rivelazione riguardante Gesù come re dei Giudei e messia è stata affidata a sacerdoti e sapienti non ebrei. In tal modo giustifica il fatto che quel messaggio, che Gesù aveva indirizzato solo agli ebrei, dopo la sua morte può essere diffuso a tutte le genti. Alla fine del vangelo è scritto proprio così:

«Andate e battezzate tutte le genti». La storia dei magi ha avuto una grande risonanza nella tradizione cristiana. Francesco Scorza Barcellona, dell'Università di Roma, ha dedicato molti studi alla vicenda dimostrando, fra l'altro, che anche Marco Polo, raggiunta una zona dell'Asia centrale, vi ha trovato un racconto della storia dei magi elaborato e modificato da alcuni cristiani per giustificare la loro presenza all'interno di popolazioni dedite a una diversa religione.

IX

GESÙ E I SUOI FRATELLI

La questione dei fratelli di Gesù, ripetutamente citati nei testi, è delicata e complessa. Se ne parla con molti particolari e nomi in alcuni vangeli e nelle lettere di Paolo. In qualche scritto si dice addirittura che anche Tommaso fosse un fratello di Gesù. In un passo del Vangelo di Marco, cui c'è già stata occasione di accennare, ma per un diverso motivo, si trova addirittura un elenco in dettaglio della sua parentela. Gesù, accompagnato dai discepoli, è tornato a Nazareth, suo villaggio natale. La gente conosce bene lui e la sua famiglia. Venuto il sabato, Gesù comincia a insegnare e tutti appaiono molto sorpresi dalla sua sapienza. Scrive Marco (6,2 e sgg.): «Venuto il sabato, incominciò a insegnare nella sinagoga. E molti ascoltandolo rimanevano stupiti e dicevano: "Donde gli vengono queste cose? E che sapienza è mai questa che gli è stata data? E questi prodigi compiuti dalle sue mani? Non è costui il carpentiere, il figlio di Maria, il fratello di Giacomo, di Joses, di Giuda e di Simone? E le sue sorelle non stanno qui da noi?"». Dunque, un lungo elenco che comprende addirittura quattro fratelli, nominati uno per uno, nonché «le sue sorelle», plurale, che sono quindi almeno due. In totale, tra fratelli e sorelle, si parla di almeno sei persone. La cosa colpisce, perché ovviamente questa folta schiera va a incidere, oltre che sulla vita personale di Gesù, anche sulla asserita verginità di sua madre. Come conciliare questi insistiti riferimenti con quella straordinaria condizione? Nel corso del tempo si sono date diverse spiegazioni, grazie alle quali si è tentato di contenere le varie esigenze dentro un'unica logica che tutte le comprendesse. L'attendibilità di tali ipotesi è lasciata al giudizio di ognuno: da un punto di vista razionale (per chi vuole esaminarli con questo solo criterio) gli sforzi risultano più generosi che convincenti.

L'analisi dell'argomento consente anche di apprendere altri aspetti del modo di vivere e di concepire l'unione di un uomo e una donna al sorgere del movimento cristiano. Nella Prima lettera ai Corinzi, Paolo scrive (9,3-6): «Questa è la mia difesa contro coloro che mi accusano. Non abbiamo forse noi il diritto di mangiare e di bere? Non abbiamo il diritto di portare con noi una donna credente, come fanno anche gli altri apostoli e i fratelli del Signore e Cefa? Ovvero solo io e Barnaba non abbiamo il diritto di non lavorare?». In queste righe, spiega il professor Pesce, Paolo in primo luogo si difende da chi lo accusa di lavorare per mantenersi. Gesù, infatti, aveva prescritto che i discepoli abbandonassero ogni attività per vivere poveramente del sostentamento di chi li accoglieva. Paolo invece rivendica il suo diritto di lavorare e di girare accompagnato da donne, tanto più che lo fanno molti altri, a cominciare dai fratelli del Signore. Molti altri passi delle Scritture ribadiscono la presenza di questi familiari. Per esempio Giovanni scrive (7,6): «Gesù allora disse loro: "Il mio tempo non è ancora venuto, il vostro invece è sempre pronto. Il mondo non può odiare voi, ma odia me perché di lui io attesto che le sue opere sono cattive. Andate voi a questa festa; io non ci vado, perché il mio tempo non è ancora compiuto". Dette loro queste cose, restò nella Galilea. Ma, andati i suoi fratelli alla festa, allora vi andò anche lui; non apertamente però: di nascosto». Anche questo brano sembra confermare la presenza di fratelli sui quali la dottrina sorvola con un'opera di omissione giustificata solo alla luce dei dogmi successivi che si vogliono difendere.

Questi fratelli, invece, e le reazioni che Gesù ha davanti al loro comportamento, accrescono sia la sua umanità sia il significato della missione che grava sulle sue spalle assai prima del peso insopportabile della croce. In tanti momenti dei vangeli vediamo come egli anteponga la sua predicazione a tutto il resto. Per esempio, nell'episodio, anche questo già citato, in cui, mentre sta predicando all'interno d'una casa, lo avvertono che fuori, davanti alla porta, ci sono i suoi fratelli e sua madre; risponde: «Mio fratello e mia madre sono quelli che credono in me», ovvero coloro che ascoltano la parola di Dio.

Nella vita di Gesù compaiono molte donne che accompagnano alcuni suoi momenti lieti, quelli della fede profonda, così come il lungo dolore dell'ultima agonia. Donne a lui variamente legate da vincoli parentali, di affetto, di venerazione. Poi ci sono altre donne che lui non conobbe perché, lontane nel tempo, furono le sue antenate e figurano quindi solo nel lungo elenco della sua genealogia. Sono nomi noti, personaggi femminili della Bibbia ebraica così specifici, con una storia e una funzione così precise, che alcune di loro sono addirittura diventate protagoniste di romanzi e di film. Infatti, nell'elenco compilato da Matteo troviamo, fra gli altri, quattro inquietanti figure di donne dal comportamento decisamente discutibile, la cui presenza non è solo fonte di curiosità, ma causa di pressanti interrogativi. Perché quelle donne sono lì? Matteo le ha forse incluse con uno scopo? Voleva cioè dimostrare qualcosa? Se sì, che cosa? La vita di Gesù è piena di enigmi, la presenza nella sua genealogia delle quattro licenziose antenate non è l'ultimo di questi.

Matteo in particolare inserisce, oltre a Maria, quattro donne tutte molto caratterizzate anche dal punto di vista sessuale. Una è Tamara che si fa passare per meretrice onde giacere con suo suocero Giuda (*Gn* 38). Contratta il prezzo prima di andare a letto e rimane incinta di lui; un'altra è Raab, anch'essa una meretrice che si prostituisce in casa propria; poi c'è Rut, la moabita, antenata anche di David. Rut riesce a prendersi un secondo marito, Booz, dopo averlo sedotto con i consigli licenziosi della madre del suo primo marito, diciamo di sua suocera. Costei le dice (*Rt* 3,3 e sgg.): «Su, dunque, profumati, avvolgiti nel tuo manto e scendi all'aia; ma non ti far riconoscere da lui prima che egli abbia finito di mangiare e di bere. Quando andrà a dormire, osserva il luogo dove egli dorme; poi va', alzagli la coperta dalla parte dei piedi e mettiti lì a giacere; ti dirà lui ciò che dovrai fare». Un'altra antenata è Betsabea, la cui relazione con David comincia con una vera e propria scena di concupiscenza e di adulterio. Nel secondo libro di Samuele leggiamo (11,2 e sgg.): «Un tardo pomeriggio David, alzatosi dal letto, si mise a passeggiare sulla terrazza della reggia. Dall'alto di quella terrazza egli vide una donna che faceva il bagno: la donna era molto bella di aspetto. David mandò a informarsi di chi fosse la donna. Gli fu detto: "È Betsabea, figlia di Eliam, moglie di Uria l'hittita". Allora David mandò messaggeri a prenderla. Essa andò da lui ed egli giacque con lei, che si era appena purificata dalla immondezza. Poi essa tornò a casa. La donna concepì e fece sapere a David: "Sono incinta"». Betsabea darà in seguito alla luce Salomone, ma l'inizio del rapporto è un inequivocabile adulterio consumato alle spalle del marito, il povero Uria. Perché includere nella genealogia di Gesù donne di così discutibile comportamento? E quali furono i rapporti di Gesù con le numerose persone della sua famiglia?

Vorrei cominciare dal problema posto dai numerosi fratelli e sorelle di Gesù.

Testi considerati apocrifi come il *Protovangelo di Giacomo* e la *Seconda apocalisse* di Giacomo, pervenutaci in copto, parlano di fratelli di Gesù riferendosi in particolare a Giacomo. Un altro testo cristiano antico, il *Libro di Tommaso l'atleta*, considera Tommaso fratello di Gesù. L'esistenza di fratelli e sorelle è menzionata non solo nel Vangelo di Marco, ma altresì in quello di Giovanni (2,12; 7,3.5.10), anche se quest'ultimo parla per la verità solo di fratelli e non di sorelle. Il più antico scrittore fra i seguaci di Gesù, Paolo, nella sua Lettera ai Galati (1,19) parla di «Giacomo, il fratello del Signore» e nella Prima lettera ai Corinzi (9,5) dice che i «fratelli del Signore», viaggiando per predicare il vangelo, portano con sé una donna, probabilmente la moglie. Mi sembra significativo che Paolo accenni all'esistenza di questi fratelli, senza specificare mai in alcun modo che non si tratterebbe di veri figli di Maria. Come già osservato, Paolo non dà grande importanza alla tesi affacciata da Matteo e da Luca, secondo la quale Gesù sarebbe nato miracolosamente da una vergine.

La verginità di Maria è stata via via spiegata con una serie di ipotesi. Una di queste, estrema, sosteneva che Gesù sarebbe uscito da un orecchio di sua madre.

In effetti, esistono anche spiegazioni di questo tipo. Per esempio, nel *Libro di Giovanni evangelista*, usato dai catari nel

Medioevo, si legge che Gesù, provenendo dal Padre celeste, discende sulla terra ed entra in un orecchio di Maria per uscire dall'altro. Si tratta però di concezioni marginali e tarde. In tutti i testi più antichi, compresi quelli di Paolo, Marco e Giovanni appena citati, non troviamo mai frasi di commento che mettano in dubbio la natura di questi «fratelli» come veri fratelli e sorelle carnali di Gesù. Una precisazione che sarebbe ovviamente stata necessaria, se questi autori avessero conosciuto la teoria di Matteo e di Luca sulla nascita verginale. Da ciò deduco che essi consideravano i fratelli e le sorelle di Gesù veri figli di Maria.

Come si giustifica allora continuare a sostenere, a dispetto di ogni umana verosimiglianza, la verginità di Maria, facendone addirittura un dogma di fede?

A partire dal III secolo i vangeli di Matteo e di Luca vengono a trovarsi nello stesso «corpus» con le lettere di Paolo e il Vangelo di Giovanni e gli autori cristiani cominciano a elaborare una teologia che armonizzi le diverse tradizioni. Si cerca di salvare sia l'affermazione dei testi che parlano di fratelli e sorelle, sia quella dei vangeli di Luca e di Matteo che parlano di una nascita verginale. Comincia, insomma, a profilarsi l'ipotesi che si tratti sì di fratelli e di sorelle di Gesù, non però nati da Maria. Si ipotizza, per esempio, un precedente matrimonio di Giuseppe dal quale egli avrebbe avuto figli e figlie. Si tratterebbe in questo caso di «fratellastri». È la tesi del *Protovangelo di Giacomo* (9,2; 17,1). In alternativa, si sostiene che potrebbe trattarsi di figli e figlie di un parente di Maria: fratelli, quindi, ma non carnali, potendosi anche supporre che con il termine greco *adelfòs* o *adelfè*, fratello e sorella, ci si riferisca a quei parenti che oggi chiamiamo cugini. A me e a molti studiosi sembra più ragionevole pensare che esistessero diverse ipotesi sulla nascita di Gesù e che l'idea del concepimento e della nascita verginale, sostenuta da Matteo, da Luca nonché dal *Protovangelo di Giacomo* e dall'*Ascensione di Isaia*, fosse uno dei modi per rafforzare il convincimento dei primi seguaci che Gesù avesse una natura straordinaria.

Nella Prima lettera ai Corinzi, Paolo, dovendosi difendere dall'accusa di voler lavorare, tira in ballo «gli altri apostoli e i fratelli del Signore e Cefa».

Paolo non solo si difende dall'accusa, dice: io avrei diritto di non lavorare, ma vi rinuncio per non essere di peso a nessuno, quindi lavoro e mi mantengo. È importante, qui, vedere che i fratelli del Signore non sono personalità secondarie, ma veri missionari che, insieme agli altri apostoli, diffondono il messaggio di Gesù. Sono persone sposate, come del resto sono sposati anche gli altri apostoli che vanno in giro a predicare con le loro mogli. Vivono del vangelo, si fanno ospitare, dormono e mangiano nelle case di chi li accoglie e si converte al loro messaggio. Anche in questo caso Paolo non sente il bisogno di specificare che si tratta di fratelli non nati da Maria. Vero, peraltro, che questo è uno di quegli argomenti che gli storici definiscono «dal silenzio»; il fatto che Paolo non dica una cosa, non autorizza necessariamente a concludere che non la pensi.

Sempre intorno alla metà degli anni Cinquanta del I secolo, Paolo nella Lettera ai Galati scrive (1,18): «In seguito, dopo tre anni, andai a Gerusalemme per consultare Cefa e rimasi presso di lui quindici giorni; degli apostoli non vidi nessun altro, se non Giacomo, il fratello del Signore».

Paolo definisce Giacomo «fratello del Signore» senza bisogno, anche in questo caso, di specificare se si tratti di un vero fratello o di un cugino e, in ogni caso, questo Giacomo, sembra essere lo stesso Giacomo nominato nel Vangelo di Marco come il primo dei quattro fratelli di Gesù. Per di più, questo Giacomo fratello del Signore ebbe rilevante importanza a Gerusalemme. Nel capitolo 2 della Lettera ai Galati, Paolo scriverà che: «Giacomo, Cefa e Giovanni sono le colonne». Sembra, insomma, che nella Chiesa di Gerusalemme si sia formato una specie di triumvirato con a capo dei responsabili gravati delle decisioni più importanti. Nel capitolo 7 del Vangelo di Giovanni i fratelli di Gesù riappaiono in una posizione piuttosto strana. Essi sembrano far corpo con il gruppo dei discepoli e con Gesù stesso, tanto che vorrebbero accompagnarlo nel pellegrinaggio a Gerusalemme per la festività delle Capanne. Per un altro aspetto, però, paiono manifestare una qualche forma di incredulità, d'incertezza, forse addirittura di critica nei confronti di lui. Essi lo invitano ad andare insieme a Gerusalemme. Egli risponde che non andrà. Poi, invece, vi si reca, ma di nascosto e in privato. Nel capitolo 7 Giovanni scrive che Gesù aveva paura a recarsi in Giudea, dove temeva di essere ucciso.

Giovanni scrive (7,1 e sgg.): «Dopo questi fatti, Gesù se ne andava per la Galilea; infatti, non voleva più andare per la Giudea, perché i giudei cercavano di ucciderlo. Si avvicinava intanto la festa dei giudei, detta delle Capanne. I suoi fratelli gli dissero: "Parti di qui e va' nella Giudea perché anche i tuoi discepoli vedano le opere che tu fai"».

Queste parole fanno supporre che egli avesse discepoli anche in Giudea.

Prosegue Giovanni: «"Nessuno infatti agisce di nascosto, se vuole venire riconosciuto pubblicamente. Se fai tali cose, manifestati al mondo". Neppure i suoi fratelli, infatti, credevano in lui».

Queste ultime parole rappresentano una notizia a margine, sono cioè un commento del redattore del Vangelo di Giovanni. Per quanto riguarda il centro dell'argomento di cui discutiamo, potremmo trovare numerose altre citazioni a conferma di quanto s'è detto; il punto di fondo non cambia. Come ripeto, né nel Vangelo di Marco né in quello di Giovanni trovo traccia del concetto di una nascita verginale; credo che gli autori di questi vangeli considerassero i fratelli e le sorelle di Gesù come figli di Maria e non come cugini o figli di un precedente matrimonio di Giuseppe.

Nella genealogia di Gesù compilata da Matteo compaiono quattro figure di donne dal comportamento assai discutibile. Perché?

Lo scopo della Bibbia ebraica non è di presentare personaggi che rappresentino modelli di moralità. Oggetto del racconto è la relazione di Dio con il suo «popolo eletto». Quindi, ciò che è da imitare è l'azione di Dio, non l'azione di David adultero e di altri discutibili personaggi. La Bibbia ha una grande visione della storia umana, è scritta da profeti che pensavano di raccontare gli avvenimenti alla luce della volontà di Dio. Aggiungo che, come lei sa benissimo, è tipico della tradizione ebraica non presentare il popolo eletto come santo. Ciò che conta è la santità di Dio. Gli ebrei vengono rappresentati come un popolo che è infedele alla volontà, ai richiami, ai progetti di Dio. La Bibbia è anche la spiegazione del perché Dio si comporti in una certa maniera con il «suo» popolo. Quando Matteo ha scritto questa genealogia, ragionava sicuramente con categorie di tipo giudaico, non si poneva il problema della moralità dei personaggi inclusi nella lista. Se considerassimo, oltre a queste quattro donne, i personaggi maschili della genealogia, troveremmo situazioni analoghe, anche se forse non dal punto di vista sessuale. D'altra parte l'uso della sessualità come strumento di potere è, nel mondo antico, non di rado caratteristica delle donne dei ceti alti, e non solo.

La genealogia di Matteo contempla 14 generazioni da Abramo a David, 14 da David alla deportazione babilonese del popolo ebraico, 14 fino a Gesù. Lo scopo è dimostrare che la nascita di Gesù rientra in un piano che Dio ha condotto per secoli realizzandolo secondo una scansione temporale armonica.

Lo studioso Edmondo Lupieri con un gioco numerologico ha fatto notare che 3 volte 14 equivale a 6 volte 7, vale a dire un periodo di sei settimane. Con Gesù si inaugurerebbe dunque la settima settimana, quella che segna la fine del mondo. Nella genealogia di Luca, invece, le generazioni sarebbero 77. Gesù sta così alla fine dell'undicesimo periodo di sette generazioni. Inoltre, Matteo vuol mostrare che Gesù è discendente da Abramo e perciò autentico membro del popolo ebraico, che in Abramo ha il suo capostipite; che discende dal re David e perciò può essere il messia davidico, inviato da Dio al suo popolo. Per dimostrare che Gesù è figlio di David, Matteo usa il criterio di legittimità del suo tempo, cioè la discendenza attraverso antenati maschili. Nello stesso tempo, però, afferma la nascita verginale, quindi il fatto che Giuseppe sia discendente di David non prova che lo sia anche Gesù. La tradizione successiva ha cercato di scansare questa contraddizione sostenendo che anche Maria era discendente di David in quanto un uomo sposava in genere una donna scelta all'interno della propria tribù. Questa, peraltro, non è l'unica contraddizione. La genealogia di Matteo, per esempio, non concorda con quella di Luca anche su un punto rilevante: il nonno di Gesù si chiama Eli in Luca, mentre in Matteo si chiama Giacobbe. Le quattro donne citate non qualificano direttamente Gesù, quanto le persone con cui sono in diretto rapporto. Non è nemmeno giusto metterle tutte sullo stesso piano. Betsabea è vittima di uno stupro da parte di un potente, quindi una figura nobilissima. Rut è una donna umile che Dio esalta. Occorre esaminare senza ipocrisia i rapporti maschio-femmina del Medio Oriente antico, cui la Bibbia ebraica appartiene. Ciò che risulta da un'attenta analisi è la situazione di profonda subordinazione sociale delle donne, il cui unico potere era nella fecondità, nel generare, nonostante che, alla fine, anche questo fosse amministrato da autorità maschili attraverso scambi di alleanze fra le famiglie.

L'uso dello strumento sessuale per il conseguimento di un obiettivo è una costante nella storia del mondo.

Proprio per questo non credo che si possa arguire alcunché dalla condotta di queste antenate di Gesù. Chi ha scritto la genealogia non è stato nemmeno sfiorato dall'idea che certi antenati potessero danneggiarne la reputazione.

Resta che Matteo, costruendo una genealogia così complicata, ha sicuramente scelto uno per uno i personaggi da includere soppesandone i rispettivi caratteri.

La domanda sulle quattro donne, interpreti e teologi se la sono posta fin dai primi tempi del cristianesimo. Anche perché Luca, nella sua genealogia, non le menziona. Si è ipotizzato che Matteo potesse avere uno scopo particolare. La risposta data molte volte davanti alla scelta di Matteo è che il testo va interpretato allegoricamente. Colui che era venuto per cancellare i peccati desiderava nascere da peccatori, simboleggiati da queste quattro peccatrici. Ma forse la scelta di Matteo sta, invece, nel fatto che nessuna di queste donne è ebrea. Tamara e Raab sono cananee, Rut è moabita, Betsabea è probabilmente hittita. Per l'evangelista ciò significa forse che anche i non ebrei sono destinati a ereditare la salvezza portata da Gesù. Non è stato, comunque, Matteo a creare la genealogia: egli ha utilizzato elenchi che giravano negli ambienti del primissimo cristianesimo. A loro volta, questi si avvalevano di genealogie disponibili nella Bibbia ebraica, per esempio nel Primo libro delle Cronache o nel libro di Rut, dove queste donne vengono nominate. Anche in questo caso vale comunque ciò che ho detto prima a proposito della contraddizione fra il racconto della nascita verginale e quello della purificazione al Tempio. Non bisogna cercare a tutti i costi una logica in ogni aspetto di un racconto religioso.

X

QUEGLI UOMINI, QUELLE DONNE

La tradizione e l'iconografia prevalenti vedono Gesù contornato da uomini, i suoi discepoli, i dodici apostoli. Le donne si affacciano solo sporadicamente, per compiere un'azione precisa, per fare un gesto. Poi scompaiono. Invece, nel gruppo che lo accompagnava la presenza femminile era notevole, anche se bisogna dire che i suoi rapporti con la prima di queste donne, sua madre Maria, appaiono in più d'una occasione piuttosto strani. Un episodio raccontato da Marco, e già citato, ne dà un esempio. Un giorno Gesù è in una casa con dei seguaci cui sta predicando; scrive Marco: «Giungono sua madre e i suoi fratelli e, stando fuori, lo mandano a chiamare. Tutto intorno era seduta la folla e gli dissero: "Ecco tua madre, i tuoi fratelli e le tue sorelle sono fuori e ti cercano". Ma egli risponde loro: "Chi è mia madre e chi sono i miei fratelli?". Girando lo sguardo su quelli che gli stavano seduti attorno, disse: "Ecco mia madre e i miei fratelli. Chi compie la volontà di Dio, costui è mio fratello, sorella e madre"» (3,31 e sgg.). Anche nel celebre episodio delle nozze di Cana l'atteggiamento di Gesù verso Maria è curioso e anche in quella occasione sono presenti i suoi fratelli. Racconta Giovanni (2,2 e sgg.): «Fu invitato alle nozze anche Gesù con i suoi discepoli. Nel frattempo, venuto a mancare il vino, la madre di Gesù gli disse: "Non hanno più vino". E Gesù rispose: "Che ho da fare con te, o donna? Non è ancora giunta la mia ora"». Rude risposta, anche se il miracolo sarà comunque compiuto e anche se, quando Gesù si rivolge ancora a sua madre chiamandola «donna», lo fa in modo molto più affettuoso. È la scena straziante ai piedi della croce, quando l'affida alla custodia del «discepolo amato» (Gv 19,26-27).

La compagnia di uomini ha dato anche adito, per alcuni aspetti, a equivoci e dicerie. Nel corso di questo capitolo esamineremo le principali tesi che sono state avanzate, cercando di valutarne il grado di attendibilità. S'è detto, soprattutto negli ultimi tempi, che fra gli uomini riuniti intorno a lui fino all'ultima cena, sposati o celibi che fossero i discepoli, potessero intrecciarsi rapporti omosessuali. Alcuni episodi e testi hanno rafforzato l'ipotesi.

Anche escludendo certi sospetti, il gruppo di uomini e donne che accompagna il maestro nelle sue peregrinazioni, le modalità della loro convivenza e dei loro rapporti pongono una serie di quesiti non limitati a quegli anni e, anzi, da lì proiettati nei secoli a venire. Un esempio: quei discepoli erano a volte uomini sposati e Gesù li esorta ad abbandonare congiunti e beni per seguirlo. Possiamo dare al suo invito un significato ostile verso la famiglia? O comunque di preferenza per il celibato? Il suo invito in realtà potrebbe anche avere una motivazione diversa. La libertà dai legami, dalle preoccupazioni che una famiglia può dare, così come dalle gioie che offre, poteva consentire ai discepoli di concentrare tutto il loro impegno sulla diffusione della parola divina. Ma se si accetta questa ipotesi, come spiegare allora che i primi sacerdoti e gli *episcopoi* (coloro che sovrintendono a una comunità locale) erano, invece, sposati? Il celibato imposto ancora oggi ai sacerdoti della Chiesa cattolica è conseguenza di quell'impostazione? Sappiamo anche che quei discepoli non erano tutti sullo stesso piano. Uno di loro, di cui ignoriamo l'identità, era considerato il «prediletto», il «più amato». Questa predilezione adombra una vera e propria *amitié amoureuse* fra due uomini, frequente del resto nell'antichità classica e nella mitologia, anche se non sempre completata in una relazione esplicitamente erotica? È questo il nostro caso? Lo stesso numero dei discepoli, fissato dalla tradizione in dodici, potrebbe avere carattere esoterico. Dodici è numero significativo, magico secondo alcune credenze, corrisponde fra l'altro al numero delle tribù d'Israele.

Cambiamo la prospettiva sul gruppo. Alcuni versetti di Luca descrivono le persone che seguivano Gesù nei suoi spostamenti (8,1-3): «In seguito egli se ne andava per le città e i villaggi, predicando e annunziando la buona novella del regno di Dio. C'erano con lui i Dodici e alcune donne, che erano state guarite da spiriti cattivi e da infermità: Maria di Magdala o Maddalena, dalla quale erano usciti sette demoni, Giovanna, moglie di Cusa, amministratore di Erode, Susanna e molte altre, che li assistevano con i loro beni». Chi erano queste donne? Di quale classe, con che reddito? Soprattutto: quale bisogno le spingeva a una vita errabonda, sicuramente disagevole? L'argomento ci porta su un terreno di cui molto s'è discusso: il possibile rapporto che Gesù potrebbe avere avuto almeno con una di queste donne, la famosa Maria di Magdala, che una tradizione più tarda identificò con la prostituta redenta, colei che, secondo alcuni, grandiosamente s'umiliò nel lavacro dei piedi del Maestro. Su questa figura si fonda una tradizione che arriva fino all'emigrazione di Maddalena dopo la morte di Gesù, al suo approdo a Marsiglia, alla leggenda del santo Graal: un'intera fioritura di storie antiche e altomedievali di cui sono noti anche gli ultimi clamorosi sviluppi romanzeschi. Che cosa c'è di vero o anche solo di ipoteticamente verosimile in un rapporto di Gesù con Maddalena? Non c'è stato fra loro addirittura un bacio sulla bocca, di cui parla il *Vangelo di Filippo*? Vi si legge: «La Sofia, che è chiamata sterile, è la madre degli angeli. La consorte di Cristo è Maria Maddalena. Il Signore amava Maria più di tutti i discepoli e la baciava spesso sulla bocca. Gli altri discepoli allora dissero: "Perché ami lei più di tutti noi?". Il Salvatore rispose e disse loro: "Perché, non amo voi tutti come lei?"». Sono molti gli argomenti che i rapporti intrecciati da Gesù e intorno a lui offrono all'analisi storica. Importanti per ciò che furono allora, ma anche per ciò che possono significare ancora oggi.

Gesù sembra avere a volte un atteggiamento ostile alla famiglia. È un'impressione fondata? Se sì, come si può spiegare?

Il suo movimento ha caratteri fortemente rivoluzionari. Questo comporta una rottura forte con l'*ethos* familiare consueto. Oggi alcuni studiosi tentano di rivalutare l'influsso dell'ambiente domestico sul suo movimento e sui primi cristiani. Invece, credo più corretto mantenere l'impostazione data negli anni Settanta, secondo la quale esiste una radicale contrapposizione fra il movimento di Gesù e le famiglie. Questo implica anche che la logica normale della famiglia, madre, fratelli, padre, venga da lui disattesa e combattuta. Qui è anche il motivo fondamentale dell'assenza nel movimento del padre Giuseppe e di tanti altri padri di discepoli. Vedo Gesù come una persona sostanzialmente sola, capace di trarre quasi esclusivamente da se stesso le motivazioni della propria azione; un uomo che si confida poco con chi gli è accanto, che tiene celato il possente segreto della sua personalità. Questo atteggiamento provoca spesso accese reazioni polemiche nei riguardi delle persone con cui è in contatto, compresi i più stretti discepoli e perfino sua madre.

I rapporti con Maria sembrano infatti ruvidi, in certe occasioni.
La polemica anche abbastanza forte con la madre può tuttavia coesistere con una certa sua dipendenza da lei. Dal punto di vista storico la figura di Maria sembra avere un grande rilievo sia per Gesù sia per la primissima generazione cristiana. Subito dopo la morte del figlio la ritroviamo a Gerusalemme insieme al gruppo più stretto di seguaci, gli Undici. Gli Atti degli apostoli (1,14) sono espliciti: «Tutti questi erano assidui e concordi nella preghiera, insieme con alcune donne e con Maria, la madre di Gesù e con i fratelli di lui».

Sappiamo quale ruolo ebbe Maria dopo la morte del figlio?
Il discepolo amato, colui che nel Vangelo di Giovanni non ha nome, l'accoglie nella sua casa, probabilmente a Gerusalemme, e Maria, a mio parere, ha costituito un'importante fonte di informazioni per alcuni dei primi scrittori cristiani. Anche se non sono in grado di dimostrarlo, penso in particolare all'autore del vangelo detto «di Luca». Maria sembra fare gruppo con i fratelli di Gesù, assumendo un ruolo di guida nei loro confronti. Credo anche che, almeno agli inizi, avesse un influsso importante sul figlio. Il *Vangelo dei Nazareni*, per esempio, che proviene dai seguaci ebrei di Gesù, dice che è stata Maria con i suoi fratelli a consigliare Gesù di farsi battezzare da Giovanni Battista. L'opposizione alla madre, evidente nel passo di Marco citato (3,31 e sgg.), si spiega bene con la subordinazione della

logica familiare a quella del movimento. Gesù ha imposto ai suoi discepoli di rompere con gli interessi della famiglia poiché egli stesso lo ha fatto: «Se uno viene a me e non odia suo padre, sua madre, la moglie, i figli, i fratelli, le sorelle e perfino la propria vita, non può essere mio discepolo» (*Lc* 14,26).

Il circolo di uomini, sposati o celibi che fossero, riunito intorno a Gesù, ha fatto ipotizzare rapporti omosessuali fra loro.

Non ho riscontri su sospetti di questo tipo per i secoli passati. È probabile che, grazie all'avvento dei *gay studies*, soprattutto negli Stati Uniti, si sia sviluppata negli ultimi anni una certa attenzione nei confronti di questa tematica, agitata non solamente da studiosi omosessuali. Penso che se le studiose donne sono state in grado di percepire aspetti in genere trascurati dagli uomini, lo stesso possa accadere grazie a studiosi omosessuali. Personalmente ritengo infondata l'ipotesi. Un ricercatore olandese, Sjef Van Tilborg, autore di un saggio dal titolo *Imaginative Love in John*, ha tuttavia ipotizzato che la famiglia di Gesù fosse strutturalmente tipica per la formazione di un omosessuale.

Quali sono gli elementi che portano a una simile ipotesi?

Secondo Van Tilborg, che tratta il difficile tema con grande delicatezza, nella famiglia di Gesù si riscontra un'assenza del padre e, al contrario, un eccesso di presenza della madre. In queste condizioni, il figlio maggiore (fra parentesi, se Maria ha veramente avuto diversi figli, non si capisce perché proprio Gesù debba essere il primogenito) svilupperebbe un rapporto particolare con la mamma e questa sarebbe la situazione tipica nella quale si può formare un giovane maschio omosessuale. Il discepolo amato del Vangelo di Giovanni avrebbe con Gesù un legame amoroso, però non completato in un rapporto sessuale. Tutto ciò mi sembra senza fondamento.

Il giovinetto che nella notte della passione fugge ignudo è un episodio conturbante, per il quale non sono state date spiegazioni di sicura plausibilità.

Nel Vangelo di Marco si dice che al momento dell'arresto di Gesù «un giovanetto ... lo seguiva, rivestito soltanto di un lenzuolo, e lo fermarono. Ma egli, lasciato il lenzuolo, fuggì via nudo» (14,51-52). Qualcuno ha insinuato che quel ragazzo avesse passato la sera e parte della notte prima dell'arresto nell'orto del Getsemani con Gesù, ma è un'assurdità. Se ci fosse stato qualche sospetto al riguardo, Marco avrebbe evitato di raccontarlo. Riferisce invece l'episodio con la certezza che nessuno possa equivocare.

Allo stesso modo non bisogna interpretare come una preferenza sessuale il fatto che nel gruppo dei discepoli ce ne fosse uno definito da Giovanni «il discepolo amato». A costui il vangelo non dà nome, ma la tradizione lo identifica con Giovanni, fratello di Giacomo e figlio di Zebedeo. Il fatto che nell'ultima cena egli giacesse, sempre secondo Giovanni, con altri tre o quattro discepoli sullo stesso triclinio in cui era disteso Gesù e che poggiasse la testa sul suo addome significa solo (se la cosa non era casuale) che gli era destinato un posto d'onore, secondo l'etichetta ellenistica. Che poi egli fosse «amato» significa solo che aveva con Gesù un particolare rapporto di conoscenza e di fedeltà. A lui, infatti, Gesù affida addirittura sua madre al momento della morte.

Possiamo dire insomma che gli elementi per alimentare interpretazioni ambigue sono scarsi e incerti.

I maestri della filosofia antica, soprattutto nel periodo classico, avevano rapporti erotici con i discepoli. Ma Gesù appartiene alla cultura semitica, assai diversa da quella greca su questo punto. Molti decenni dopo la sua morte, ambienti imbevuti di cultura ellenistica come i carpocraziani o alcuni gruppi gnostici hanno potuto equivocare su certi aspetti del primo cristianesimo, ma questo non consente di attribuirgli inclinazioni che sicuramente gli erano estranee.

Del suo seguito facevano parte non solo uomini, ma anche numerose donne. Quali rapporti si possono ipotizzare?

Anche il cosiddetto seguito femminile di Gesù è stato interpretato come un possibile segnale della sua omosessualità, nel senso che per le donne quella compagnia non rappresentava un pericolo sessuale. Ma la presenza di Maria di Magdala,

Giovanna, Susanna e le altre di cui parla Luca è stata vista anche in senso diametralmente opposto, cioè come se Gesù manifestasse un interesse per le donne disdicevole in un maestro religioso. Entrambe le interpretazioni mi paiono errate, frutto di una sensibilità di tipo contemporaneo.

Luca connota queste donne anche socialmente. Qual è la loro classe sociale di provenienza?

Sembrano donne piuttosto ricche. Giovanna è la moglie di Cusa, amministratore di Erode. Il vangelo parla anche di «Susanna e molte altre che li assistevano con i loro beni». Sono donne che appartengono ai ceti alti, in grado di andare in giro con un predicatore senza chiedere permessi e che, anzi, disponevano di denaro ed erano in grado di finanziare in parte il movimento. Lo storico Flavio Giuseppe scrive che in diverse città dell'impero romano c'erano donne non ebree dei ceti alti che aderivano all'ebraismo per soddisfare un forte bisogno di religiosità. Il seguito femminile di Gesù lo vedrei formato da donne alla ricerca di una risposta religiosa profonda e autentica. Nel movimento non prevalevano figure patriarcali della generazione più anziana. Questo dava alle donne la possibilità di esprimere più liberamente un ruolo attivo e creativo. Un trentennio di studi sul loro ruolo ha rivoluzionato il modo tradizionale d'intenderne la collocazione nel primo cristianesimo.

Lei delinea, contrariamente all'opinione più diffusa, una comunità sessualmente mista. Correvano rapporti sessuali all'interno?

La sessualità è concepita da Gesù solo nel matrimonio. Per di più Gesù sembra essere stato ostile al divorzio. Secondo Matteo, Marco e Luca egli chiede ai suoi di staccarsi dalla famiglia, agli uomini sposati chiede di lasciare la propria moglie e, da alcuni brani di Luca, si può arguire che chiedesse anche alla moglie di staccarsi dal marito. Pietro però era certamente sposato e, più in generale, non c'è alcuna affermazione in cui Gesù inviti le persone a non sposarsi. Nella Prima lettera ai Corinzi (7,12), Paolo sembra dire che non è Gesù, ma lui stesso a consigliare di non sposarsi; ma siamo ormai fuori dal pensiero del Maestro. In quella stessa lettera si legge che Cefa e i fratelli del Signore predicavano portando con sé delle donne, che forse erano le mogli, forse collaboratrici subordinate. Alcuni decenni dopo, l'autore della Prima lettera a Timoteo, che non è Paolo ma qualcuno che scrive in suo nome, dice (3,1): «È degno di fede quanto vi dico: se uno aspira all'episcopato, desidera un nobile lavoro. Ma bisogna che il vescovo sia irreprensibile, non sposato che una sola volta». Se ne deduce che per l'*episcopos* è preferibile avere una moglie.

Non si temeva che gli affanni e le gioie di una famiglia potessero distrarre l'uomo di Chiesa dai suoi doveri sacri?

La preferenza per il matrimonio deriva dal fatto che nella tradizione ebraica lo stato coniugale offre maggiori garanzie di stabilità. La Lettera a Timoteo esige dall'*episcopos* che egli sia «sobrio, prudente, dignitoso, ospitale». L'ospitalità è importante. Siamo in una fase in cui i seguaci di Gesù non dispongono ancora di edifici dedicati istituzionalmente a scopi religiosi. I predicatori itineranti hanno bisogno di essere ospitati nelle case dei nuovi adepti. L'*episcopos* dev'essere inoltre «ospitale, capace di insegnare, non dedito al vino, non violento, ma benevolo, non litigioso, non attaccato al denaro. Sappia dirigere bene la propria famiglia e abbia figli sottomessi con ogni dignità, perché se uno non sa dirigere la propria famiglia, come potrà avere cura della Chiesa di Dio?» (*1 Tm* 3,2-3). Come si vede, non c'è alcuna diffidenza verso il matrimonio, anzi.

Il celibato dei preti, del resto largamente violato nella pratica, è quindi solo un'istituzione regolamentare, di opportunità, senza fondamento nella prassi del primo cristianesimo.

La Chiesa latina, che ha difeso e continua a difendere strenuamente il celibato dei sacerdoti cattolici, non ha mai sostenuto, né del resto potrebbe farlo, che il celibato sia una caratteristica necessaria al sacerdozio. Di per sé il sacerdote, come l'apostolo dei tempi di Gesù e delle prime generazioni cristiane, potrebbe essere benissimo sposato. Ai sacerdoti cattolici di rito greco, del resto, il matrimonio è consentito.

Gesù chiedeva a chi voleva seguirlo di lasciare la famiglia. Episcopoi *e sacerdoti sono, invece, sposati. Non c'è una contraddizione?*

L'invito di Gesù ad abbandonare casa e beni, moglie e figli era dettato dallo sconvolgimento, ritenuto imminente, che si sarebbe verificato quando il regno di Dio, riversandosi sul popolo d'Israele, avrebbe salvato quanti avevano cambiato vita, condannando invece chi non s'era convertito. Quando i suoi seguaci cominciarono a capire che la fine di questo mondo tardava, venne anche meno la necessità per i predicatori itineranti di restare in una provvisoria situazione di attesa. La predicazione si concentrò allora sulla vita normale nel mondo di sempre, lontano dal sogno di un regno di Dio, il cui avvento si spostava in un futuro lontano. Un cambiamento ulteriore intervenne quando la maggioranza dei seguaci non fu più formata da ebrei, bensì da persone con una cultura religiosa ellenistico-romana. Dietro la prassi via via introdotta del celibato del clero s'intravede l'immissione nel cristianesimo antico di concezioni estranee all'ebraismo e, dunque, anche alla cultura di Gesù: la rinuncia al matrimonio è diventata così un ideale superiore rispetto alla vita familiare. D'altra parte, sappiamo pochissimo sulla vita privata di Gesù. Si è perfino ipotizzato, ma senza vero fondamento, che potesse essersi sposato per poi rimanere vedovo.

Una figura femminile sovrasta le altre, a parte ovviamente sua madre: Maria di Magdala o Maddalena. Su di lei molto si è fantasticato. Qual era il suo rapporto con Gesù?

Nella tradizione latina Maddalena è diventata uno dei simboli di ciò che potremmo definire «maschilismo religioso». Si è fantasticato su di lei vedendola come una donna capace di sprigionare una fortissima carica sessuale, anche simbolica. Le immagini medievali la ritraggono con una lunga capigliatura bionda che la ricopre interamente. Già questo getta qualche sospetto su certe immaginazioni. Negli ultimi tempi il bisogno di creare in qualche modo una biografia sessuale e psicologica di Gesù ne ha vieppiù rafforzato la figura. Già nel musical *Jesus Christ Superstar* si adombrava un cauto, e direi casto, rapporto fra i due. Film più recenti, alcuni romanzi e saggi romanzeschi hanno trasformato quel rapporto in una vera convivenza o in un matrimonio.

Esiste la possibilità di valutare bene natura e consistenza di questo rapporto sulla base dei testi?

I vangeli non dicono che la Maddalena fosse una prostituta. Solo nell'interpretazione successiva la sua figura è stata sovrapposta a quella della prostituta che compie uno straordinario gesto di venerazione nei confronti di Gesù. Scrive Luca: «Ed ecco una donna, una peccatrice di quella città, saputo che si trovava nella casa del fariseo, venne con un vasetto di olio profumato; e stando dietro, presso i suoi piedi, piangendo cominciò a bagnarli di lacrime, poi li asciugava con i suoi capelli, li baciava e li cospargeva di olio profumato» (7,37-38). Di questa donna non si dice il nome. Il vangelo aggiunge che Gesù le perdona i peccati. Poche righe dopo, lo stesso vangelo, nominando alcune donne che seguivano Gesù, dice che fra queste vi era Maria di Magdala e precisa che da lei Gesù aveva scacciato sette demoni, il che non vuol dire che fossero demoni di tipo sessuale. Per Luca le due donne sono certamente diverse e la Maddalena non è una prostituta. La sua trasformazione in prostituta è avvenuta solo a partire dal VI secolo in Occidente.

Maria Maddalena ha comunque rilevante importanza nei vangeli, la sua presenza è riferita in momenti molto significativi.

Secondo Marco, Matteo e Luca ella assiste alla crocifissione, alla sepoltura e al ritrovamento della tomba vuota. Per Giovanni è la prima ad avere l'apparizione di Gesù risorto. Sono circostanze che spiegano perché questa donna sia diventata un simbolo forte nella fede cristiana primitiva.

Maria di Magdala assume ruolo e dimensione importanti in numerosi antichi testi cristiani non compresi nel Nuovo Testamento.

In effetti, non poche volte questa donna viene considerata spiritualmente superiore a discepoli famosi. Nel finale del *Vangelo di Tommaso* Gesù la difende da Pietro che vorrebbe escluderla: «Simon Pietro disse loro: "Cacciate via Maria, perché le femmine non sono degne della vita". Gesù disse: "Io le insegnerò a diventare maschio, perché anche lei possa divenire uno spirito vivo simile a voi maschi. Poiché ogni femmina che si farà maschio entrerà nel regno dei cieli"». La competizione spirituale fra Pietro e la Maddalena torna nella *Pistis Sofia*, uno scritto del III secolo. Un altro esempio lo abbiamo nel *Dialogo del Salvatore*, opera da non confondere con il *Vangelo del Salvatore*, un testo in copto già citato, scoperto negli anni Quaranta in Egitto, a Nag Hammadi. In questo scritto Maria di Magdala appare destinataria, insieme a Tommaso e Matteo, di un insegnamento particolare da parte di Gesù e sembra superiore agli altri in conoscenza. Nel *Vangelo di Maria* (di Magdala), in copto, si legge: «Pietro disse a Maria: "Sorella, sappiamo che il Maestro ti ha amato diversamente dalle altre donne. Dì a noi le parole che egli ti ha detto, di cui ti ricordi e di cui non abbiamo conoscenza". Maria disse loro: "Ciò che a voi non è stato dato di udire, io ve lo annuncerò: ho avuto una visione del Maestro, e gli ho detto: 'Signore io ti vedo oggi in questa apparizione'"». Alla fine della visione Pietro si sente umiliato: «Possibile che il Maestro si sia intrattenuto così con una donna su dei segreti che noi stessi ignoriamo?». Ma un altro discepolo, Levi, rimprovera Pietro: «Se il Maestro l'ha resa degna, chi sei tu per respingerla? Certamente il Maestro la conosceva molto bene. Egli l'ha amata più di noi». Alcune specialiste, per esempio Elisabeth Schüssler Fiorenza, hanno pensato che la tradizione ecclesiastica maschile avesse occultato il ruolo religioso di Maddalena, presente peraltro anche nei vangeli canonici. Solo il *Vangelo di Filippo*, databile al II secolo e pervenutoci in traduzione copta, contiene affermazioni che possono far pensare a un rapporto amoroso fra Gesù e Maria. Le ritengo però interpretazioni errate del testo.

E il bacio sulla bocca di cui parla proprio il Vangelo di Filippo?

Si tratta di un bacio santo, uno degli atti praticati nelle riunioni liturgiche della Chiesa primitiva. Ancora oggi, del resto, il bacio sulla bocca è tipico di molte culture, senza che abbia uno specifico significato sessuale. Neanche il bacio di Gesù alla Maddalena ha carattere erotico, avrebbe potuto benissimo essere scambiato con i discepoli uomini. Rivela l'intenzione di dare al gesto una particolare intensità religiosa avvicinabile all'atto descritto nel capitolo 20 del Vangelo di Giovanni, quando Gesù alita sui discepoli per trasmettere loro lo Spirito Santo. Mi chiedo se anche nel *Vangelo di Filippo* non si pensi a un atto di tipo rituale, a suggello di una comunicazione spirituale intensa. Il brano sembra contrapporre la figura mitica di Sofia, religiosamente sterile, a quella di Maddalena che, tramite l'unione spirituale, è invece feconda.

XI

GESÙ TAUMATURGO

Ovunque egli andasse, in una casa privata, una sala, una strada, la piazza di un villaggio, si radunava una grande folla. Questi assembramenti erano provocati dalla forza della sua predicazione e del suo esempio, ma anche dal fatto che egli era preceduto e circondato dalla fama di potente guaritore, dotato della capacità di sanare varie malattie e di scacciare i demoni, sintomatologia sotto la quale si nascondevano vari disturbi nervosi e psichiatrici. Racconta Marco (6,56): «E dovunque giungeva, in villaggi o città o campagne, ponevano gli infermi nelle piazze e lo pregavano di potergli toccare almeno la frangia del mantello; e quanti la toccavano guarivano». L'esperienza clinica insegna che malattie come sordità, mutismo, cecità, paralisi sono sintomi di mali che possono essere affrontati con un trattamento psicoterapeutico. Sappiamo anche che ci sono persone dotate dello straordinario potere di placare l'isteria facendone scomparire i sintomi. L'illustre studioso Morton Smith ha dedicato un intero volume a questo aspetto della personalità di Gesù nel suo saggio *Gesù mago*.

Alcuni fenomeni di guarigione o addirittura di resurrezione da lui operati restano inspiegabili alla luce della scienza. Sappiamo però che, su un piano generale, allora come oggi ogni terapia è agevolata se l'ammalato ripone molta fiducia nel medico o nella «medicina», qualunque natura essa abbia. Anche Gesù aveva bisogno per i suoi miracoli di una grande fede in chi lo ascoltava, circostanza confermata, *a contrario*, da un celebre episodio. Quando egli rientra a Nazareth, suo villaggio natale, l'incredulità dei suoi ex concittadini è tale che non gli permette di fare miracoli. Lo scrive esplicitamente Matteo

(13,58): «E non fece molti miracoli a causa della loro incredulità». Ed è la stessa occasione in cui Gesù pronuncia la frase divenuta proverbiale: «*Nemo propheta acceptus est in patria sua*», nessun profeta è ben accetto in patria (*Lc* 4,24). Quando si rende conto di queste sue straordinarie facoltà, Gesù cerca di capire da dove gli vengano e fino a che punto sia in grado di controllarle; ciò che negli altri suscitava ammirazione crea in lui un turbamento profondo, lo vediamo ricorrere alla preghiera nel tentativo di avere un'illuminazione.

I guaritori, di varie specie e di varia credibilità, ci sono sempre stati, dappertutto, e sono tuttora operanti. La loro importanza, però, cambia in relazione alle condizioni igieniche e culturali del luogo in cui operano. Negli anni di cui stiamo parlando la situazione sanitaria in terra d'Israele, come d'altronde nel resto del mondo, era deplorevole. In quei tempi non esistevano né ospedali né tanto meno asili per i pazzi. Le cognizioni cliniche erano approssimative e tali resteranno fin quasi alle soglie della modernità. La chirurgia era limitata a pochi interventi eseguiti in maniera rudimentale fra indicibili sofferenze. Chi dichiarava di essere medico spesso era in realtà qualcosa di molto più simile a uno stregone. Gli ammalati, gli isterici e gli insani rappresentavano quasi sempre un peso insostenibile per il povero reddito delle famiglie e venivano infatti scacciati, costretti a vagare come derelitti. In tutto il Medio Oriente, e in generale nell'intera area del Mediterraneo, questa situazione si è protratta fino alla fine dell'Ottocento. In Palestina, ai tempi della prima colonizzazione ebraica, si potevano ancora vedere questi poveri pazzi aggirarsi stralunati, o gettati in un angolo a dormire, accucciati nei propri escrementi o nel proprio vomito in uno stato di disumana abiezione. Ai tempi di Gesù lo spettacolo dei derelitti che s'aggiravano nei villaggi doveva essere frequente e penosissimo. Un'enorme speranza si diffondeva quindi alla vista di qualcuno che sembrava in grado di guarire quei mali, alleviando tante sofferenze. I vangeli ci dicono che, all'annuncio dell'arrivo di Gesù, tutti gli ammalati del villaggio visitato venivano portati fuori dalle case perché egli potesse vederli; alcuni di quei poveretti riuscivano, in effetti, a toccarlo o anche solo a sfiorarne «almeno la frangia del mantello» come scrive l'evangelista. La presenza di un uomo, il cui arrivo era circondato da una tale speranza, dove tutti si dicevano certi che molte malattie sarebbero state risanate, doveva suscitare un tale empito da essere di per sé premessa d'un possibile sollievo.

Conosciamo almeno un'occasione in cui Gesù si rende conto che una parte di questa sua «potenza» gli è stata sottratta, è cioè uscita da lui in modo inconsapevole. Lo racconta Marco (5,25 e sgg.): «Ora una donna, che da dodici anni era affetta da emorragia, e aveva molto sofferto per opera di molti medici, spendendo tutti i suoi averi senza nessun vantaggio, anzi peggiorando, udito parlare di Gesù, venne tra la folla, alle sue spalle e gli toccò il mantello. Diceva infatti: "Se riuscirò anche solo a toccare il suo mantello, sarò guarita". E subito le si fermò il flusso di sangue, e sentì nel suo corpo che era stata guarita da quel male. Ma subito Gesù, avvertita la potenza che era uscita da lui, si voltò alla folla dicendo: "Chi mi ha toccato il mantello?". I discepoli gli dissero: "Tu vedi la folla che ti si stringe attorno e dici: Chi mi ha toccato?". Egli intanto guardava intorno per vedere colei che aveva fatto questo».

Esiste però anche un risvolto minaccioso di questo immenso favore popolare, di cui ci occuperemo più ampiamente in seguito, ma che intanto può essere accennato: le stesse folle che accompagnano i suoi spostamenti, sedotte dai prodigi di cui lo ritenevano capace, lo abbandonano quando, nonostante il suo potere, egli sembra alla mercé dei suoi persecutori che lo vogliono morto. La sua forza di persuasione, il fascino che sprigionava erano sicuramente fondati per la gran parte su questa sua capacità di guaritore, di taumaturgo, Morton Smith dice di «mago». Ma questa forza si trasforma in debolezza nel momento in cui diventa un prigioniero in catene, battuto, deriso, umiliato dai suoi aguzzini, e di quella forza pare spogliato. Un atteggiamento così ondeggiante da parte delle moltitudini corrisponde del resto a ciò che quasi sempre accade. Si acclama un leader, lo si osanna, da lui ci si aspettano una certa quantità di benefici; quando, per un qualsiasi motivo, le ragioni della sua forza, e per conseguenza i benefici sperati, e quindi il suo fascino, vengono meno, con molta rapidità la folla si allontana lasciando solo l'uomo fino a poco prima idolatrato. Anche Gesù condivise questo immutabile e durissimo destino.

Come valuta le miracolose capacità taumaturgiche di Gesù?

Uno dei miei maestri, Jacques Dupont, un benedettino oggi purtroppo scomparso, noto per i suoi studi accurati su parabole e singoli brani dei vangeli, sosteneva che è sorprendente in Gesù non che abbia fatto miracoli, ma che ne abbia fatti così pochi. I grandi personaggi religiosi del tempo erano tutti famosi per fare molti miracoli. Una delle sue caratteristiche sarebbe quindi il fare meno miracoli degli altri. Se ne potrebbe dedurre che, in fondo, questa capacità era in lui relativamente limitata. Esiste una certa tendenza di tipo razionalistico che mira a negare per principio la possibilità di fenomeni «inspiegabili» alla luce della ragione. Oggi, peraltro, questa fiducia estrema nella razionalità s'è un po' attenuata; io stesso mi sono convinto che è necessario ammettere l'esistenza di persone in grado di compiere autentiche guarigioni considerate «miracolose», per le quali non esiste una spiegazione scientificamente verificabile. Nel caso di Gesù, per esempio, non ci sono soltanto guarigioni di disturbi prevalentemente psichici, ma anche episodi molto più difficili da interpretare. Resuscitare un morto, come nel caso di Lazzaro, oppure intervenire su forze naturali, o moltiplicare il cibo: pane, pesci, vino. Sono convinto che questi episodi non siano stati inventati, ma che i suoi seguaci furono realmente convinti di avere assistito a quei fatti straordinari.

È altamente probabile che Gesù, nel constatare questo suo potere, si sia interrogato su che cosa stesse succedendo in lui, quale fosse la fonte di tali facoltà. Essendo un ebreo religioso poteva attribuire questo potere solo a Dio. La sua effettiva capacità taumaturgica potrebbe essere uno dei fatti che più ci avvicina al segreto della sua esperienza individuale.

A un certo punto della sua vita, cioè, egli si rende conto di possedere poteri straordinari, sui quali ha solo un parziale controllo.

Si potrebbe dire che Gesù è stato un mistero non solo per gli altri, ma anche per se stesso. La sua capacità di fare miracoli potrebbe essere una delle strade per capire quale esperienza abbia fatto e quali interrogativi si sia posto. Molti suoi contemporanei si sono chiesti se egli fosse davvero un inviato di Dio. Ma egli stesso ha probabilmente cercato di chiarire il mistero dell'intervento divino nella sua vita. Lo faceva ricorrendo spesso alla preghiera, chiedendo a Dio di illuminarlo. È una mia ipotesi e, del resto, i testi evangelici non consentono molto altro, anche se Luca, nell'episodio della trasfigurazione, sembra suggerire che egli abbia invocato Elia e Mosè perché gli chiarissero il suo destino futuro.

Il fascino che la sua presenza sprigionava dipendeva dalle sue capacità di guaritore, di «mago»?

È vero che l'attrazione da lui esercitata sulle masse che gli si radunavano intorno dipendeva anche dalla sua capacità di guarire. Inoltre, egli si sentiva in grado di trasmettere questo potere ai suoi discepoli, come si può dedurre dalle testimonianze che abbiamo. Il capitolo 16, conclusivo, del Vangelo di Marco, ci è giunto in numerose versioni ed è di grande interesse comparare le diverse formulazioni di queste pagine. Ne leggo uno stralcio nell'edizione della Conferenza episcopale, che rispecchia la posizione ufficiale della Chiesa cattolica. Marco scrive (16,15): «Gesù disse loro: "Andate in tutto il mondo e predicate il vangelo a ogni creatura. Chi crederà e sarà battezzato sarà salvo, ma chi non crederà sarà condannato. E questi saranno i segni che accompagneranno quelli che credono: nel mio nome scacceranno i demoni, parleranno lingue nuove, prenderanno in mano i serpenti e, se berranno qualche veleno, non recherà loro danno; imporranno le mani ai malati e questi guariranno"».

Sembrano effettivamente le esortazioni di un guaritore, di un esorcista.

Sono le promesse che egli fa ai suoi discepoli. Al momento della partenza sembra voler trasmettere loro il potere, o parte del potere, da lui posseduto. È tipico di certe figure religiose essere in grado di trasmettere i propri poteri agli adepti.

*Se egli possedeva un potere divino non ci sono difficoltà a credere
che potesse trasmetterlo ai discepoli. Ma in un'ottica «storica» come
interpretare quelle parole?*

La spiegazione che preferisco è di carattere storico-antropo-
logico, anche perché è quella che ci permette di entrare più in
profondità nel segreto, quanto meno in alcuni aspetti del segreto, della sua personalità. Il punto fondamentale potrebbe
essere che il potere, la facoltà che Gesù pensava di possedere,
fosse un qualcosa che egli stesso riteneva non originato da sé.

*C'è l'episodio della donna che al solo toccarne il mantello si sente
guarita dalle sue emorragie.*

Il modo in cui Marco lo riferisce rivela la sua interpretazione. Una donna tocca non il corpo, ma il mantello che ricopre il
corpo di Gesù; questo basta a scatenare una forza che, indipendentemente dalla volontà di Gesù, si trasmette al corpo della
donna. Egli sente soltanto che un'energia è uscita da lui senza
che egli possa controllarla. Se questo fenomeno corrispondesse
alla verità storica, ci mostrerebbe uno dei segreti della sua personalità. Nella visione di Marco ci troviamo di fronte a una
persona diventata veicolo d'una forza che solo in parte sa controllare. Un potere così straordinario da intimorirlo, spingen-
dolo a interrogarsi sulla natura di una tale forza, su quale uso
farne, sulle possibili conseguenze future. Infatti, meritano molta attenzione anche i suoi continui tentativi di limitarne l'uso,
di dissimulare questa capacità. Sempre nel Vangelo di Marco
egli esorta più volte a non riferire ciò che è successo.

Un ulteriore elemento di riflessione ci viene dal Vangelo di
Giovanni, che sembra considerare non sufficiente la sua opera
taumaturgica ai fini della missione religiosa. Nel capitolo 12
versetto 37, scrive: «Sebbene avesse compiuto tanti segni davanti a loro, non credevano in lui». Infatti, è come se, alla fine
del capitolo 12, Gesù decidesse di cambiare strategia. Non più
la predicazione pubblica o i miracoli, ma un diverso sistema
di comunicazione che vediamo a partire dal successivo capitolo 13. Questa nuova forma è simboleggiata dal fatto che egli
si veste e agisce come uno schiavo. Gli schiavi indossavano
una tunica e lavavano i piedi degli ospiti al loro ingresso in ca-

sa. È ciò che egli fa, cingendosi i fianchi con un asciugamano di lino proprio al modo degli schiavi. Nel *Romanzo di Esopo*, all'incirca contemporaneo del Vangelo di Giovanni, troviamo la stessa scena quasi con le stesse parole e quasi con gli stessi strumenti. È come se, da quel momento, Gesù scegliesse di usare non il sistema della forza e perciò dei miracoli, ma della debolezza, quasi che il sistema della forza, dei grandi miracoli, della predicazione pubblica non avesse dato un risultato soddisfacente. È mediante la via del fallimento e della debolezza che egli pensa ora di raggiungere il risultato che si propone. Ma la folla, nonostante i miracoli, nell'ora del fallimento si disperde e lo abbandona.

Quali immediati benefici, prima dell'abbandono, quella turba di miseri o di infelici si aspettava da lui?

La mia ipotesi è che il seguito più stretto di Gesù fosse composto non da povera gente, bensì da persone di un ceto piuttosto agiato. Era necessario che Gesù dicesse loro: «Vendete tutto ciò che possedete e datelo ai poveri», il che evidentemente vuol dire che qualcosa da vendere c'era. È piuttosto importante sottolineare che la cerchia dei suoi seguaci più stretti non era composta da diseredati. I motivi per cui costoro lo seguivano erano di carattere in primo luogo religioso, cioè legati non ai suoi miracoli, ma al messaggio e alle speranze complessive che egli sapeva suscitare. Le scene in cui i discepoli decidono di seguire Gesù o in cui Gesù li chiama a seguirlo non sono mai scene di guarigione. Solo nel caso di Maria Maddalena il Vangelo di Luca (8,2) dice che da lei Gesù aveva scacciato sette demoni.

Nessun dubbio però che fossero soprattutto i miseri e gli infelici ad affollarsi intorno a lui nelle piazze dei villaggi.

Gesù ha avuto un'attenzione particolarissima per gli strati più umili della popolazione. La parola greca che viene usata è, come abbiamo detto, *ptochòi*, che designa i più poveri, quelli al di sotto del minimo di sussistenza. La sua preoccupazione era per questi derelitti, persone che non erano neppure in grado di lavorare, che non avrebbero mai avuto la possibilità di una vera casa. E, fra questi, gli ammalati, tante volte citati: monchi,

ciechi, storpi, sordi, muti; in alcuni casi, persone che il Vangelo di Marco chiama «indemoniati», verso i quali lui compie
«esorcismi». È soprattutto Marco a riferire queste pratiche, al
contrario di Giovanni che non ne parla mai. Marco riporta ben
quattro episodi del genere, mentre Giovanni sembra quasi voler allontanare da Gesù simili azioni, come se intendesse ne-
garle. Ma, a parte le differenze fra i vangeli, non c'è dubbio
che Gesù abbia avuto per i più infelici un'attenzione incessan-
te e che, di conseguenza, abbia rivolto soprattutto a loro il suo
potere taumaturgico. Il regno di Dio, che egli immaginava imminente, doveva essere nelle sue aspettative un periodo in cui
i poveri avrebbero mangiato a sazietà, le loro malattie sarebbero scomparse, l'abbondanza e la giustizia avrebbero regna-
to, in cui la stessa opposizione fra uomini e animali si sarebbe
attenuata. Le sue guarigioni rappresentarono certamente una
grande speranza per i ceti più umili della popolazione.

*Ancora oggi, quando sembra manifestarsi un qualche potere «prodi-
gioso», si riaccendono subito vaste aspettative nonché enormi interessi.*
Proprio questo permette di capire meglio la ragione per la
quale Gesù cerca sempre di sottrarsi agli assembramenti di
popolo che gli si creavano intorno. I vangeli sottolineano questo suo costante ritrarsi dalla folla per rifugiarsi in luoghi ap-
partati. Egli evita qualsiasi forma di sfruttamento economico
delle sue doti religiose e taumaturgiche. Impone ai discepoli
di vendere i propri possedimenti, di predicare nei villaggi della terra d'Israele senza portare con sé denaro o vestiti di ri-
cambio. Nulla è più lontano dalla sua prassi che il costruire
santuari nei luoghi dove si sono verificati miracoli o dove risiede un santo guaritore. Tali luoghi divengono necessariamente anche centri di accumulo di denaro, di beni, di potere,
di superstizioni, tutti fenomeni radicalmente estranei al suo
insegnamento. Ciò dovrebbe far riflettere le autorità ecclesia-
stiche che li appoggiano.

*Non mi pare che, in proposito, ci siano grandi speranze. Almeno
per il momento.*

XII

LE CAUSE DELL'ARRESTO

La fase cruciale e più drammatica si apre con l'arresto di Gesù. Dal punto di vista storico la domanda fondamentale è: perché il rabbi, il messia ebreo viene arrestato per essere poi messo a morte? Si può aprire l'argomento con un brano del Vangelo di Marco, già citato nel capitolo precedente per un altro aspetto, quando l'evangelista racconta (6,56): «E dovunque giungeva, in villaggi o città o campagne, ponevano gli infermi nelle piazze e lo pregavano di potergli toccare almeno la frangia del mantello; e quanti la toccavano guarivano». Questi versetti illustrano l'azione di Gesù taumaturgo, guaritore.

Gli stessi eventi li possiamo però guardare dal punto di vista dell'ordine pubblico. Possiamo immaginare la scena descritta dall'evangelista pensando a quanto avviene anche oggi durante certe manifestazioni di fanatismo: malati allineati lungo la strada che implorano la guarigione gridando e sopraffacendosi, fitte folle entusiaste che si accalcano nella convinzione di poter ricevere un qualche beneficio o sospinte dalla curiosità o dal semplice istinto di imitazione. Una situazione sicuramente preoccupante per le autorità; i sacerdoti del Tempio dovevano, infatti, essere piuttosto allarmati o per ragioni del loro ministero o, diciamo pure, per timore della concorrenza. Il Tempio rappresentava, come è stato ricordato, il centro del sentimento nazionale e religioso d'Israele, il suo controllo era fondamentale anche da un punto di vista politico. Per di più Israele era un paese occupato e i romani erano molto diffidenti nei confronti degli ebrei, considerati un popolo riottoso e di difficile governo. Se qualche facinoroso, sospinto dalla folla, si fosse impossessato del Tempio, i romani avrebbero potuto scatenare una dura azione repressiva e l'intera collettività ne avrebbe sofferto.

La situazione si aggrava dopo che Gesù ha fatto resuscitare Lazzaro, morto da quattro giorni. Marta, sorella del defunto, gli ha detto: «Signore, già manda cattivo odore, poiché è di quattro giorni». Il fatto convince il sommo sacerdote di turno, Caifa, a convocare per un consulto i saggi del sinedrio. Giovanni scrive (11,47-48): «Allora, i sommi sacerdoti e i farisei riunirono il sinedrio e dicevano: "Che facciamo? Quest'uomo compie molti segni. Se lo lasciamo fare così, tutti crederanno in lui e verranno i romani e distruggeranno il nostro luogo santo e la nostra nazione"». Questa, dunque, in una interpretazione esclusivamente «storica» sembra essere la situazione: gravida di pericoli che, infatti, si concreteranno nel 66, quando scoppierà una sanguinosa rivolta, nel corso della quale la guarnigione romana sarà massacrata. Verrà poi l'assedio posto da Tito nel 70; Gerusalemme sarà riconquistata, data alle fiamme, rasa al suolo, Tempio compreso.

Ci può aiutare a distinguere meglio gli eventi e le loro cause una ricostruzione il più possibile precisa dei movimenti di Gesù negli ultimi giorni.

Il suo arrivo a Gerusalemme, trionfalmente accolto, non sappiamo esattamente in quale giorno della settimana avvenga perché i vangeli non sono concordi. Sono giorni di grande intensità spirituale e di frequenti movimenti. Le prime due giornate, secondo il Vangelo di Marco e quello di Matteo, sono chiuse da due pernottamenti a Betania. Dopo il tramonto del giovedì comincia il suo giorno più lungo, che si conclude nella notte con l'arresto e i primi maltrattamenti. Il venerdì si celebra il «giudizio» davanti a Pilato, se così possiamo chiamarlo, subito seguito dalla condanna e dall'esecuzione sul Golgota.

Ci sono alcune discordanze fra i vangeli su questa successione di avvenimenti. La più importante diversità, però, è di contenuto dottrinale. Il testo di Giovanni, infatti, nonostante dedichi agli ultimi momenti ben cinque capitoli, omette di riferire nel resoconto dell'ultima cena un episodio che i tre evangelisti sinottici considerano fondamentale, quello in cui Gesù insegna ai discepoli e in generale ai credenti a celebrare la «cena del Signore». È il passaggio in cui egli esorta i commensali a mangiare il pane come se fosse il suo corpo e a bere il vino come se fosse il suo sangue. La dottrina lo trasformerà in un gesto sacramentale di altissimo significato. Giovanni, invece, narra un episodio totalmente diverso, dicendo che Gesù si alza da tavola, depone le vesti e, preso un asciugamano, se ne cinge la vita; poi versa dell'acqua in un catino e comincia a lavare e ad asciugare i piedi ai discepoli. Anche la lavanda dei piedi è diventata in seguito un gesto rituale in varie confessioni cristiane, compresa quella cattolica.

Marco, nel suo testo, fa del rito del pane e del vino il momento centrale della cena scrivendo (14,22-25): «Prese il pane e, pronunziata la benedizione, lo spezzò e lo diede loro dicendo: "Prendete, questo è il mio corpo". Poi prese il calice e rese grazie, lo diede loro e ne bevvero tutti. E disse: "Questo è il mio sangue, il sangue dell'alleanza, versato per molti. In verità vi dico che io non berrò più del frutto della vite fino al giorno in cui lo berrò nuovo nel regno di Dio"».

Ricordo per inciso che la Pasqua ebraica (*Pesach*) non ha il significato, che le daranno poi i cristiani, di festa della «resurrezione»; celebra invece la liberazione degli ebrei dalla schiavitù in Egitto, come si legge in Esodo 12,14: «Questo giorno sarà per voi un memoriale; lo celebrerete come festa del Signore di generazione in generazione, lo celebrerete come un rito perenne».

Tornando alla cena di Gesù, i testi recano testimonianze diverse sull'episodio. Né il *Vangelo di Tommaso* né la fonte delle sue parole chiamata «Q» fanno alcun cenno a una tradizione relativa all'ultima cena. Ne parlano invece Paolo nella Prima lettera ai Corinzi (11,23-25) e i vangeli di Marco, Luca e Matteo. Ciò che alcuni biblisti hanno dedotto da queste diversità, compresa la curiosa omissione di Giovanni, è che, dopo la sua morte, alcuni gruppi cristiani hanno creato il rituale dell'Ultima Cena a imitazione di ciò che egli aveva praticato e per commemorarlo. Tale rituale si sarebbe diffuso lentamente e in tempi diversi nelle varie comunità, non trattandosi comunque di un evento storico né di un'istituzione formale stabilita da Gesù.

Sulla base dei testi esistenti, l'arresto di Gesù è dovuto a ragioni religiose o a motivazioni politiche?

Le ragioni dell'arresto e della successiva condanna sono uno dei temi che più appassiona gli storici. Non ci sono opinioni

concordi al riguardo, anche perché gli stessi vangeli danno ricostruzioni discordanti degli eventi. Secondo Marco le motivazioni sono le seguenti (14,58): «Noi lo abbiamo udito mentre diceva: "Io distruggerò questo tempio fatto da mani d'uomo e in tre
giorni ne edificherò un altro non fatto da mani d'uomo"». A un
certo punto Gesù viene interrogato dal sommo sacerdote che
gli dice: «"Non rispondi nulla? Che cosa testimoniano costoro
contro di te?" Ma egli taceva e non rispondeva nulla. Di nuovo
il sommo sacerdote lo interrogò dicendogli: "Sei tu il Cristo, il
figlio di Dio benedetto?". Gesù rispose: "Io lo sono! E vedrete il
figlio dell'uomo seduto alla destra della Potenza e venire sulle
nubi del cielo". Allora il sommo sacerdote, stracciandosi le vesti, disse: "Che bisogno abbiamo ancora di testimoni? Avete
udito la bestemmia; che ve ne pare?". Tutti sentenziarono che
era reo di morte» (*Mc* 14,60 e sgg.). Se stiamo a questa scena, il
motivo sarebbe l'affermazione di Gesù di essere il messia, quindi una ragione che possiamo definire politico-religiosa. C'è
però anche l'affermazione di essere il figlio dell'uomo, una
creatura soprannaturale seduta addirittura alla destra di Dio.
Questo «figlio dell'uomo», secondo Daniele (7,13-14), avrebbe
dovuto possedere in eterno il regno d'Israele:

> Guardando ancora nelle visioni notturne,
> ecco apparire, sulle nubi del cielo,
> uno, simile a un figlio di uomo;
> giunse fino al vegliardo
> e fu presentato a lui,
> che gli diede potere,
> gloria e regno;
> tutti i popoli,
> nazioni e lingue lo servivano;
> il suo potere è un potere eterno,
> che non tramonta mai,
> e il suo regno è tale
> che non sarà mai distrutto.

E che dire sulla distruzione e successiva riedificazione del Tempio?
L'accusa al riguardo è, insieme, di riforma religiosa e di rivolta politico-militare.

Quindi, secondo Marco, le motivazioni dell'arresto coinvolgono anche un aspetto politico.

Infatti, il messia deve restaurare il regno d'Israele provocando, per conseguenza, sommovimenti anche politici.

Veniamo al merito dei fatti accaduti negli ultimi giorni della sua vita, ricostruendo meglio che si può quelle drammatiche giornate.

Sulle ultime ore non c'è totale coincidenza nei racconti di cui disponiamo. Nei vangeli canonici si distinguono sostanzialmente due tendenze: quella di Marco e quella di Giovanni (riassumo per semplificare, dato che Luca e Matteo, anche se in qualche punto si discostano, si rifanno nella sostanza a Marco). A queste si deve aggiungere la versione, incompleta, del *Vangelo di Pietro* che, secondo alcuni studiosi, rifletterebbe il testo più antico sulla passione di Gesù.

Vediamo allora come queste fonti narrano la sequenza dei fatti.

Secondo Marco, quando Gesù arriva a Gerusalemme, nel suo unico viaggio nella capitale, riceve un'accoglienza trionfale. Il suo viene descritto come un ingresso di carattere messianico, potenzialmente gravido di conseguenze pubbliche. Al termine della giornata, egli lascia il Tempio e la città per ritirarsi a Betania. Il giorno dopo torna a Gerusalemme dove compie il gesto violento di cacciare i mercanti dal Tempio. Due azioni forti, di carattere pubblico, nel primo e nel secondo giorno, con possibili ricadute politiche. Anche alla fine del secondo giorno Gesù rientra di nuovo a Betania; il terzo giorno torna a Gerusalemme dove affronta una giornata molto intensa. Per cominciare c'è una discussione sul Battista con la quale Marco sottolinea la continuità fra Gesù e Giovanni, ma sono le stesse autorità religiose, sempre stando a Marco, a fare questo collegamento. Segue la parabola dei vignaioli con la famosa frase: «Date a Cesare quel che è di Cesare». Accadono poi molte altre cose: un dibattito sulla resurrezione; la discussione su quale sia il comandamento più importante; un'altra sul tema se il messia debba essere figlio di David. C'è una polemica contro gli scribi, una parola importante su chi sia più meritevole nel dare l'obolo, che valorizza i poveri; c'è infine il famoso discorso sulla distruzione di Gerusalemme e la fine del mondo, tenuto in privato ai discepoli. Una giornata intensa al termine della quale egli va ancora una volta a Betania nella casa di Simone il lebbroso.

Il giovedì mattina Gesù e i suoi, sempre seguendo Marco, si preparano alla cena pasquale. Secondo l'uso ebraico il nuovo giorno, in questo caso il venerdì, comincia all'imbrunire del giovedì. Al termine della cena in piena notte (e quindi già di venerdì), Gesù attraversa la valle, risale il monte degli Ulivi, entra in un orto chiamato Getsemani, dove prega con Pietro, Giacomo e Giovanni. Viene quindi arrestato, interrogato dal Sinedrio nel corso della notte. La mattina dopo, venerdì, viene condotto davanti a Pilato, segue la scena di Barabba, la coronazione di spine, la condanna alla crocifissione, la morte.

La successione cronologica degli eventi abbraccia, tutto compreso, sette giorni, dall'ingresso trionfale a Gerusalemme alla resurrezione. La versione di Giovanni presenta, però, diversità notevoli.

Al capitolo 12 del Vangelo di Giovanni si dice che, sei giorni prima di Pasqua, Gesù si trovava a Betania, non però in casa di Simone il lebbroso, ma in casa di Lazzaro resuscitato. Lì Maria, sorella di Lazzaro, lo unge con un balsamo costosissimo: scena meravigliosa, raccontata più volte nei vangeli e attribuita a donne diverse. Il giorno seguente c'è l'ingresso trionfale a Gerusalemme (*Gv* 12,12). Poi si verifica un evento particolare. Mentre forse sta compiendo un rito di preghiera, Gesù sente una voce dal cielo, episodio straordinario nel corso del quale egli sembra voler accettare il destino che lo attende. A questo punto si allontana nascondendosi alla folla. Riappare solo per trascorrere la sera con i discepoli, durante la quale consumano l'ultima cena.

Giovanni descrive quest'ultima sera per ben cinque capitoli. C'è un significato teologico, di fede, in queste contraddizioni o si tratta solo di diversità redazionali?

La grande differenza è che l'ultima cena narrata da Giovanni non è la cena pasquale, infatti si svolge un giorno prima che l'agnello pasquale venga sgozzato e ventiquattro ore prima della cena di Pasqua. Per capire la diversità bisogna tener presente che la Pasqua ebraica si svolge, secondo il calendario luni-solare della maggioranza della popolazione, sempre il 15 del mese primaverile di Nisan e perciò può cadere in un qualsiasi giorno della settimana. Per il Vangelo di Giovanni la Pasqua, quell'anno, pare cadere di sabato, mentre per Marco, seguito da Luca e Matteo si svolge di venerdì. Per tutti e quattro i vangeli l'ultima cena di Gesù si svolge il giovedì notte, quando il venerdì – secondo l'usanza ebraica – è già iniziato, ma solo per Marco, Luca e Matteo si tratta di un venerdì di Pasqua. In sostanza, per Giovanni Gesù muore prima di Pasqua, mentre per Marco, Luca e Matteo muore a Pasqua. Per Giovanni, la cena pasquale di tutti gli ebrei avviene dopo la morte di Gesù, mentre per Marco, Luca e Matteo avviene prima della morte di Gesù, che la celebra con i suoi discepoli. Per Giovanni si tratta comunque dell'ultima cena e avrebbe dovuto contenere anche la cosiddetta «istituzione» dell'eucaristia. Alcuni studiosi ne hanno dedotto che il gruppo di seguaci che si esprimono nel Vangelo di Giovanni non conoscessero questo rito. In realtà, leggendo bene un'altra parte del vangelo, si vede che i «giovannisti» il rito dovevano conoscerlo. Al capitolo 6, versetti 48-58 si legge: «"Io sono il pane della vita. I vostri padri hanno mangiato la manna nel deserto e sono morti; questo è il pane che discende dal cielo, perché chi ne mangia non muoia. Io sono il pane vivo, disceso dal cielo. Se uno mangia di questo pane vivrà in eterno e il pane che io darò è la mia carne per la vita del mondo". Allora i giudei si misero a discutere fra di loro: "Come può costui darci la sua carne da mangiare?". Gesù disse: "In verità, in verità vi dico: se non mangiate la carne del figlio dell'uomo e non bevete il suo sangue, non avrete in voi la vita. Chi mangia la mia carne e beve il mio sangue ha la vita eterna io lo resusciterò nell'ultimo giorno. Perché la mia carne è vero cibo e il mio sangue vera bevanda. Chi mangia la mia carne e beve il mio sangue dimora in me e io in lui"».

Resta la stranezza che il testo di Giovanni, nonostante sia quello che più si dilunga su questi momenti, ometta proprio l'episodio più significativo.

L'episodio è riportato da molte fonti, che trasmettono tradizioni indipindenti l'una dall'altra. Le parole dell'ultima cena con cui si pensa che Gesù abbia istituito il rito dell'eucaristia sono tramandate da Paolo nella Prima lettera ai Corinzi, dai vangeli di Matteo, Marco e Luca, dalla *Didaché* o insegnamento degli apostoli, opera molto antica, la cui stesura è probabilmente indipendente dai vangeli canonici. Credo sia impossibile negare che Gesù abbia consumato una cena particolare prima del suo arresto, celebrandovi un rito intorno al pane e al vino.

Al pane e al vino, simboli centrali della cena ebraica, compresa quella pasquale, egli sembra attribuire un significato connesso alla sua morte imminente. Gesù doveva aver riflettuto sulla probabilità di un suo arresto da parte delle autorità romane e giudaiche. Era già accaduto al suo maestro Giovanni Battista e le reazioni forti al suo messaggio dovevano certamente avergli fatto temere una fine violenta. In questo contesto non è strano che durante l'ultima cena abbia reso simbolica la benedizione del pane e del vino riferendosi al prossimo avvento del regno di Dio e a una possibile violenza nei suoi confronti.

È lecito ipotizzare che le sue parole siano state più o meno modificate dai discepoli con il passare del tempo?

È possibile che questo sia avvenuto. Paolo e Luca insistono sul fatto che la coppa del vino simboleggia il sangue di Gesù per la «nuova» Alleanza. Matteo, invece, sostiene che Gesù ha visto nella coppa il suo sangue versato per la remissione dei peccati (26,27-29): «Poi prese il calice e, dopo aver reso grazie, lo diede loro, dicendo: "Bevetene tutti, perché questo è il mio sangue dell'alleanza, versato per molti, *in remissione dei peccati*"». Francamente queste differenze, per notevoli che siano, non mi sembrano decisive. Molto più significativo il fatto che Matteo, nel suo vangelo, eviti di precisare che il battesimo di Giovanni Battista era per la remissione dei peccati, per poter dire poi che è il sangue di Gesù che rimette i peccati. Qui vedo una trasformazione rilevante.

Il vangelo detto «di Giovanni» è una complessa costruzione letteraria oltre che dottrinale. Sappiamo quante volte il testo sia stato redatto?

Molti studiosi ritengono che il Vangelo di Giovanni sia stato riscritto da autori diversi più volte nel corso dei decenni; sulla

base di una certa tradizione potrebbe addirittura risalire al
«discepolo amato», ovvero il discepolo che non viene mai nominato nel vangelo. Partendo da lì, i gruppi giovannisti ne
avrebbero più volte riscritto diverse parti.

*Quindi dobbiamo presumere che l'omissione dell'eucaristia du-
rante l'ultima cena non sia frutto di una «distrazione», ma che sia
stata lungamente meditata e discussa.*

Forse i «giovannisti» ritenevano che il rito fosse stato istituito in altre occasioni. Nessuno autorizza a pensare che la versione dei sinottici sia più attendibile di quella di Giovanni. Un'altra possibile ragione è che, dovendo scrivere di molte cose, si
sia preferito sottolineare ciò che in quel dato momento sembrava più importante, per esempio la lavanda dei piedi. In base a
un'ipotesi scientifica non trascurabile non dobbiamo considerare i cinque capitoli sull'ultima sera alla stregua di un resoconto storico; essi rappresentano piuttosto un modello d'iniziazione per i discepoli futuri, secondo la tesi che Adriana
Destro e io abbiamo formulato qualche anno fa. All'interno del
rito, il lavaggio dei piedi allude a un nuovo modo di rappor-
tarsi nella comunità giovannista, dopo la morte del Maestro.

*Torniamo alla cronologia degli eventi come vengono scanditi nella
versione di Giovanni.*

Dopo il primo giorno a Betania (con la cena e l'unzione da
parte di Maria, sorella di Lazzaro), il secondo giorno vede l'ingresso trionfale a Gerusalemme con l'episodio straordinario
della voce dal cielo; in un giorno successivo, il giovedì, avviene l'ultima cena che però, come abbiamo detto, non è una cena pasquale. Alla fine di questa cena, quando è ormai buio,
Gesù attraversa il torrente Cedron, situato al centro della valle, a est di Gerusalemme, risale il monte degli Ulivi ed entra
nel giardino del Getsemani, dove verrà arrestato.

Da questo momento in poi le versioni coincidono?

Coincidono nel dire che Gesù viene arrestato nella notte di
giovedì (quando cioè il venerdì ebraicamente è già iniziato)
subito dopo aver consumato un'ultima cena con i discepoli. Il

Vangelo di Giovanni non riporta però la scena, fondamentale nei sinottici, che avviene nel giardino di Getsemani prima dell'arresto e cioè l'accorata preghiera quando Gesù presagisce la fine imminente. Dopo l'arresto viene condotto da Anna, episodio non menzionato da Marco. Anna è un sommo sacerdote che lo interroga e lo manda poi dall'altro sommo sacerdote Caifa.

Tutti spostamenti che avvengono sempre nel corso della notte.
Sì. Contemporaneamente, ma in due fasi diverse, egli viene rinnegato da Pietro, che non osa dichiararsi suo discepolo. All'alba del giorno seguente Gesù viene portato nel pretorio, dov'è interrogato da Pilato. C'è un fatto enigmatico. Giovanni scrive che in quella notte il discepolo senza nome entra insieme con Gesù nel cortile del sommo sacerdote, perché era «noto al sommo sacerdote», e grazie a questa amicizia riesce a far entrare anche Pietro. Quando poi Pietro, interrogato dai servi dei sacerdoti, lo rinnega, il discepolo senza nome non c'è più (*Gv* 18,15-27). Dov'era? Assisteva al processo? È in ogni caso interessante che i racconti dell'arresto, del processo e della passione non facciano menzione di trattative dietro le quinte per arrivare a una soluzione non cruenta, come spesso avviene in situazioni drammatiche e conflittuali come questa.

Siamo ora all'alba del venerdì, un giorno in cui gli avvenimenti si susseguono rapidi e drammatici.
Dopo il primo interrogatorio di Pilato egli viene flagellato e coronato di spine. Segue un secondo interrogatorio di Pilato, concluso con la sentenza di morte. Sulla croce verrà posto un cartello recante l'iscrizione che motiva la condanna: «Gesù Nazareno re dei giudei». I soldati si disputano, tirandola a sorte, la tunica del condannato. Sotto la croce ci sono il discepolo senza nome, la madre di Gesù, Maria, oltre a Maria di Cleofa, che potrebbe essere la sorella di Maria, e Maria di Magdala. Gesù muore. Per assicurarsi della morte gli viene inferto un colpo di lancia nel petto. Giuseppe d'Arimatea, come negli altri vangeli, e insieme a lui Nicodemo, un discepolo che negli altri racconti non compare, ottengono da Pilato il permesso di seppellirlo. Il giorno successivo è sabato e non succede niente.

Se stiamo a Marco le motivazioni dell'arresto sarebbero collegate alla pretesa della messianicità, con conseguenze anche politiche, poiché il messia deve restaurare il regno d'Israele.

Ragioni completamente diverse dà invece la versione di Giovanni. Già a partire dal capitolo 5 vediamo settori della popolazione della Giudea, o almeno alcuni dei loro capi, che chiedono la morte di Gesù a causa di sue affermazioni di carattere religioso. Giovanni insiste sulla volontà di «uccidere» Gesù per ben undici volte. Ciò che scatena la decisione delle autorità di Gerusalemme di metterlo a morte sembra essere la resurrezione di Lazzaro. Questo episodio non è menzionato dal testo di Marco, dove la decisione dell'arresto viene presa dopo la cacciata dei mercanti dal Tempio. Giovanni, invece, colloca la cacciata dei mercanti all'inizio dell'attività di Gesù e deve quindi attribuire l'arresto a una causa diversa. Anche in Giovanni, peraltro, coesistono e s'intrecciano numerose motivazioni, non esclusa quella politica. È come se una parte delle autorità religiose non siano in fondo contrarie a ciò che egli fa, ma solo preoccupate per possibili conseguenze politiche e militari indirette.

Giovanni scrive (11,45 e sgg.): «Molti dei giudei che erano venuti da Maria, alla vista di quel che egli aveva compiuto [cioè la resurrezione di Lazzaro], credettero in lui. Ma alcuni andarono dai farisei e riferirono loro quel che Gesù aveva fatto. Allora i sommi sacerdoti e i farisei riunirono il sinedrio e dicevano: "Che facciamo? Quest'uomo compie molti segni"».

Fino a questo punto c'è un collegamento con la resurrezione di Lazzaro, dato che, secondo il linguaggio di questo vangelo, Lazzaro è un «segno» portentoso.

Il testo continua: «Se lo lasciamo fare così, tutti crederanno in lui e verranno i romani e distruggeranno il nostro luogo santo e la nostra nazione».

Perché mai i romani dovrebbero distruggere il Tempio e tutta la nazione? Soltanto perché molti credono in Gesù? Non ha senso. Probabilmente l'evangelista vuol dire che le autorità ebraiche temono un movimento di popolo così ampio da impensierire i romani, anche se gli scopi del movimento non erano propriamente politici. A meno che il Vangelo di Giovanni non ritenga che le autorità ebraiche abbiano davvero attribuito a Gesù un esplicito intento politico. Questo, però, non viene détto. L'affermazione che sta più a cuore all'evangelista è, infatti, quella successiva.

Proseguo: «Ma uno di loro di nome Caifa, che era sommo sacerdote in quell'anno, disse loro: "Voi non capite nulla, e non considerate come sia meglio per voi che muoia un solo uomo per il popolo e non perisca la nazione intera". Questo però non lo disse da se stesso, ma essendo sommo sacerdote profetizzò che Gesù doveva morire per la nazione».

Qui c'è un'evidente interpretazione «cristiana» della frase attribuita a Caifa. Certamente il brano non è storico. È una costruzione teologica del redattore del vangelo, una delle tante interpretazioni di cui il testo di Giovanni è cosparso. Il motivo vero e profondo della morte di Gesù, secondo Giovanni, è in ogni caso diverso. Consiste in uno scontro di carattere cosmico con il «principe di questo mondo», cioè Satana, il capo delle forze del male. L'esito dello scontro fra Gesù e Satana è che Gesù muore, ma poiché, dopo morto, egli risorge, il «principe di questo mondo» è scacciato e perde così la battaglia definitiva. Quindi, sempre secondo Giovanni, il motivo reale e più profondo della morte di Gesù non è di carattere politico né religioso; è di carattere cosmico, uno scontro che, in termini filosofici, potremmo definire fra il Bene e il Male.

Lo storico si trova comunque di fronte a notevoli difficoltà quando tenta di capire quali furono le reali motivazioni della condanna.

È così, tanto più che, se leggiamo il *Vangelo di Pietro*, troviamo che la responsabilità principale viene attribuita a Erode, anzi più esattamente a Erode e a Pilato.

XIII

IL PROCESSO

Qual è stato l'atteggiamento di Gesù durante il processo concluso da una sentenza di morte? Fino a che punto siamo in grado di rispondere a questa domanda? Fondandosi su testi dell'ebraismo profetico, alcuni storici hanno fatto notare che la ricostruzione della passione di Gesù potrebbe essere, più che una reale cronaca dei fatti, il portato di un'interpolazione operata a posteriori. Pochi o nessuno mettono in dubbio che un uomo con quel nome sia stato torturato e crocifisso, ma racconti così minuziosi avrebbero la loro fonte non tanto nel ricordo dei testimoni, quanto negli antichi testi biblici selezionati e usati, ancora una volta, per dare fondamento profetico, rilievo storico e finalità divine alla morte atroce di un profeta ebreo chiamato Yoshua.

Quel processo ebbe un protagonista assoluto, il procuratore romano della Giudea Ponzio Pilato, e alcuni importanti comprimari. Cominciamo dal primo: Pilato. Dal 4 a.C. fino al 44 d.C., quando l'intera regione passa sotto diretto controllo romano, centro e sud del paese vengono retti da sette procuratori, che hanno come superiore diretto il governatore (legato) della Siria con una forza di quattro legioni, circa 25 mila uomini. Una legione era costituita per lo più da fanti armati «alla pesante», che erano anche un po' genieri, capaci cioè di opere notevoli quali la costruzione di ponti, strade, fortezze. Completavano i ranghi uno squadrone di cavalleria e una cinquantina di pezzi che chiameremmo «di artiglieria», cioè macchine per lanciare dardi e sassi.

Per governare senza troppi problemi, un procuratore come Pilato aveva bisogno della collaborazione dei ceti superiori ebraici e in primo luogo degli alti sacerdoti del Tempio. Fra Pilato (che governò dal 26 al 36 d.C.) e il sommo sacerdote Caifa (in carica dal 18 al 36 d.C.) pare ci fosse una collaborazione piuttosto stretta. Probabilmente non per caso le date delle loro rimozioni coincidono. Sappiamo da Flavio Giuseppe che Pilato aveva provocato diversi gravi incidenti nei rapporti con la popolazione. Aveva, per esempio, fatto introdurre a Gerusalemme gli stendardi (o medaglioni sbalzati) recanti l'effige dell'imperatore, violando così la legge ebraica che proibisce l'esibizione di immagini. La protesta fu così veemente che l'incauto Pilato non se la sentì di usare la forza, perché avrebbe dovuto ordinare un massacro. In una diversa occasione provocò un altro violento tumulto avendo utilizzato il sacro tesoro per la costruzione di un acquedotto. Ancora: quando dei samaritani marciarono in massa verso il loro monte sacro (il Garizim) per una cerimonia religiosa, Pilato organizzò dei posti di blocco «con un distaccamento di cavalleria e di fanteria pesante che, all'incontro con coloro che erano giunti per primi nel villaggio, fece alcuni morti durante uno scontro premeditato e costrinse gli altri alla fuga» (così Flavio Giuseppe). Quest'ultimo incidente pare aver messo fine al suo incarico. I samaritani andarono a protestare con il governatore di Siria Vitellio, suo superiore, e il governatore ordinò a Pilato di andare a spiegare a Roma, davanti all'imperatore Tiberio, il suo maldestro comportamento. Aggiunge Flavio Giuseppe che Vitellio rimosse dal suo ufficio anche l'alto sacerdote Giuseppe, detto Caifa. La storia di Pilato ha un finale curioso e inquietante, che vale la pena di raccontare. Sappiamo che egli si imbarcò alla volta di Roma forse proprio per conferire con l'imperatore. Prese terra a Ostia e da quel momento non se ne hanno più notizie: egli semplicemente sparisce dalle pagine della storia. Ciò che sappiamo su di lui tratteggia comunque il profilo di un funzionario brutale, privo di rispetto per la sensibilità religiosa ebraica, pronto a usare la forza contro disordini e sommosse.

Nei racconti del Nuovo Testamento, invece, il procuratore viene visto come un uomo nobilmente combattuto, tentato di liberare Gesù, dalla cui personalità è evidentemente affascinato. Alla fine decide la condanna, ma quasi contro la sua volontà, sotto la pressione della folla. Molti storici giudicano inverosimile una tale condotta da parte di un funzionario che in altre occasioni aveva tenuto comportamenti assai diversi. Un secondo elemento di perplessità, sottolineato da John Dominic Crossan, riguarda la procedura seguita. Infatti, un'amnistia accordata in occasione della Pasqua, decisa dalle urla di una folla in tumulto, risulta contraria a ogni saggezza amministrativa. Non è impossibile che la ricostruzione di questa parte della passione sia stata largamente manipolata dagli estensori dei vangeli.

Un comprimario di notevole peso è il «ladrone» Barabba, che la folla sceglie di mandare libero al posto di Gesù. All'origine dell'atteggiamento cristiano verso gli ebrei, giudicati responsabili collettivi della morte di Gesù, è lui che troviamo. Marco racconta così l'episodio (15,6-15): «Per la festa egli era solito rilasciare un carcerato a loro richiesta. Un tale chiamato Barabba si trovava in carcere insieme ai ribelli che nel tumulto avevano commesso un omicidio. La folla, accorsa, cominciò a chiedere ciò che sempre egli le concedeva. Allora Pilato rispose loro: "Volete che vi rilasci il re dei giudei?". Sapeva infatti che i sommi sacerdoti glielo avevano consegnato per invidia. Ma i sommi sacerdoti sobillarono la folla perché egli rilasciasse loro piuttosto Barabba. Pilato replicò: "Che farò dunque di quello che voi chiamate il re dei giudei?". Ed essi di nuovo gridarono: "Crocifiggilo!". Ma Pilato diceva loro: "Che male ha fatto?". Allora essi gridarono più forte: "Crocifiggilo!". E Pilato, volendo dar soddisfazione alla moltitudine, rilasciò loro Barabba e, dopo aver fatto flagellare Gesù, lo consegnò perché fosse crocifisso». Alcuni storici sono dell'opinione che l'intero episodio sia un'invenzione di Marco, data la rilevante inverosimiglianza della procedura adottata da Pilato. Quanto a Barabba, egli non era un ladro, ma un «sedizioso», cioè un contadino ribelle, in una parola un «fuorilegge» con decisi connotati sociopolitici. Marco scriveva dopo la fine dell'orribile guerra giudaico-romana, conclusasi nel 70 con la distruzione di gran parte di Gerusalemme e del Tempio. È stata avanzata l'ipotesi che egli abbia attribuito all'episodio di Barabba

un valore simbolico: Gerusalemme aveva scelto Barabba invece di Gesù, un ribelle armato invece di un Salvatore inerme.

Nel corso del processo c'è un altro discutibile episodio. Racconta Luca che Pilato, a un certo punto, manda Gesù da Erode
Antipa «che in quei giorni si trovava anch'egli a Gerusalemme» (23,7). Segue una scena di umiliante dileggio nei confronti del povero Gesù e il suo rinvio a Pilato. Solo Luca racconta
la scena. I vari Erode che compaiono nei vangeli facevano parte di una potente famiglia ebraica i cui membri, dal 37 a.C. alla fine del I secolo, ressero alcuni principati per conto dei romani: con linguaggio moderno potremmo definire questo
Erode Antipa un collaborazionista. Si è fatta l'ipotesi che Luca
inserisca la scena solo per giustificare, ancora una volta, il richiamo alle profezie, infatti riprese anche in Atti 4,27: «Davvero in questa città si radunarono insieme contro il tuo santo servo Gesù, che hai unto come Cristo, Erode e Ponzio Pilato, con
le genti e i popoli d'Israele, per compiere ciò che la tua mano e
la tua volontà avevano preordinato che avvenisse».

Per completare il quadro e a parziale «scusante» del tragico
errore commesso dai romani si può ricordare che uno stato di
latente ribellione era cronico nella regione. Gli occupanti sapevano di dover governare un popolo che sopportava male la
loro presenza. C'erano stati degli scontri, altri ce ne saranno,
come quello del 66, già ricordato, e altri ancora. È quindi comprensibile il loro nervosismo circa le conseguenze che certi
movimenti di folla potevano avere sull'ordine pubblico. Come sempre fanno le autorità e le truppe di occupazione, in un
paese docile si allentano le briglie; in un paese riottoso, visi-
bilmente insofferente verso gli stranieri, le misure diventano
più rigide.

*E lui, Gesù, che atteggiamento tenne? Qual è la strategia dell'im-
putato di fronte alle accuse che gli vengono rivolte? Quali le sue risposte più significative? Quale comportamento sceglie Gesù durante
il processo?*

I vangeli, ancora una volta, tramandano non tanto il resoconto stenografico di ciò che avvenne, quanto un'interpretazione religiosa. Anche perché nessuno dei discepoli storici era

presente agli interrogatori. Alcuni teologi sostengono che la garanzia di veridicità è data dalla diretta ispirazione divina. Una spiegazione di questo tipo non è del resto inconsueta. Lo storico ebreo Flavio Giuseppe, nella sua opera *Contro Apione*, quasi contemporanea di alcuni vangeli, sostiene che i libri della Bibbia scritti dai profeti ebrei sono più attendibili delle opere storiche scritte da non ebrei, romani o greci che siano, perché quei profeti erano ispirati direttamente da Dio. Una condizione che consente al profeta di conoscere con esattezza il passato e quindi di riportarlo con fedeltà.

È un'interpretazione di tipo teologico, che ovviamente vale solo nei confronti dei credenti. Storicamente che cosa sappiamo sull'atteggiamento di Gesù nel corso di quelle ore drammatiche?

Ciò che accomuna le risposte di Gesù nei vangeli di Marco e di Giovanni è l'assoluta fermezza. Le sue risposte sono senza compromessi. Soprattutto in Marco, Gesù viene presentato come una persona che non risponde quando non vuol rispondere ma che, quando risponde, dichiara la sua verità senza badare alle possibili conseguenze. Nel Vangelo di Giovanni, invece, che ha una diversa impronta letteraria, teologica e ideologica, le sue risposte tendono ad avere carattere enigmatico, possono cioè essere comprese solo attraverso un'adeguata e profonda interpretazione. È tipico del sistema religioso di Giovanni.

Giovanni scrive (18,33): «Pilato allora rientrò nel pretorio, fece chiamare Gesù e gli disse: "Tu sei il re dei giudei?". Gesù rispose: "Dici questo da te oppure altri te l'hanno detto sul mio conto?". Pilato rispose: "Sono io forse giudeo? La tua gente e i sommi sacerdoti ti hanno consegnato a me; che cosa hai fatto?". Rispose Gesù: "Il mio regno non è di questo mondo; se il mio regno fosse di questo mondo, i miei servitori avrebbero combattuto perché non fossi consegnato ai giudei; ma il mio regno non è di quaggiù"».

Qui Gesù risponde con nettezza, mentre nella prima parte del dialogo tendeva a mettere in imbarazzo il suo interlocutore. Giovanni, d'accordo in questo con Marco, ci presenta Gesù come una persona senza paura.

Proseguo: «Allora Pilato gli disse: "Dunque tu sei re?". Rispose Gesù: "Tu lo dici"».

La frase è enigmatica e può essere interpretata in molti modi: lo dici tu, ma non è vero; oppure, tu lo dici perché è vero. Oppure ancora: sei riuscito ad arrivare a questa verità perfino tu.

«Rispose Gesù: "Tu lo dici: io sono re. Per questo io sono nato e per questo io sono venuto nel mondo: per rendere testimonianza alla verità. Chiunque è nella verità, ascolta la mia voce".»

La risposta, che dovrebbe riguardare la sua regalità, in realtà trascura l'argomento per passare al tema della verità, secondo un meccanismo letterario giovanneo che tende a spiazzare l'avversario spostando il discorso su un tema apparentemente diverso, in realtà connesso al primo.

Il passaggio più famoso del dialogo è la domanda di Pilato: «Quid est veritas?», che cos'è la verità? Rivela un atteggiamento «relativista» del procuratore romano?

Non la definirei una domanda «relativista». Se di relativismo si fosse trattato, Pilato avrebbe dovuto dimostrare maggiore coerenza salvando un imputato sulla cui colpevolezza non si era raggiunta alcuna certezza. Ma queste considerazioni varrebbero se si trattasse di una ricostruzione storica. Sappiamo, invece, che il racconto storico non è. La frase, a mio parere, manifesta solo una certa tendenza antiromana del Vangelo di Giovanni.

Uno dei principi centrali nel diritto romano era «In dubio pro reo»: Pilato, nell'incertezza, avrebbe dovuto assolvere l'imputato.

Pilato non pensa che Gesù possa costituire un pericolo di rivolta. È convinto, anzi, che sia innocente. Nonostante questo, lo fa mettere a morte. Su di lui ricadono la responsabilità e la colpa d'aver fatto condannare Gesù, quando avrebbe potuto non farlo. Giovanni dà una versione dei fatti leggendaria e non storica, secondo la quale il procuratore si comporta non in base a un principio giuridico, ma solo a realismo politico. Egli asseconda i gruppi più influenti per eliminare possibili minacce alla stabilità. Facendo scrivere sulla croce «Gesù nazareno, re dei giudei», Pilato pubblica una specie di motivazione della sentenza. In pratica accusa Gesù di volersi porre a capo di una rivolta per instaurare un regno ebraico al posto dell'autorità romana. Giovanni, però, ci fa capire che Pilato era consapevole della falsità dell'accusa. Il redattore del Vangelo di Giovanni sembra considerare le persone coinvolte in questa condanna quasi incapaci di resistere a una forza malvagia superiore che in ultima analisi le muove. Il suo punto di vista è, ovviamente, solo religioso e teologico. Lo scontro finale non è fra Gesù e le autorità giudaiche o romane, bensì, come ho già detto, tra il Figlio dell'uomo e Satana, principe di questo mondo.

Racconti così minuziosi avrebbero la loro fonte non nel ricordo tramandato dai testimoni, bensì negli antichi testi biblici selezionati ancora una volta per dare fondamento ai fatti.

Gesù era un ebreo rispettoso della tradizione, convinto di avere una missione da compiere da parte del Dio d'Israele, il Padre, come egli lo chiama. La sua mente era imbevuta di ideali profetici. Certo, era anche una persona capace di elaborare una propria visione delle cose. Si potrebbe dire, però, che non c'è parola che egli abbia pronunciato, nella quale non risuonino immagini, ideali e attese della profezia ebraica, da Mosè a Isaia. Era inevitabile che gli autori dei vangeli interpretassero la sua passione e morte come volontà di Dio e poiché la volontà di Dio è scritta nella Bibbia, era ovvio ricercare nei libri profetici accenni o presagi a quanto accaduto durante il processo e la morte. Viene, per esempio, dal Salmo 22 il grido di Gesù sulla croce: «Dio mio, Dio mio perché mi hai abbandonato». Brani come questo divennero la trama su cui scrivere o interpretare la passione.

I racconti della passione sono solo interpretazioni della fede sulla base di un nucleo storico.

Dato che nessun autore dei vangeli è stato testimone dei fatti, è possibile che questi siano stati volutamente falsificati?

I redattori non volevano falsificare i fatti, li riferivano in base alle proprie convinzioni; questo li porta a introdurre elementi storicamente non avvenuti. Gesù ha vissuto e interpretato la sua morte alla luce di una fede e di una mentalità religiose. Egli si sentiva inviato da Dio, vedeva il suo destino tragico come un atto della volontà divina, un evento rilevante nella storia del popolo ebraico e di tutta l'umanità. È normale che i vangeli, scritti da persone che hanno creduto in lui pur non avendolo conosciuto, rappresentino la sua passione e la sua morte alla luce di analoghe convinzioni religiose. Gli autori hanno certamente trasformato o creato una serie di episodi che, di fatto, non si verificarono. Oltre alla fede ha avuto un ruolo fondamentale anche l'astio verso i responsabili di quella morte, che ha spinto a creare elementi non credibili dal punto di vista storico.

C'è qualche esempio indicativo di questo atteggiamento ostile verso gli ebrei da parte dei redattori dei vangeli?

Fra i fatti storicamente inventati c'è sicuramente la scena in cui la folla vuole Barabba libero e chiede di far ricadere su di sé il sangue innocente (*Mt* 27,24-26): «Pilato, visto che non otteneva nulla, anzi che il tumulto cresceva sempre più, presa dell'acqua, si lavò le mani davanti alla folla: "Non sono responsabile, disse, di questo sangue; vedetevela voi!". E tutto il popolo rispose: "Il suo sangue ricada sopra di noi e sopra i nostri figli". Allora rilasciò loro Barabba e, dopo aver fatto flagellare Gesù, lo consegnò ai soldati perché fosse crocifisso». Matteo scrive «tutto il popolo», parole che avranno nella storia cristiana orribili conseguenze: tutto il popolo d'Israele verrà considerato colpevole della morte di Gesù, cosa radicalmente falsa. La scena non corrisponde a verità; se anche si fosse verificata, lo spazio antistante il palazzo di Pilato era comunque esiguo e non poteva starci «tutto» il popolo, al più un piccolo assembramento. Solo poche persone e non tutti gli abitanti di Gerusalemme, tanto meno «tutto il popolo», erano responsabili delle frasi che vennero eventualmente pronunciate. In particolare la frase «il suo sangue ricada su di noi e sui nostri figli» è dettata solo dall'odio dell'evangelista. Anche la celebre scena descritta da Matteo in cui Pilato «presa dell'acqua, si lavò le mani davanti alla folla: "Non sono responsabile, disse, di questo sangue"» non è un racconto storico, ma un ulteriore tentativo di comprendere il comportamento di Pilato alla luce di una particolare usanza biblica. Quando si trovava un uomo ucciso fuori città, senza poter sapere a quale villaggio apparentessero gli omicidi, le autorità si riunivano e compivano il rito di lavarsi le mani, come spiega anche la *Mishnah*, testo base del giudaismo rabbinico.

Che pensare di quella specie di «amnistia» rappresentata dalla liberazione di un prigioniero a furor di popolo?
È difficile stabilire la veridicità dell'episodio di Barabba perché, come sola fonte, abbiamo i vangeli. Normalmente si sostiene che nelle fonti antiche non si fa cenno a un rilascio di prigionieri in occasione della Pasqua. In un suo saggio del 1985, lo studioso Richard L. Merritt assicura, invece, che nel mondo antico era abbastanza diffuso l'uso di liberare qualche prigioniero in occasione delle feste. A me sembra che l'episodio di Barabba sia funzionale alla tendenza degli evangelisti ad accentuare le responsabilità di alcune autorità politico-religiose ebraiche e dello stesso «popolo» rispetto a quelle dei romani. Da questo punto di vista ritengo la ricostruzione leggendaria.

Fra i vari protagonisti del dramma, su chi ricadono, insomma, le maggiori responsabilità?
I racconti riferiscono che nell'arresto, nel processo, nei maltrattamenti e nella morte furono coinvolte le autorità romane (soldati, Ponzio Pilato), un discepolo fuoruscito (Giuda), alcune autorità politiche giudaiche (Erode), alcune personalità politiche e religiose giudaiche di Gerusalemme (sacerdoti, membri del sinedrio, appartenenti al movimento dei farisei). Tutte le narrazioni concordano sul fatto che la decisione di crocifiggere Gesù fu presa da Ponzio Pilato sotto la sua diretta responsabilità. I racconti variano solo nell'attribuire all'uno o all'altro dei quattro gruppi coinvolti nella vicenda un peso minore o maggiore nella decisione di giustiziare il condannato. Dobbiamo però tener conto che autori di molti dei vangeli, verso la fine del I secolo, furono dei redattori non ebrei, residenti all'interno dell'Impero di Roma, che nutrivano simpatia per i romani e una certa avversione per gli ebrei. I vangeli, non potendo negare che era stato Pilato a mettere a morte Gesù, cercarono di dire che in realtà egli

vi era stato costretto dalla pressione di Erode e di alcune autorità religiose giudaiche.

È possibile che, descrivendo un Pilato riluttante a emettere una condanna, i redattori dei vangeli volessero anche lasciar intendere che i cristiani non avevano nulla contro l'Impero romano?

È un'ipotesi da prendere in considerazione. Potrebbe essere una delle ragioni per le quali i racconti evangelici cercano di nascondere le dimensioni politiche del messaggio di Gesù, che potevano apparire pericolose per l'Impero. I testi sembrano lasciar intendere che le autorità romane, tradizionalmente tolleranti verso le religioni dei popoli sottomessi, non potevano essere state nemiche di Gesù così come non potevano esserlo ora verso i suoi seguaci. Dopo la ribellione contro i romani del 66-70, e dopo la distruzione del Tempio, era quasi ovvio attribuire le maggiori responsabilità alle autorità giudaiche coinvolte. Giovanni, però, pur mostrando l'incertezza interiore di Pilato, denuncia chiaramente la responsabilità romana anche nella cattura notturna di Gesù nell'orto di Getsemani.

Non è nemmeno credibile, però, che i romani abbiano fatto tutto da soli, senza aiuto da parte delle autorità locali.

Certo che i romani non hanno fatto tutto da soli. Un settore delle autorità di Gerusalemme deve aver favorito la loro decisione. Questa corresponsabilità che alcuni hanno voluto definire, anacronisticamente, «collaborazionismo», non deve però portare alla tesi antiebraica che ha tormentato a lungo la storia dell'Occidente. Rifiuto l'ipotesi di un'opposizione radicale dell'ebraismo, e degli ebrei in quanto tali, alla volontà espressa da Dio nel suo figlio. Si tratta di una deformazione che, nella storia dell'Occidente, ha connotato l'ostilità della maggioranza cristiana contro l'importante minoranza ebraica.

Questa contrapposizione durata secoli, causa di sciagure e di lutti, fu originata da un errore di tipo storico o da una deviazione di carattere teologico?

Sto ai fatti e ad alcune ipotesi che mi sembrano ragionevoli. Alcune fra le autorità ebraiche filoromane hanno sicuramente soffiato sul fuoco per convincere gli occupanti che il movimento di Gesù rappresentava un pericolo per l'ordine pubblico. Questo non vuol dire che tutte le autorità di Gerusalemme fossero della stessa opinione, né che lo fossero tutti gli abitanti ebrei di Gerusalemme o tutti gli abitanti ebrei della terra d'Israele. Tanto meno tutti gli ebrei che sarebbero nati in futuro. Invece la teologia cristiana, purtroppo, ha a lungo sostenuto proprio questa tesi, ossia che gli ebrei in blocco, tutti quelli dell'epoca di Gesù e tutti quelli delle epoche successive, fossero corresponsabili di quella morte. Da questa errata affermazione si è fatta derivare la conseguenza che la colpa religiosa degli ebrei meritava una punizione di carattere politico, vale a dire la sottrazione della terra d'Israele, che doveva passare di diritto alla Chiesa.

Racconta Luca (23,7) che Pilato, a un certo punto, manda Gesù da Erode Antipa. Quale attendibilità e quale funzione ha questo passaggio?

A mio avviso la menzione di Erode da parte di Luca va ricondotta al tentativo di utilizzare nel testo tutte le tradizioni raggiungibili. Non si tratta di una creazione di Luca, ma di una «notizia» già esistente.

Ce ne dà testimonianza, per esempio, il *Vangelo di Pietro* che illustra ampiamente il rapporto Pilato-Erode. Questo vangelo, scritto in greco probabilmente nella zona di Antiochia di Siria, è stato a lungo utilizzato nelle Chiese cristiane. Dice: «Dei giudei nessuno si lavò le mani, né Erode né alcuno dei suoi giudici. E visto che si rifiutavano di lavarsi, Pilato si alzò. E allora il re Erode ordinò di arrestare il Signore dicendogli: "Tutto ciò che vi sarà ordinato di fargli, fatelo"». Qui la funzione di Erode è molto più forte che non in Luca. Prosegue il *Vangelo di Pietro*: «Giuseppe, l'amico di Pilato e del Signore, era sul posto, sapendo che lo avrebbero crocifisso di lì a poco, andò da Pilato e domandò il corpo del Signore per dargli sepoltura. E Pilato, avendo inviato un messaggio a Erode, domandò il suo corpo». In questo caso è Erode il maggiore responsabile del crimine. «Ed Erode disse: "Fratello Pilato, anche se nessuno me lo avesse domandato, noi lo avremmo seppellito da soli, anche perché il sabato sta per cominciare ed è scritto nella legge che il sole non deve tramontare su un uomo messo a morte". Ed egli lo concesse alla vigilia degli Azzimi, la loro festa.» Insomma, nel *Vangelo di Pietro* Erode gioca un ruolo molto importante.

XIV

LA MORTE

Non è facile credere che solo motivazioni di carattere religioso abbiano spinto le autorità ebraiche a far condannare Gesù. Questo non perché si possa attribuire a un'autorità, quale che sia, più senso della misericordia di quanto ne abbia, ma sulla base, invece, di una considerazione storica. A quel tempo (e anche oggi, se è per questo) la molteplicità di posizioni all'interno dell'ebraismo era tale che le opinioni diverse, comprese le più estreme, godevano di una certa libertà di circolazione, venivano bene o male tollerate, comunque non spingevano alla distruzione fisica dell'avversario. La discussione su tale punto, del resto, è andata avanti per secoli né i testi esistenti aiutano a sciogliere in modo convincente ogni dubbio.

L'immagine dominante della passione è la croce, strumento di tortura trasformato in un grande simbolo religioso. Martin Hengel, che ha studiato l'argomento, scrive che la crocifissione era una pena applicata in forme diverse in numerosi popoli del mondo antico, compresi i greci. Rappresentava una punizione per reati in ambito politico e militare. Fra i persiani era inflitta in particolare agli alti ufficiali, ai comandanti e ai ribelli; fra i romani invece era destinata prima di tutto agli individui di basso rango, schiavi e violenti, e agli elementi ingovernabili nelle province ribelli, non ultima la Giudea. Secondo lo studioso la ragione principale della larga applicazione di questo supplizio era la sua efficacia come deterrente. Veniva in genere associato ad altre forme di tortura, compresa la flagellazione. L'esposizione pubblica della vittima nuda in un luogo in vista – incrocio di una strada, località elevata – mirava a umiliare ulteriormente il condannato. Hengel aggiunge che la crudeltà della pena era aumentata dal fatto che i corpi delle vittime spesso non venivano seppelliti. I cadaveri rimanevano appesi al tremendo patibolo, preda delle bestie feroci e dei rapaci che ne facevano scempio. In tal modo la loro degradazione era totale.

Fra i dati storici che confermano l'analisi di Hengel c'è il modo in cui il governatore di Siria Publio Quintilio Varo domò le rivolte in terra d'Israele dopo la morte di Erode il Grande nel 4 a.C. Quattro legioni provvidero alla bisogna; a operazione completata, scrive Flavio Giuseppe, vennero crocifissi duemila ribelli. Crocifissioni di massa seguirono anche la rivolta di Spartaco e l'incendio di Roma sotto Nerone. Il biblista John Dominic Crossan scrive che la crocifissione era vero terrorismo di Stato e concorda sul fatto che il corpo era di solito lasciato appeso per essere divorato dalle fiere.

Alla luce di queste considerazioni si può, fra l'altro, valutare meglio l'importanza del fatto che amici influenti abbiano ottenuto il permesso di seppellire il corpo di Gesù, come fra poco vedremo.

Il supplizio della croce comportava un patimento atroce, anche perché l'agonia era lunghissima. Per quali cause, infatti, si moriva sulla croce? Le ferite inferte dai chiodi non erano di per sé mortali: i chiodi servivano solo ad assicurare il condannato al suo strumento di tortura e anche l'effusione emorragica risultava modesta; potevano certo provocare un'infezione di tipo tetanico, ma questo non voleva certo dire una morte rapida. In realtà sulla croce si moriva per soffocamento. La posizione orribile dell'uomo crocifisso comportava una forte e crescente difficoltà respiratoria. La debolezza conseguente ai patimenti e al parziale dissanguamento faceva mancare le forze, il morituro tendeva quindi ad accasciarsi sui piedi. Questa posizione comprimeva torace e polmoni rendendo il respiro difficile e corto. Per alleviare la progressiva asfissia il condannato era portato a un movimento sussultorio: reagiva all'accasciamento cercando di tornare in posizione eretta, ma per farlo doveva forzare sulle ferite dei piedi, aggiungendo al dolore altro dolore. Quando, per pietà, si voleva abbreviare la sua agonia, gli si rompevano i femori a colpi di mazza in modo che non gli fosse possibile tirarsi su per respirare più a fondo e che la morte per

asfissia sopraggiungesse in modo rapido. Questo spiega il gesto di spezzare le gambe ai suppliziati, fatto anche nei confronti dei due ladroni crocifissi insieme a Gesù. Il colpo di lancia
inferto al suo costato potrebbe essere stato un sostitutivo pieto-
so per abbreviarne l'agonia, invece di spezzargli le gambe.

Il racconto dei vangeli canonici sulle circostanze in cui il
corpo di Gesù venne sepolto differiscono da testo a testo. Cominciando dal testo più antico, Marco. Leggiamo (15,42-46):
«Sopraggiunta ormai la sera, poiché era la Parasceve, cioè la
vigilia del sabato, Giuseppe d'Arimatea, membro autorevole
del sinedrio, che aspettava anche lui il regno di Dio, andò co-
raggiosamente da Pilato per chiedere il corpo di Gesù. Pilato
si meravigliò che fosse già morto e, chiamato il centurione, lo
interrogò se fosse morto da tempo. Informato dal centurione,
concesse la salma a Giuseppe. Egli allora, comprato un lenzuolo, lo calò giù dalla croce e, avvoltolo nel lenzuolo, lo depose in un sepolcro scavato nella roccia. Poi fece rotolare un
masso contro l'entrata del sepolcro».

Matteo e Luca usano entrambi Marco come fonte, modifi-
cando però in parte il racconto, soprattutto per ciò che riguarda l'ambiguo personaggio di Giuseppe d'Arimatea, che figura
come un seguace segreto di Gesù, ma anche come membro di
quel sinedrio dal quale Gesù era stato condannato.

Matteo scrive (27,57-60): «Venuta la sera, giunse un uomo
ricco di Arimatea, chiamato Giuseppe, il quale era diventato
anche lui discepolo di Gesù. Egli andò da Pilato e gli chiese il
corpo di Gesù. Allora Pilato ordinò che gli fosse consegnato.
Giuseppe, preso il corpo di Gesù, lo avvolse in un candido
lenzuolo e lo depose nella sua tomba nuova, che si era fatta
scavare nella roccia; rotolata poi una grande pietra sulla porta
del sepolcro, se ne andò».

Qui Giuseppe è presentato come un discepolo di Gesù, non
però come membro del sinedrio. Riesce ugualmente ad avere
un colloquio con Pilato, ma solo perché è «un uomo ricco», il
che spiega anche il fatto che possieda un sepolcro personale e
nuovo.

Luca scrive (23,50-53): «C'era un uomo di nome Giuseppe,
membro del sinedrio, persona buona e giusta. Non aveva ade-

rito alla decisione e all'operato degli altri. Egli era di Arimatea, una città dei giudei, e aspettava il regno di Dio. Si presentò a Pilato e chiese il corpo di Gesù. Lo calò dalla croce, lo avvolse in un lenzuolo e lo depose in una tomba scavata nella roccia, nella quale nessuno era stato ancora deposto».

Per Luca, dunque, Giuseppe d'Arimatea torna a essere un membro del sinedrio, però della corrente, diremmo oggi, di minoranza, cioè di coloro che non hanno votato la condanna di Gesù. Questa sua collocazione «politica» giustifica il fatto che possa essere seguace di Gesù e membro dell'organismo che lo ha condannato.

Infine Giovanni scrive (19,38-42): «Dopo questi fatti, Giuseppe di Arimatea, che era discepolo di Gesù, ma di nascosto per timore dei giudei, chiese a Pilato di prendere il corpo di Gesù. Pilato lo concesse. Allora egli andò e prese il corpo di Gesù. Vi andò anche Nicodemo, quello che in precedenza era andato da lui di notte, e portò una mistura di mirra e di aloe di circa cento libbre. Essi presero allora il corpo di Gesù e lo avvolsero in bende insieme con oli aromatici, com'è usanza di seppellire dei giudei. Ora, nel luogo dove era stato crocifisso vi era un giardino e nel giardino un sepolcro nuovo, nel quale nessuno era stato ancora deposto. Là dunque deposero Gesù, a motivo della Parasceve dei giudei, poiché quel sepolcro era vicino».

Giuseppe qui diventa un seguace segreto di Gesù ed è accompagnato da un nuovo personaggio, un certo Nicodemo. Il sepolcro è situato in un giardino, il corpo martirizzato viene cosparso di aromi e di balsami, sepolto, potremmo dire, con ogni onore, una cerimonia molto diversa dal povero rituale descritto da Marco.

Nessun simbolo come la croce ha conosciuto un ribaltamento così radicale: da segno di infamia e di morte a segno di speranza e di vita. Resta che, come strumento di tortura, era terribile.

La crocifissione era un supplizio atroce e infamante. Gli antropologi lo definirebbero un rito di degradazione: il condannato veniva pubblicamente umiliato. Lo scopo era non solo di ucciderlo, ma anche di togliergli ogni onore e di cancellare nella società ogni sua valutazione positiva. Non bastava sopprimere il colpevole, bisognava mostrare all'intera collettività che le sue azioni e le sue parole meritavano di essere cancellate. L'esecuzione in pubblico era un elemento costitutivo del rito di degradazione. Tutti coloro che erano ancora solidali con il condannato perdevano qualsiasi possibilità di successo sociale.

È quindi ragionevole pensare che i discepoli di Gesù Giuseppe d'Arimatea e Nicodemo, appartenenti ai ceti alti, anzi alla stessa dirigenza religiosa giudaica, cercassero di ottenere il permesso di staccare al più presto il corpo di Gesù per attenuarne la degradazione. I primi cristiani continuarono a lungo a considerare la croce un simbolo infamante. Sulla base di ricerche recenti circa la nascita del movimento, si ritiene che la croce sia divenuta un simbolo glorioso solo a partire dalla seconda metà del II secolo. Nelle lettere di Paolo, che sono i documenti più antichi fra quelli prodotti dai seguaci di Gesù, la croce è il segno dell'abbassamento massimo subìto volontariamente da Gesù. Essere stato sottoposto al supplizio, e a quel tipo di supplizio, appare a Paolo come il sintomo evidente che l'annuncio evangelico propone un rovesciamento radicale dei valori dell'uomo. Ecco perché gli scritti di Paolo diventano il «vangelo della croce», l'annuncio della croce che rende necessario abbandonare ogni altro metro di giudizio. Nella Prima lettera ai Corinzi Paolo scrive (1,18-25): «La parola della croce infatti è stoltezza per quelli che vanno in perdizione, ma per quelli che si salvano, per noi, è potenza di Dio. Sta scritto infatti: Distruggerò la sapienza dei sapienti e annullerò l'intelligenza degli intelligenti. Dov'è il sapiente? Dov'è il dotto? Dov'è mai il sottile ragionatore di questo mondo? Non ha forse Dio dimostrato stolta la sapienza di questo mondo? … Mentre i giudei chiedono i miracoli e i greci cercano la sapienza, noi predichiamo Cristo crocifisso, scandalo per i giudei, stoltezza per i pagani; ma per coloro che sono chiamati, sia giudei che greci, predichiamo Cristo potenza di Dio e sapienza di Dio. Perché ciò che è stoltezza di Dio è più sapiente degli uomini, e ciò che è debolezza di Dio è più forte degli uomini».

La crocifissione è un sistema di esecuzione non ebraico ma romano; questo per gli storici ha un peso nell'attribuzione delle responsa-

bilità? Non può far pensare che i veri mandanti dell'esecuzione siano non le autorità ebraiche, ma i romani?

Lo stesso *Credo* cristiano sottolinea che Gesù «patì sotto Ponzio Pilato», affermando così la responsabilità romana nella sua morte. È anche comprensibile che, con il diffondersi del cristianesimo in ambito romano, il lealismo verso l'autorità abbia portato ad attenuare le responsabilità romane nella morte di Gesù, esasperando per converso quelle ebraiche. Lo stesso Giovanni, del resto, sottolinea la presenza dei romani nella scena dell'arresto di Gesù molto più di quanto non facciano i vangeli sinottici.

Paradossalmente i romani, condannando Gesù al supplizio della croce, hanno contribuito alla nascita di un pilastro della futura teologia cristiana.

Condannando Gesù alla degradazione della croce, Ponzio Pilato non si sarebbe mai aspettato che il movimento dei discepoli reagisse con una tale forza. Invece di disperdersi e di soccombere all'umiliazione collettiva, i discepoli di Gesù risposero con la fede nella sua resurrezione. Quel movimento dimostrava una vitalità stupefacente: i romani, con l'appoggio di alcune autorità politico-religiose giudaiche, avevano crocifisso Gesù, ma Dio, tre giorni dopo, aveva resuscitato quel corpo. Giovanni trasforma addirittura la crocifissione in esaltazione: Gesù posto sulla croce era stato *innalzato* da terra (*Gv* 3,14; 8,28) e perciò glorificato. Nel *Vangelo di Pietro*, forse a conoscenza del racconto più antico della passione, quando Gesù esce dal sepolcro è seguito dalla stessa croce che esce insieme con lui quasi fosse resuscitata anch'essa. Il *Vangelo del Salvatore*, recentemente scoperto, contiene addirittura delle preghiere rivolte alla croce, ormai diventata persona.

Se la responsabilità è prevalentemente romana, si potrebbe supporre che l'aspetto politico o di ordine pubblico fosse preminente, trattandosi di truppe d'occupazione.

Infatti, la mia idea è che le motivazioni che hanno portato all'esecuzione di Gesù possono essere ricondotte alla preoccupazione romana di frenare un movimento suscettibile di degenerare in aperta rivolta. Se di questo si tratta, la motivazione non ha colto le reali intenzioni dell'azione di Gesù. Dunque si è trattato, da parte dei romani, di un grossolano e grave errore di valutazione politica.

Si dice che chi è stato sottoposto a ingiusta umiliazione, diventi incapace, o meno capace, di esercitarla a sua volta su altri.
Non credo sia vero. Una grave umiliazione genera spesso nella vittima un profondo rancore e un desiderio di vendetta. La fede nella resurrezione di Gesù non cancellò del tutto il rancore provocato dalla croce. I discepoli, che ben presto furono in maggioranza non ebrei, convogliarono tale rancore verso gli ebrei, con conseguenze fatali per il futuro. Anche da questo punto di vista Ponzio Pilato aveva dato un contributo terribile alla storia successiva: parlo delle radici cristiane dell'antisemitismo.

Un uomo crocifisso provava sofferenze indicibili, rese più atroci dalla lunga e penosissima agonia.
Non bisogna in alcun modo attenuare la sofferenza che Gesù, come tutti i condannati alla crocifissione, dovette provare. A volte si leggono visioni edulcorate del dominio romano. I romani, invece, erano spietati nello sterminare i nemici, nel soffocare ogni tentativo di rivolta, nel suppliziare i condannati. Il rilievo che i cristiani attribuiscono alla crocifissione porta a credere che Gesù sia stato l'uomo che più ha sofferto nella storia del mondo. Un film recente lo ha anche sanguinosamente illustrato. Credo che sia sbagliato, e non lo dico certo per svalutare le sue sofferenze. Un mio maestro, il già citato padre benedettino Jacques Dupont, mise a confronto le sofferenze di Gesù in croce con quelle di un ebreo fatto morire crudelmente in un campo di sterminio. I modi con cui, nel corso della storia, gli uomini sono stati messi a morte costituiscono un'orribile, sconfinata, galleria di atrocità. Dalle esecuzioni della mafia allo scorticamento che durava giorni nelle guerre fra veneziani e musulmani. La teologia cristiana, infatti, non attribuisce la salvezza dell'umanità al fatto che Gesù abbia sofferto più di qualsiasi altro suppliziato. Sarebbe un'ingenuità e un pensiero orribile da numerosi punti di vista. Sarebbe un errore.

Il racconto dei vangeli sulle circostanze in cui il corpo di Gesù venne sepolto differiscono da testo a testo. È come se ci fosse un progressivo innalzamento cerimoniale della sua sepoltura.

Abbiamo, da un lato, la descrizione abbastanza scarna dei vangeli di Marco, Luca e Matteo; dall'altro lato quella di Giovanni, che arricchisce la scena con maggiori dettagli e dà alla sepoltura più sontuosità, la circonda di più rispetto. Non credo che in questo caso si possa andare molto al di là delle mere ipotesi. Quella che io avanzo è fondata sul fatto che Giovanni presenta sempre una peculiare caratteristica. Per un verso egli tende a interpretare gli eventi alla luce della propria teologia: per esempio, fa pronunciare a Gesù lunghi discorsi che difficilmente egli può aver concepito in quella forma e con quelle idee. Per un altro verso, si dimostra attento a fatti storici precisi, esibisce una buona conoscenza di dettagli e di tradizioni ignorate dagli altri vangeli. Nicodemo è un personaggio che incontriamo soltanto nelle sue pagine. Se vogliamo citare un altro esempio, solo Giovanni dice che «molti» fra i capi religiosi ebraici avevano creduto in Gesù, attenuando così la condanna nei confronti di quella leadership religiosa.

In Giovanni, infatti, si legge (12,42): «Anche fra i capi, molti credettero in lui, ma non lo riconoscevano apertamente a causa dei farisei, per non essere espulsi dalla sinagoga». C'è qualche possibilità che Nicodemo sia un personaggio storico o è solo un simbolo?

È possibile che sia davvero esistito. Del resto Giovanni indica spesso luoghi e circostanze che appaiono probabili. È ragionevole credere che un uomo ricco pensi di dare a Gesù una sepoltura sontuosa. L'autore del Vangelo di Giovanni può aver scritto quelle parole perché in possesso di informazioni che riteneva certe sul comportamento di Nicodemo. D'altra parte non si può escludere che l'episodio si accordi con il suo intento di rappresentare la morte di Gesù anche come una glorificazione e non come un'umiliazione. Tutto sommato, però, riterrei opportuno rispettare la complessità delle cose e non fornire risposte univoche e semplicistiche.

*Anche nel caso del seppellimento, come altrove, si notano nei van-
geli numerose contraddizioni. Come si spiegano?*

Che su determinate questioni Giovanni dia una versione
differente da Marco, che Matteo e Luca correggano quest'ultimo, che il *Vangelo di Pietro* trasmetta una versione ancora diversa significa soltanto che i redattori di questi testi attingeva-
no da varie tradizioni. Quando si tramandano fatti con intento
edificante, può accadere, a dispetto delle migliori intenzioni,
che si creino diverse tradizioni. Una seconda ragione, connessa alla prima, è che il cristianesimo delle origini, in realtà, non
è una religione del libro. Non fonda, cioè, la sua certezza, i
suoi strumenti di espansione sulla redazione di un libro indi-
scusso, univoco, da considerare assolutamente vero e intangi-
bile in ogni particolare. È, invece, soprattutto una religione
dello spirito, se mi è permessa questa semplificazione. Ciò che
importa è che il neofita abbia un contatto personale con la divinità tramite lo Spirito Santo. Questo è il *proprium* della religione protocristiana, e anche il senso generale degli eventi che
i testi vogliono trasmettere. L'esatta cronaca dei fatti passa in
secondo piano.

*La pubblicità di un supplizio vergognoso doveva servire anche a
intimorire e disperdere gli adepti. Invece, sappiamo che i discepoli di
Gesù godevano «del favore di tutto il popolo ed erano circondati da
grande benevolenza».*

È una delle questioni più importanti della personalità di
Gesù e del movimento che lascia. Se i suoi seguaci più stretti
fossero stati considerati dei ribelli rispetto all'ordine politico
giudaico e romano, anche loro avrebbero dovuto essere perse-
guiti, imprigionati, senza magari arrivare alla severità usata
nei confronti del loro leader. Torna qui la difficoltà di separare
le aspettative politiche dalle speranze religiose per quanto riguarda sia Gesù sia i numerosi movimenti religiosi giudaici.
L'attesa della fine dei tempi, l'avvento del regno di Dio erano
condivisi da una molteplicità di gruppi religiosi nell'Israele
del tempo. Faccio il caso di Flavio Giuseppe che, alla fine del I
secolo, scrive (in greco) per presentare la tradizione biblica al
mondo grecoromano. Ebbene, ogni volta che questo scrittore

ebreo si trova di fronte a brani che parlano del futuro regno d'Israele, per esempio nel libro di Daniele, li omette per evitare che nel lettore romano sorga il sospetto che il popolo ebraico abbia intenzioni sediziose. Quei brani, infatti, esprimevano la tradizionale aspirazione biblica al futuro regno d'Israele, inteso come finale regno di Dio. Quindi se Gesù, e su questo non si possono avere dubbi, aspettava l'avvento del regno di Dio, è più che ovvio che le sue aspettative includessero anche un significato politico e sociale, implicassero insomma un sommovimento profondo.

Dunque i suoi discepoli non vengono perseguitati dopo quella clamorosa esecuzione pubblica. A quali attività si dedicano?

Dopo la morte di Gesù i suoi seguaci più stretti frequentano il Tempio, si legge negli Atti degli apostoli, e sono giudicati con molto favore dalla popolazione di Gerusalemme. Però, essi continuano anche ad avere aspettative messianiche, attendono un rinnovamento complessivo della società d'Israele, esteso forse a tutte le altre nazioni.

E non sarebbe bastato questo per attirare dei sospetti su di loro?

Ma questa attesa, secondo gli Atti degli apostoli, trascorre in silenzio, è una specie d'attesa clandestina che non si concretizza in azioni politiche per affrettare l'avvento del regno di Dio. Sempre secondo gli Atti, Gesù, prima di ascendere al cielo, dissuade i suoi discepoli dal fare alcunché per instaurare il regno d'Israele (*At* 1,6-9): «"Signore, è questo il tempo in cui ricostituirai il regno di Israele?". Ma egli rispose: "Non spetta a voi conoscere i tempi e i momenti che il Padre ha riservato alla sua scelta, ma avrete forza dallo Spirito Santo che scenderà su di voi e mi sarete testimoni a Gerusalemme, in tutta la Giudea e la Samaria e fino agli estremi confini della terra". Detto questo, fu elevato in alto sotto i loro occhi e una nube lo sottrasse al loro sguardo». Gli Atti sono scritti negli anni Ottanta del I secolo da un autore filoromano che vuole dimostrare quanto i cristiani siano amici delle autorità politiche romane.

Possiamo fidarci dell'attendibilità storica di questa testimonianza?
Entro certi limiti. Si potrebbe anche pensare, infatti, che l'immagine idilliaca dataci da Luca negli Atti, secondo la quale i primi seguaci di Gesù avrebbero goduto a Gerusalemme di questo grande favore, potrebbe rappresentare una semplificazione della situazione reale.

XV

LA RESURREZIONE

C'è nel duomo di Orvieto una magnifica cappella, affrescata da Luca Signorelli, dov'è raffigurato il giorno del giudizio con i morti che, risorti, escono dalle tombe. Quali con una riacquistata figura umana, quali ancora immersi a metà nella fossa. Il più famoso *Giudizio* del mondo è ovviamente quello affrescato da Michelangelo nella cappella Sistina. Anche lì la finale resurrezione mostra, contrapposte, le due sterminate falangi degli eletti e dei dannati per l'eternità. La speranza di una generale resurrezione è la massima consolazione che una religione possa dare ai suoi fedeli: morendo, si dice, non si diventerà cenere o polvere, ma si entrerà in uno stato provvisorio dopo il quale si tornerà a vivere, e questa volta per sempre, riacquistando l'originaria condizione dell'Eden, perduta a causa del «peccato» di Adamo ed Eva. Anche nella *Messa da requiem* ci sono dei versetti che evocano una sconfinata fiducia: arriverà un giorno tremendo di ira e di fiamme, quando sarà possibile invocare la benignità celeste certi d'essere ascoltati: «*Libera me, Domine, de morte aeterna, in die illa tremenda; quando coeli movendi sunt et terra. Dum veneris judicare saeculum per ignem*», liberami o Signore dalla morte eterna, in quel giorno tremendo quando il cielo e la terra saranno sconvolti, quando verrai a giudicare il mondo col fuoco.

È il più poderoso edificio di speranza che gli uomini abbiano mai costruito. Il disfacimento della morte altro non è che uno stato transitorio; il fatale passaggio, lungi dal rappresentare un viaggio «dal quale nessuno mai ha fatto ritorno» (*Amleto*), si trasforma, per chi l'avrà meritato, in uno stato di eterna beatitudine. Per gli eletti sarà allora possibile riabbracciare le persone amate: genitori, figli, coniugi. Anche per questa fiducia e speranza, la resurrezione di Gesù dopo tre giorni nel sepolcro, la sua assunzione in cielo in corpo e spirito come Romolo, come sua madre Maria, è un tale prodigio da bastare, quasi da solo, a fondare una religione. Se non ci fosse la resurrezione, se Gesù fosse morto sulla croce, povero essere spezzato e trafitto, e tutto fosse finito fra le nubi e le folgori di quel pomeriggio sul Golgota, che valore avrebbe l'idea del figlio di Dio?

È possibile che questo capitolo, dedicato alla resurrezione, sia il più delicato del libro. Mentre negli altri si discutono dati di fatto, anche se incerti o parziali, qui ci si basa su un presupposto di fede: un uomo in carne e ossa torna a vivere dopo tre giorni passati nel sepolcro, quando i processi della corruzione s'erano già decisamente avviati. «È di quattro giorni, puzza» aveva detto pochi giorni prima la sorella di Lazzaro. La fede, del resto, ammette così poco il dubbio che ci si può chiedere con quali argomenti e con quale metodo si possa discutere razionalmente di assunti indimostrabili o di premesse indiscutibili. Per un altro verso essa è una componente fondamentale dell'esistenza umana, ed è quindi giusto che venga salvaguardata in chi la possiede, anche perché è altrettanto indiscutibile il conforto che può arrecare. In una delle sue argomentazioni contro l'eccessiva fiducia nella ragione, René de Chateaubriand nel *Genio del Cristianesimo* scriveva: «Se è vero che la religione è necessaria per gli uomini, come hanno sostenuto tutti i filosofi, con quale culto vogliamo sostituire quello tramandato dai nostri padri? Ricorderemo a lungo il giorno in cui uomini di sangue hanno preteso di elevare altari alla virtù sulle macerie del cristianesimo … questi templi, dove in altri tempi si contemplava un Dio conosciuto in tutto l'universo o le immagini della Vergine che consolavano tanti infelici, questi templi, dico, erano dedicati a quella Verità che nessuno conosce e alla Ragione che non ha mai asciugato una sola lacrima».

Le «prove» della resurrezione di Gesù consistono nelle apparizioni avvenute dopo la morte in croce. Una delle più belle, descritta in un episodio che è anche un ottimo brano di letteratura, è quella della pesca miracolosa, di cui narra Giovanni (21,1-12): «Dopo questi fatti, Gesù si manifestò di nuovo ai discepoli sul mare di Tiberiade. E si manifestò così: si trovavano insieme Simon Pietro, Tommaso detto Didimo, Natanaele di Cana di Galilea, i figli di Zebedeo e altri due discepoli. Disse loro Simon Pietro: "Io vado a pescare". Gli dissero: "Veniamo anche noi con te". Allora uscirono e salirono sulla barca, ma in quella notte non presero nulla. Quando già era l'alba Gesù si presentò sulla riva, ma i discepoli non si erano accorti che era Gesù. Gesù disse loro: "Figlioli, non avete nulla da mangiare?" Gli risposero: "No". Allora disse loro: "Gettate la rete dalla parte destra della barca e troverete". La gettarono e non potevano più tirarla su per la gran quantità di pesci. Allora quel discepolo che Gesù amava disse a Pietro: "È il Signore". Simon Pietro, appena udì che era il Signore, si cinse ai fianchi la sopravveste, poiché era spogliato, e si gettò in mare. Gli altri discepoli invece vennero con la barca, trascinando la rete piena di pesci: infatti non erano lontani da terra se non un centinaio di metri. Appena scesi a terra, videro un fuoco di brace con del pesce sopra, e del pane. Disse loro Gesù: "Portate un po' del pesce che avete preso or ora". Allora Simon Pietro salì nella barca e trasse a terra la rete piena di centocinquantatré grossi pesci. E benché fossero tanti, la rete non si spezzò. Gesù disse loro: "Venite a mangiare". E nessuno dei discepoli osava domandargli: "Chi sei?", poiché sapevano bene che era il Signore».

Il vangelo detto «di Giovanni» è stato l'ultimo a essere scritto. In quelli precedenti questo episodio è riferito alla vita terrena di Gesù. È quindi possibile che l'estensore del testo, probabilmente a conoscenza degli altri testi, abbia volutamente corretto la tradizione. Spostando *post mortem* l'episodio della pesca miracolosa, l'ha trasformata in una delle prove della resurrezione. Tanto più che il fatto viene narrato nel conclusivo capitolo 21, aggiunto solo in una tarda redazione del racconto.

C'è poi la testimonianza resa da Paolo nella Lettera ai Corinzi, dove l'apostolo parla di un'apparizione avvenuta davanti a cinquecento persone. Se si deve prendere alla lettera l'affermazione, sarebbe un fatto così straordinario da suscitare una profonda emozione in chiunque vi avesse assistito. Ognuno dei presenti, terminato il rito, dovrebbe aver riferito in giro il prodigio. Poche ore dopo il fatto, migliaia di persone lo avrebbero saputo e il resoconto di un tale avvenimento ci sarebbe arrivato da più parti, soprattutto ne avrebbero parlato i vangeli come una delle prove più strabilianti dell'avvenuto prodigio. Invece, l'episodio si trova solo nel breve passo della lettera di Paolo.

Il teologo viennese Adolf Holl ha scritto una *Biografia dello Spirito Santo* inteso non come un'astratta nozione della teologia, bensì come espressione dell'afflato religioso nella sua forma più estrema e meno istituzionale; proprio per questo spesso censurata. Una delle manifestazioni dello «Spirito», scrive Holl, è il suo concretarsi in visioni molto vivide, anche collettive, che prendono forma in cenacoli di fedeli di questa o quella religione. I presenti, convincendosi o esaltandosi gli uni con gli altri, in qualche caso aiutati da erbe o da fumi, arrivano a materializzare una figura, umana o soprannaturale, riuscendo effettivamente a vederla lì fra loro. Potrebbe essere una spiegazione. Resta, infatti, curioso che un evento così straordinario sia riferito solo da Paolo, personalmente soggetto ad avere visioni, come quella celeberrima sulla via di Damasco accompagnata da cecità temporanea (a proposito della quale si è parlato di un possibile attacco epilettico).

Di un'ultima apparizione si può accennare in questa premessa ed è il momento in cui, in un giardino a poca distanza dal sepolcro, Gesù appare alla Maddalena. In ordine di tempo, questa è la prima volta che egli si manifesta dopo la resurrezione. Si potrebbe facilmente obiettare, ed è stato fatto, che la Maddalena era talmente presa o innamorata di Gesù (da un punto di vista filosofico o amoroso, spirituale o sensuale, o comunque si voglia ipotizzare il loro rapporto), così atrocemente sconvolta dalla sua morte, che crede di vederlo in quel giardino, in una di quelle che sono anche state definite «visioni isteriche» o allucinazioni. In altre parole, un portato del desiderio, una potente proiezione dell'inconscio.

È davvero così importante, per la religione cristiana, la tradizione secondo la quale Gesù sarebbe risorto dalla morte?

Ho scoperto l'enorme importanza della resurrezione in giovane età leggendo le lettere di san Paolo. Nella Prima lettera ai Corinzi (15,17) egli scrive la famosa frase: «Se Cristo non è ri-

sorto, è vana la vostra fede e voi siete ancora nei vostri peccati». Fui colpito da quelle parole e cominciai a rendermi conto
che, almeno nel pensiero paolino, la fede cristiana senza la resurrezione non avrebbe significato. Paolo scrive anche (Lettera
ai Romani, 4,24-25): «Gesù ... è stato messo a morte per i nostri
peccati ed è stato resuscitato per la nostra giustificazione». Par-
lai con il parroco dell'importanza della mia scoperta, ma fui
colpito dal fatto che egli non condividesse il mio entusiasmo,
giudicandolo quasi fanatico. Mi rispose: «Guarda che non è
poi così importante, non c'è soltanto la resurezione nel cristianesimo». In effetti, buona parte del cristianesimo pratico si basa, più che sulla consapevolezza della resurrezione, sul rispetto di una morale; più profondamente ancora, sulle soluzioni
che la religione cristiana dà per la vita, individuale o associata.
Se si comincia a riflettere sulla resurrezione, si presentano molte possibili obiezioni, le stesse che venivano fatte a Gesù e a
Paolo: come potranno risorgere i corpi e dove sarà il posto dove finiscono quelli risorti? Quelli che si sono sposati più volte,
di chi saranno marito o moglie? Gesù rispondeva: nel mondo
che verrà non ci si sposerà e non ci si mariterà (*Mt* 22,30). A
quelli che gli domandavano: «Come risuscitano i morti? Con
quale corpo verranno?» Paolo rispondeva (*1 Cor* 15,40 e 44):
«Vi sono corpi celesti e corpi terrestri», quello che risorge è un
corpo «spirituale». Ma cosa vuol dire «corpo spirituale»? Suona come una contraddizione in termini. Non vorrei che avesse
ragione, ancora una volta, Thomas Hobbes quando dice: «Con
i dogmi della fede si deve fare come con le pillole delle medici-
ne: berle senza masticare, ingoiarle subito».

*In quali termini la resurrezione di Gesù ci viene tramandata dai
vari testi che ne parlano?*

Alcuni studiosi sottolineano come, nei primi anni dopo la
morte di Gesù, la resurrezione non fosse considerata importante da tutte le correnti di seguaci. È stata fondamentale per
Paolo, meno però per altri. I racconti sull'evento dimostrano,
del resto, le notevoli difficoltà interpretative, dovute anche alle difformità fra i testi. La mia opinione è che queste discordanze depongano piuttosto a favore della loro genuinità. Nel

Vangelo di Giovanni si legge di una prima apparizione di Gesù a Maria di Magdala, la quale non lo riconosce subito, il che è assai strano per una persona che gli è stata così legata.

Maria di Magdala, più nota come la Maddalena, aveva avuto un rapporto privilegiato con Gesù e la troviamo nella cerchia ristretta dei protagonisti. Infatti, è a lei che Gesù appare per mandarla ad annunciare la resurrezione ai discepoli.

Secondo Giovanni, la Maddalena vede Gesù risorto nel giardino adiacente alla tomba e tenta di toccarlo. Gesù le risponde con quelle parole così evocative: «*Noli me tangere*», non mi toccare, perché devo ancora ascendere al Padre, che evidentemente si trova nell'alto dei cieli. Poi, sempre secondo Giovanni, il corpo vivo del Gesù risorto appare miracolosamente a Gerusalemme in una stanza chiusa, dove i discepoli sono in preghiera. Appare una terza volta ed è presente Tommaso, che era invece assente quando Gesù era apparso nella stanza chiusa. È in quest'ultima occasione che Gesù si fa toccare la ferita nel costato. Secondo il redattore del Vangelo di Giovanni, d'accordo in questo con altri vangeli, il gesto significa che non si tratta di un fantasma, ma di un vero corpo tornato a vivere.

Mentre la prima apparizione alla Maddalena avviene al di fuori di una riunione rituale, le altre due sembrano avvenire in un momento cultuale, cioè quando i discepoli cominciano, insieme, a pregare. Dal punto di vista storico potrebbe sembrare che i discepoli preghino per ottenere l'apparizione del risorto. Nel primo caso, invece, l'apparizione è spontanea, senza preghiera o richiesta preventiva. In Giovanni leggiamo dunque di apparizioni che non sembrano preparate né attese.

Si è ipotizzato che l'apparizione alla Maddalena possa essersi verificata come esito di una crisi o di un dolore intollerabile.

Non ci sono elementi per ipotizzarlo. Comunque non possiamo nemmeno distinguere fra il credere di vedere e l'effettivo vedere. Molte visioni, comprese le più recenti come quelle di Fatima, ci obbligano a constatare che in queste occasioni il visionario vede davvero ciò che dice di vedere. Non possiamo ritenere impossibile che Maddalena fosse davvero convinta d'aver visto Gesù e che lo stesso sia accaduto ai discepoli. Dal punto di vista storico, religioso o antropologico, è chiaro che il veggente «vede» solo ciò che gli consentono gli schemi culturali che possiede. Il capitolo 21 del Vangelo di Giovanni ci presenta una quarta apparizione, non più a Gerusalemme ma in Galilea, dove Gesù appare ai discepoli mentre stanno pescando.

È il celebre episodio della pesca miracolosa. Un ottimo brano letterario; ma è anche cronisticamente accurato?

I racconti delle apparizioni di Gesù non sono certo resoconti stenografici di ciò che narravano i protagonisti. Né sono episodi riferiti da testimoni oculari. Si tratta di racconti ripetuti da predicatore a predicatore, a lungo tramandati solo oralmente. Come sempre accade in questo procedimento, la collocazione temporale, spaziale, geografica dell'episodio si confonde. Giovanni pone la pesca miracolosa dopo la morte di Gesù; il Vangelo di Luca invece la descrive durante la sua vita (*Lc* 5,4-11).

Il vangelo detto «di Giovanni» è stato l'ultimo a essere scritto. È possibile che il suo estensore abbia volutamente corretto la tradizione precedente?

Chi ha scritto il Vangelo di Giovanni voleva forse correggere il Vangelo di Luca, che colloca la pesca miracolosa all'inizio dell'attività di Gesù. Oppure, al contrario, ignorava il Vangelo di Luca ed era convinto che l'episodio fosse avvenuto in Galilea, dopo la resurrezione del maestro. Del resto, che Gesù avesse compiuto molti atti dopo la sua resurrezione non appariva strano. Nel cristianesimo primitivo esistevano versioni diverse che allungano o accorciano il periodo in cui Gesù risorto sarebbe rimasto sulla terra. Per alcuni si sarebbe trattato di 40 giorni, ma l'apocrifo *Ascensione di Isaia* (9,16) cita 545 giorni di permanenza, proprio come sostenevano gli gnostici, che parlavano di 18 mesi. L'*Apocrifo di Giacomo*, in lingua copta, parla di una permanenza di 550 giorni, altri addirittura di 12 anni. Queste ipotesi contrastanti sono legate alla tradizione secondo la quale Gesù risorto avrebbe trasmesso in quel periodo delle rivelazioni speciali, a volte segrete e riservate, solo ad alcuni. Queste verità ultime erano state omesse durante la sua vita e assumevano proprio per questo un valore ancora maggiore. Comunque, è interessante che in questa scena del Vangelo di Giovanni Gesù mangia realmente. Benché risorto, ha un corpo. Questo lo dicono anche il *Vangelo degli ebrei* e il *Vangelo dei Nazareni*, oltre che il Vangelo di Luca.

Mentre il Vangelo di Giovanni è databile fra il 90 e il 110 circa, Paolo scrive a meno di trent'anni dai fatti.

Vale la pena di riflettere su questo breve passo della Prima lettera ai Corinzi (15,3-9): «Vi ho trasmesso, dunque, anzitutto quello che anch'io ho ricevuto: che cioè Cristo morì per i nostri peccati secondo le Scritture, fu sepolto ed è resuscitato il terzo giorno secondo le Scritture, e che apparve a Cefa e quindi ai Dodici. In seguito apparve a più di cinquecento fratelli in una sola volta: la maggior parte di essi vive ancora, mentre alcuni sono morti. Inoltre, apparve a Giacomo e quindi a tutti gli apostoli. Ultimo fra tutti, apparve anche a me come a un aborto. Io infatti sono l'infimo degli apostoli e non sono degno neppure di essere chiamato apostolo perché ho perseguitato la Chiesa di Dio».

Sono apparizioni diverse da quelle del Vangelo di Giovanni e dei tre vangeli di Matteo, Marco e Luca. Gesù sarebbe apparso per primo a Pietro detto Cefa, da solo, conferendo così a questo discepolo uno status particolare. Poi a un gruppo ristretto di discepoli, «i Dodici». Se è vera la storia secondo cui Giuda «lo avrebbe tradito», il gruppo doveva essere composto da undici persone al momento della resurrezione, perché Giuda, abbandonati gli altri, si era suicidato. Paolo continua invece a parlare di «dodici» giacché considera il gruppo un'istituzione che conserva il nome anche se uno dei membri non ne fa più parte. In seguito, aggiunge Paolo, Gesù apparve a più di cinquecento fratelli insieme, un evento grandioso di cui nei vangeli non si parla. Poi è apparso a Giacomo, fratello di Gesù, futuro capo della Chiesa di Gerusalemme, un ruolo straordinario. Appare poi a tutti gli apostoli e appare infine anche a lui, Paolo. Se confrontiamo questi eventi con le apparizioni riferite mezzo secolo dopo da Giovanni, riscontriamo numerose difformità. I racconti delle apparizioni sono in realtà uno dei fenomeni più enigmatici del cristianesimo primitivo.

Come mai solo Paolo riferisce lo straordinario evento di un'apparizione davanti a cinquecento persone, mentre i vangeli tacciono su un episodio così clamoroso?

Una risposta possibile la troviamo nello stesso capitolo 21 del Vangelo di Giovanni che si chiude con queste parole: «Vi sono ancora molte cose compiute da Gesù che, se fossero scritte una per una, penso che il mondo stesso non basterebbe a contenere i libri che si dovrebbero scrivere». È un espediente retorico che però dice una cosa fondamentale: chi ha scritto il Vangelo di Giovanni, perlomeno nella sua ultima redazione, era consapevole di aver trasmesso solo una parte delle proprie conoscenze. Gli scritti su Gesù hanno scopi particolari e sono compilati selezionando i materiali. Giovanni, come abbiamo visto, non racconta la cosiddetta istituzione dell'eucaristia, pur dedicando ben cinque capitoli all'ultima cena. Se conoscessimo solo Giovanni, non avremmo il *Padre nostro*. Non lo avremmo nemmeno se leggessimo solo Marco, né conosceremmo molte delle sue parabole.

Cinquecento persone però non possono tenere un segreto, nemmeno volendo.

Ci si può domandare in quale occasione potesse essersi riunita una tale assemblea, che richiede un luogo aperto, oppure una casa molto spaziosa, che si può trovare solo nei ceti alti. Se Paolo lo racconta, è evidente che negli anni 50 certe cose si dicevano in giro. Del resto, anche a Medjugorie si sono verificate visioni collettive: quantità cospicue di persone hanno contemporaneamente visto apparire la Madonna. Sono fatti di particolare rilievo per chi interpreta le visioni come stati alterati di coscienza. Oggi anche alcuni studiosi cattolici interpretano le apparizioni di Gesù risorto come stati alterati di coscienza, favoriti da certe zone del cervello predisposte a ricevere rivelazioni di carattere soprannaturale.

È sorprendente constatare come il cristianesimo delle origini sia percorso da una tale quantità di visioni, indotte o no che fossero.

Una prima, possibile spiegazione è che i nuovi credenti, provenendo da religioni di tipo ellenistico-romano nelle quali era frequente avere visioni, portassero con sé il bisogno di tali manifestazioni del sacro e del soprannaturale. Un'altra spiegazione è che nello stesso ebraismo esistevano queste visioni, del resto ampiamente documentate dalla Bibbia, nonché dalla tradizione mistica tramandata dai testi cosiddetti Hekhalotici. Una terza ipotesi, che a me sembra plausibile, è che Gesù stesso, avendo avuto esperienze di visioni, avesse in qualche modo iniziato i discepoli a questo particolare tipo di contatto con la divinità. Per Gesù il contatto con Dio era essenziale per conoscere la sua volontà, per sapere ciò che di volta in volta sarebbe accaduto della sua vita. Uno degli episodi in cui egli sembra avere cercato un particolare rapporto con il soprannaturale è quello della «trasfigurazione», riferito dai tre vangeli sinottici, ma anche da altri scritti del primo cristianesimo. In quell'occasione Gesù sceglie tre discepoli, Pietro, Giovanni e Giacomo, e con loro sale su un monte. Si può pensare a una trasmissione esoterica di esperienze e modi di conoscenza soprannaturale, che non tutti i discepoli erano in grado di sperimentare.

Quali elementi abbiamo per dire che tale episodio sia effettivamente avvenuto?

Molti esegeti, anche cattolici, ritengono che questo particolare evento non sia mai avvenuto. Io, invece, lo ritengo altamente probabile. Tutto il racconto, proprio per la sua straordinarietà, sembra trasmettere il ricordo di un'esperienza reale. Leggo dal Vangelo di Luca (9,28-37): «Circa otto giorni dopo questi discorsi, prese con sé Pietro, Giovanni e Giacomo e salì sul monte a pregare». Solo Luca dice che salì sul monte con lo scopo principale di pregare. «E, mentre pregava, il suo volto cambiò di aspetto e la sua veste divenne candida e sfolgorante.» Luca colloca dunque quest'esperienza all'interno di un rito di preghiera. Mentre Gesù prega, all'improvviso l'aspetto del suo volto cambia, ma cambia anche quello della veste, che diventa sfolgorante. «Ed ecco due uomini parlavano con lui: erano Mosè ed Elia.» Da un punto di vista antropologico questa potrebbe definirsi un'esperienza di necromanzia, l'evocazione di due morti dall'aldilà. Riprendo: «Ed ecco due uomini parlavano con lui: erano Mosè ed Elia, apparsi nella gloria, e parlavano della sua dipartita che avrebbe portato a compimento a Gerusalemme». Qui sembrerebbe che Mosè ed Elia spieghino a Gesù ciò che sta per accadere. È un altro elemento che fa capire come gli stessi vangeli considerino Gesù un uomo bisognoso di illuminazioni sul suo futuro. «Pietro e i suoi compagni erano oppressi dal sonno...» Perché erano oppressi? Erano saliti sul monte al mattino, adesso è sera, stanno vivendo un'esperienza straordinaria, infatti: «Pietro e i suoi compagni erano oppressi dal sonno; tuttavia restarono svegli e videro la sua gloria». La gloria sembra una sostanza soprannaturale, splendente, che emana luce, quasi che in Gesù vi sia una qualità misteriosa, nascosta, che di colpo si svela.

Quella luce potrebbe essere un segno della divinità di Gesù.

Non siamo autorizzati a pensarlo poiché la «gloria» investe anche i due profeti che appaiono «in gloria». Il racconto prosegue dicendo che i tre discepoli «videro la sua gloria e i due uomini che stavano con lui. Mentre questi si separavano da lui, Pietro disse a Gesù: "Maestro, è bello per noi stare qui. Facciamo tre tende, una per te, una per Mosè e una per Elia". Egli non sapeva quello che diceva. Mentre parlava così, venne una nube e li avvolse; all'entrare in quella nube ebbero paura. E dalla nube uscì una voce che diceva: "Questi è il figlio mio, l'eletto: ascoltatelo". Appena la voce cessò, Gesù restò solo. Essi tacquero e in quei giorni non riferirono a nessuno ciò che avevano visto. Il giorno seguente, quando furono discesi dal monte, una gran folla gli venne incontro». Quindi, sul monte, Gesù e i tre discepoli trascorrono una giornata intera. Mi domando, influenzato anche dalle ricerche di mia moglie Adriana Destro, che insegna antropologia a Bologna, se non ci troviamo di fronte a una vera e propria forma di trasmissione di esperienze esoteriche a un ristrettissimo gruppo di seguaci che è lì per apprendere e continuerà a cercare anche in futuro un contatto con il soprannaturale mediante preghiere, visioni, rivelazioni speciali. In questo quadro, si spiegherebbero anche le apparizioni del risorto, che, di per sé, sono solo delle visioni.

Senza l'accadimento straordinario della resurrezione sarebbe stato più difficile costruire l'impalcatura ideologica e teologica del cristianesimo.

Gesù annunciava l'avvento imminente del regno di Dio. Di lì a poco il mondo sarebbe stato redento, liberato dall'ingiustizia sociale, dalla malattia fisica, da ogni male. Il messia Gesù, però, viene messo a morte, è sconfitto e il mondo rimane irredento. Al posto del regno di Dio viene la resurrezione di Gesù, secondo la fede di molti suoi seguaci. Gesù, però, aveva predicato l'avvento del regno di Dio e la resurrezione non è la stessa cosa della redenzione del mondo. Quanto più si insiste sulla resurrezione, tanto meno si aspetta la redenzione di questo mondo. Si ebbe così la fede in un messia, ma senza redenzione del mondo, e la fede nella resurrezione di tutti gli esseri umani, mentre tutti continuavano a morire. Quando declinò anche la speranza in una resurrezione imminente di tutta l'umanità, non rimase che credere a una redenzione interiore e a una resurrezione puramente individuale e metaforica.

Resurrezione o immortalità dell'anima?
Insieme con Thomas Hobbes nel suo *Leviatano*, possiamo dire che una cosa è la resurrezione della carne, un'altra, diversa, l'immortalità dell'anima. Nell'ebraismo del tempo di Gesù, la teoria dell'immortalità dell'anima non era del tutto ignota. Non pochi ebrei, soprattutto nelle classi alte, erano infatti profondamente ellenizzati. La maggioranza della popolazione credeva però alla resurrezione dei corpi, anche se la Bibbia ne parla pochissimo. L'idea che alla fine di questo mondo i morti risorgano non è una creazione culturale ebraica. Gli ebrei l'avevano ereditata da altre culture. È uno dei tanti modi con cui gli uomini hanno cercato di immaginare – di sperare – una vita eventuale dopo la morte.

Ma Gesù parla della resurrezione dei corpi o dell'immortalità dell'anima?
Il corpo che si disfa dopo la morte verrà ricomposto in una vita futura. Questa è la concezione ebraica e Gesù, anche da questo punto di vista, è un ebreo. Hobbes considerava un tra-

dimento dell'ebraismo l'adozione da parte delle Chiese cristiane della teoria greca dell'immortalità dell'anima.

Tutte le correnti del giudaismo credevano nella resurrezione?
Vi credevano soprattutto i farisei. Essi pensavano che la resurrezione dei corpi sarebbe avvenuta alla fine di questo mondo. Per conseguenza, l'avverarsi d'una resurrezione provava che la fine del mondo era imminente. Paolo, che era un fariseo, credette che il nuovo mondo fosse già iniziato proprio perché si era convinto che il corpo di Gesù era risorto.

Solo un ebreo che condivide la concezione della resurrezione dei corpi può accettare l'idea che Gesù sia risorto. Gli ebrei che invece non credevano nella resurrezione non si sarebbero stupiti nell'ascoltare una tale notizia; semplicemente non vi avrebbero prestato fede. Per credere nella resurrezione di Gesù bisogna prima credere nella possibilità che un corpo risorga. I fedeli di oggi fanno fatica a riconoscerlo, perché pensano soprattutto all'immortalità dell'anima.

XVI

TOLLERANZA/INTOLLERANZA

La persecuzione contro i cristiani ha conosciuto varie fasi. Da principio si trattò di provvedimenti isolati presi da procuratori locali, quando non di scoppi di odio popolare non dissimili da quelli che avrebbero poi caratterizzato i pogrom contro gli ebrei. In una seconda fase, però, la persecuzione divenne, per dir così, ufficiale, sancita cioè da appositi editti imperiali. Di importanza storica quelli emanati da Valeriano (imperatore dal 253 al 260), che scatenarono una persecuzione anticristiana molto crudele nel biennio 257-258.

Perché tutto questo accadde? I romani hanno sempre avuto un atteggiamento tollerante nei confronti delle religioni. Tuttavia, essendo la loro una religiosità essenzialmente pubblica, politica, essi esigevano, come recitava già il testo delle dodici Tavole, che nessuno avesse «per proprio conto Dei né nuovi né forestieri se non riconosciuti dallo Stato». Rispettata questa premessa, reagivano con durezza solo nel caso in cui una religione presentasse aspetti di possibile eversione politica. Nel caso dell'opposizione fra cristianesimo e Impero, una larga corrente di studiosi sostiene che si trattò di un contrasto più psicologico e culturale che non propriamente politico, dal momento che i cristiani non predicavano né praticavano riti pericolosi. È tuttavia possibile che un aspetto «politico», e fortemente politico, il cristianesimo lo abbia avuto nel sostenere i più umili, compresi addirittura gli schiavi, nel suo desiderio (diremo oggi) di riequilibrare i rapporti fra le classi, così minando gli equilibri economici a Roma e nell'Impero. Per di più, quando i primi adepti vengono arrestati e si chiedono loro (sempre per usare una dicitura contemporanea) le generalità, molti rifiutano di identificarsi, come del resto si oppongono al «servizio militare»: si limitano a dire che la loro ascendenza è in Gesù Cristo, un atto di disobbedienza civile dai romani considerato intollerabile.

A Roma si era convinti, non a torto, di aver introdotto forti elementi di civilizzazione nel Lazio arcaico e in tutto il territorio imperiale, costituito per lo più da lande dove s'ignorava l'idea di legge e abbondavano rozze leggende e primitive superstizioni. La creazione dello *jus*, cioè della superiore civiltà del diritto, aveva rappresentato un passo avanti, si potrebbe dire rivoluzionario, sulla via del progresso umano; i romani ne erano consapevoli e orgogliosi. Virgilio vi si rifà quando crea il mito del «pio Enea», fondatore della città e della stirpe, colui che fugge da Troia in fiamme con il padre Anchise sulle spalle, tenendo per mano il figlioletto Ascanio. Passato, presente e futuro di Roma già racchiusi in quelle figure che simboleggiano le tre età della vita. Al centro Enea, destinato a illuminare la nuova patria con la luce dell'*humanitas*. La religiosità romana, infatti, era una forma di patriottismo, confinava con lo spirito nazionale, rafforzava il senso di appartenenza a quella civiltà.

Il cristianesimo, al contrario delle altre religioni, sembrò subito estraneo a una tale visione del mondo configurandosi, nei fatti se non nelle intenzioni, come un concorrente politico. All'inizio e per un certo periodo della sua storia, esso non è stato una religione civica. I suoi seguaci erano diffusi ovunque, dentro e fuori l'Impero. La loro lealtà era dedicata per intero a un Dio universale non alle singole città. Anche gli ebrei erano portatori di una religione estranea ai culti civici tradizionali. A differenza dei cristiani, però, non cercavano di convertire le genti; chiedevano solo di poter praticare liberamente i loro culti dentro i loro templi, all'interno delle loro comunità.

Svetonio, e veniamo a un altro aspetto curioso e poco noto del primo cristianesimo, descrive vividamente la diffidenza, anzi l'ostilità aperta con la quale i seguaci del nuovo credo vengono accolti a Roma. Nella *Vita di Claudio* scrive che nel 41 l'imperatore espulse i giudei da Roma perché erano, su istigazione di Christus, continuamente in rivolta. Poco dopo il 60, quando Paolo arriva a Roma, i capi della comunità giudaica gli dicono che «questa setta» trova dovunque opposizione. Sempre Svetonio, nella *Vita di Nerone*, scrive che ai cristiani vennero inflitte delle sanzioni, poiché si sospettava che gli aderenti alla nuova setta praticassero la magia. Negli *Annali* (44-2,3) Tacito racconta come, a seguito dell'incendio di Roma, appiccato forse da Nerone, fu facile scaricare la colpa sui cristiani data la pessima fama dalla quale erano circondati: «Per troncare le dicerie, Nerone spacciò come colpevoli e sottopose a pene raffinatissime quelli che il popolo chiamava cristiani, odiati per le loro nefandezze. Tale nome veniva da Cristo che, sotto il regno di Tiberio, era stato suppliziato per ordine del procuratore Ponzio Pilato. Momentaneamente repressa, la nefasta superstizione dilagò di nuovo non solo in Giudea, dove questo malanno aveva avuto origine, ma anche a Roma, dove da ogni parte [e qui c'è un colpo di frusta alla città] ogni cosa atroce o vergognosa confluisce e viene praticata». I cristiani, aggiunge Tacito, furono condannati non tanto per l'incendio doloso, quanto per il loro odio contro il genere umano. Parole, come si vede, durissime, per noi assolutamente inconsuete.

L'editto che stabilisce la tolleranza verso i cristiani, detto «di Milano», emanato dall'imperatore Costantino nel 313, segna il punto di svolta. L'anno prima l'imperatore ha celebrato una clamorosa vittoria contro Massenzio al ponte Milvio, attribuendola a una visione celeste. Quando, eliminato il coreggente Licinio, egli può finalmente regnare da solo, cerca di infondere lo spirito cristiano nella legislazione abolendo, per esempio, il supplizio della croce e i combattimenti di gladiatori. La sua vita privata, i metodi con cui si assicura il dominio, restano orribili. Fa uccidere suo suocero Massimiano e poi suo figlio Flavio Crispo, ingiustamente accusato dalla matrigna Fausta, la quale paga a sua volta con la vita questa calunnia. Si converte al cristianesimo, salvo farsi battezzare solo in punto di morte. Ciò che più conta ai fini del nostro racconto è che Costantino, con il Concilio di Nicea del 325, si trasforma in uno strenuo difensore della Chiesa e della sua ortodossia. Contraddicendo però la tolleranza proclamata nel suo editto, fa perseguire i seguaci di Ario, dando così avvio a una persecuzione a rovescio, non più contro i cristiani, ma contro coloro che restavano fedeli alle vecchie religioni. La persecuzione contro i seguaci dell'arianesimo è infatti solo l'inizio. Nel 392 l'imperatore Teodosio emana un editto con il quale i sacrifici pagani e la semplice frequentazione di un tempio non cristiano vengono puniti addirittura con la morte.

Questo totale rovesciamento propone il tema fondamentale di che cosa debba intendersi per tolleranza religiosa. Lo esemplifica molto bene una disputa, marginale solo all'apparenza, di cui furono protagonisti il vescovo di Milano Ambrogio e il prefetto di Roma Aurelio Simmaco. A Roma, nella curia Iulia, esisteva un altare della Vittoria dinanzi al quale i senatori giuravano fedeltà alle leggi e all'imperatore, simbolo, con la sua persona, della doppia funzione politica e religiosa. Nel 382 l'imperatore Graziano, influenzato dal vescovo Ambrogio, dopo aver tagliato i fondi per i culti e per i sacerdoti pagani, ordina la rimozione dell'ara. Il senato invia a Milano, dove si trovava la corte, una delegazione, che però non viene nemmeno ricevuta.

L'anno successivo Graziano muore (assassinato); gli succede il fratellastro Valentiniano II, dodicenne. I senatori inviano una nuova delegazione per chiedere il ripristino del loro altare. Simmaco pronuncia un'orazione così efficace da guadagnarsi la maggioranza dei consiglieri imperiali. Interviene allora Ambrogio con una lettera al ragazzo salito così precocemente al trono. Lo minaccia di scomunica, poi articola le sue argomentazioni con tale abilità da rovesciare la maggioranza dei voti. Dell'ara dedicata alla Vittoria non si parlerà mai più. A questa disputa illuminante, il filologo classico Ivano Dionigi ha dedicato uno studio (*La maschera della tolleranza*). L'apologia di Simmaco, tutta centrata sul pluralismo religioso, culmina con l'unicità del mistero e la diversità delle sue vie di accesso: «Non si può giungere per una sola via a un mistero così grande» scrive. La risposta di Ambrogio è aspra. Chiede: «Solo ora si parla di giustizia e di equità? Dov'erano questi discorsi quando ai cristiani … non si concedeva neppure di respirare?». Seguono due argomentazioni più propriamente teoretiche. Nella prima il vescovo milanese sostiene che nel mondo tutto progredisce e migliora e che anche il cristianesimo rappresenta una forma superiore di religiosità rispetto a quella pagana. Il secondo argomento è dogmatico. Di fronte al Dio stoico e neoplatonico di Simmaco, Ambrogio afferma che il solo vero Dio è quello dei cristiani («*Ipse enim solus verus est deus*»), tacitando con ciò ogni ulteriore obiezione.

Qualche anno fa Marc Augé, illustre studioso di scienze sociali, ha pubblicato il saggio *Genio del paganesimo* che ricalca, rovesciandolo, il più celebre *Genio del cristianesimo* in cui Chateaubriand descriveva da par suo le bellezze poetiche e morali della religiosità cristiana. Augé, al contrario, scrive: «Il paganesimo non è mai dualista e non oppone lo spirito al corpo né la fede alla conoscenza. Non istituisce la morale come principio esterno rispetto ai rapporti di forza e di senso che traducono gli accidenti della vita individuale e sociale ... La salvezza, la trascendenza e il mistero gli sono essenzialmente estranei. Di conseguenza il paganesimo accoglie la novità con interesse e spirito di tolleranza». Argomenti, come si vede, che conservano tuttora un rilevante valore di attualità.

Quali sono le cause delle persecuzioni contro i cristiani?

All'epoca della persecuzione di Valeriano i cristiani erano una minoranza importante per quantità e qualità all'interno di un Impero romano in maggioranza «pagano». Quando una maggioranza perseguita violentemente una minoranza, ciò accade in genere a seguito di gravi crisi sociali, economiche, politico-militari. In poche parole, quando diventa necessario trovare un colpevole sul quale far ricadere la responsabilità, galvanizzando ogni energia in uno sforzo unitario per sopravvivere. Le minoranze forti diventano le principali vittime di questo meccanismo: l'ostilità nei loro confronti rende credibili le accuse agli occhi di una popolazione che si sente minacciata nei suoi privilegi. È probabilmente questo lo sfondo generale della persecuzione di Valeriano e di diverse altre persecuzioni contro i cristiani.

Non ha quindi rilevanza un possibile «conflitto di classe», come diremmo in termini attuali?

I cristiani non sono stati perseguitati perché difendevano i poveri o perché avevano un comportamento politicamente pericoloso. Al contrario, le loro opere di assistenza sottraevano motivi a eventuali proteste popolari. I cristiani erano tutt'altro che dei rivoltosi, aspiravano anch'essi a raggiungere posizioni importanti all'interno dell'amministrazione e nei ruoli politici. La predicazione di un avvento imminente del regno di Dio da parte di Gesù conteneva certo una minaccia di rovesciamento delle ingiustizie esistenti, ma questa dimensione «politica» era scomparsa da quando il cristianesimo aveva abbandonato i suoi tratti giudaici. Ormai era una religione i cui seguaci non erano più ebrei, ma quasi solo ex pagani, e la loro aspirazione terrena, quando c'era, era di raggiungere posizioni di comando nell'Impero romano.

I cristiani praticavano però quella che oggi chiameremmo «disobbedienza civile».

Proprio perché erano dei «lealisti», l'unico modo per indurli alla disobbedienza aperta contro le autorità stava nel costringerli ad atti di culto per loro inaccettabili. A ciò i cristiani si rifiutavano in modo radicale; non si trattava, però, di una disobbedienza politica verso l'imperatore e le leggi. In casi di grave crisi sociale, tuttavia, la maggioranza pagana poteva credere che gli Dei punissero i romani per colpa di questi cristiani, ormai in numero cospicuo, che non rivolgevano alle divinità tradizionali il dovuto culto. Allora poteva scatenarsi la persecuzione. Quando la divinità cristiana entrò a far parte del pantheon accettato nell'Impero, il cristianesimo divenne religione tollerata e il problema cessò.

Perché molte fonti romane (Plinio, Tacito, Svetonio) definiscono la nuova religione una superstitio?

La parola *superstitio* non aveva in origine il significato che ha oggi. Significava semplicemente qualcosa di «aggiunto» alle pratiche religiose tradizionali. I romani definivano il cristianesimo *superstitio* solo perché si trattava di uno dei molti culti che circolavano a Roma e nell'Impero. Il cristianesimo, a partire soprattutto dal II secolo, si presentava con caratteri estranei alle tradizioni. La religione romana era essenzialmente una religione civile. Il culto degli Dei e il rispetto delle tradizioni assicuravano la protezione divina alla città, garantivano il successo politico e militare. L'empietà, per contro, scatenava la punizione divina, che si concretizzava, per esempio, in carestie e sconfitte. Seguire una *superstitio* significava estraniarsi dai culti tradizionali o addirittura combatterli. Questo non poteva non provocare una punizione divina. In modo indiretto – ripeto, indiretto – il rifiuto cristiano della religiosità tradizionale poteva essere percepito come un pericolo politico, nel senso che la divinità, offesa per l'abbandono del culto dovuto, non assicurava più alla città la necessaria protezione. Uno dei primi cristiani che cercò di dimostrare che il cristianesimo non era una *superstitio* fu Tertulliano, il quale sostenne che il cristianesimo era una *religio*, cioè un culto utile all'Impero.

Anche gli ebrei erano però portatori di una religione estranea ai culti civici tradizionali.

Sì, certo, ma presentavano una differenza sostanziale rispetto ai cristiani, sempre a partire dal II secolo. Gli ebrei non avevano alcuna intenzione di contestare i culti tradizionali né di convertire i romani alla propria religione. Chiedevano solo di essere rispettati nella loro diversità. I cristiani, invece, avevano un chiaro atteggiamento missionario e manifestavano apertamente la loro critica antidolatrica. Quando, divenuti maggioranza, conquistarono il potere, anche la loro religione divenne in qualche modo religione civica. Dio, il Dio da loro considerato l'unico vero, e lui solo, proteggeva la città. Fedeltà alla città e fedeltà a quel Dio tornarono quindi a coincidere, ma questo aveva ormai portato molto lontano dalla religione di Gesù.

Autori classici come Tacito e Svetonio descrivono i cristiani come persone degne di disprezzo, odiatori del genere umano.

L'interpretazione dei brani di Tacito e di Svetonio è sempre stata molto controversa. Essi parlano sì di eventi accaduti durante il regno di Nerone (siamo negli anni intorno al 60), però ne scrivono molti decenni dopo. L'attività pubblica di Tacito (ca 55-120) può oscillare fra gli anni 80 e 110; anche con Svetonio (ca 70-140) siamo più o meno nello stesso periodo. Si può ipotizzare che i due storici utilizzino i resoconti che erano allora disponibili sugli eventi degli anni Sessanta alla luce dell'importanza che, nel momento in cui scrivono, i cristiani hanno intanto acquisito. Se è vero che gli evangelisti, scrivendo su Gesù, dimostrano di attingere a tradizioni divergenti e talvolta incerte, lo stesso può dirsi anche per gli storici romani.

Su quali aspetti si è concentrato il dibattito intorno a questi testi?
Si è molto discusso, per esempio, dell'attendibilità storica dei nomi usati da Svetonio e da Tacito. Si trattava di Christus, o di Chrestus? Si riferivano veramente a Gesù quando parlavano di Chrestus o Christus? Davvero negli anni Sessanta esisteva già il nome di «cristiani» o dobbiamo pensare che Tacito e Svetonio ne scrivano perché di cristiani si parlava ai loro tempi, cioè alcuni decenni dopo? Gli Atti degli apostoli, scritti intorno agli anni Ottanta, dicono che il termine «cristiani» fu usato per la prima volta ad Antiochia. La parola «cristiano» è certamente di conio latino, ma se è vera la testimonianza degli Atti, rimane da chiarire che cosa volesse indicare questo termine. Si trattava di un'autodesignazione o era un nome imposto dall'esterno ai fedeli di quel culto? Negli Atti il termine appare due volte e una volta nella Prima lettera di Pietro. Quanto al termine greco *christianismòs* (cristianesimo), esso appare solo intorno al 115 in Ignazio d'Antiochia. Insomma, è assai dubbio che ai tempi di Nerone esistessero dei gruppi chiaramente riconoscibili come cristiani. Molto più probabile che le autorità romane identificassero i seguaci di Gesù come «cristiani» nei primi due decenni del II secolo, come dimostra Plinio il Giovane; questa è appunto, più o meno, l'epoca in cui scrivono Svetonio e Tacito. In poche parole, non credo che si possa parlare di una massiccia presenza di seguaci di Gesù a Roma negli anni Sessanta. È chiaro che in grandi città, com'erano Roma o Antiochia, potevano esserci diversi gruppi che si riferivano a Gesù. Direi, però, che dieci o quindici gruppi di un centinaio di persone ciascuno, che si riunivano in case private, non rappresentassero in alcun modo un problema politico rilevante né ad Antiochia né a Roma.

Come mai nel giro di nemmeno ottant'anni dopo Costantino il cristianesimo da perseguitato diventa persecutore?

Questa domanda è una delle più importanti nell'intera storia del cristianesimo. Hanno tentato di rispondervi molti storici con interpretazioni e ipotesi che, per la verità, continuano a essere piuttosto lontane l'una dall'altra. Un fatto è certo: già con Teodosio, negli anni 389-390, il cristianesimo diventa persecutore, non solo nei confronti delle religioni tradizionali, ma anche dell'ebraismo. Fa la sua comparsa un aspetto intollerante che, dopo di allora, continuerà a manifestarsi per secoli. Non si era palesato prima solo perché i cristiani erano una minoranza che non disponeva di leve di potere. Già nel messaggio di Gesù, che attende l'instaurazione imminente del regno di Dio, si vede un mondo dal quale sarà eliminato il male. La parola di Dio è un fuoco, una spada che combatte per una verità sulla quale non ci può essere compromesso.

Nella predicazione di Gesù, però, due elementi temperavano questo atteggiamento assolutista e tendenzialmente intollerante. Il primo è che solo Dio può instaurare il suo regno, non gli uomini. I seguaci di Gesù dovrebbero, quindi, attendere che sia Dio a eliminare il male, non attribuire a se stessi questa capacità e questo compito. Il secondo elemento che in Gesù impediva ogni forma di intolleranza era il principio dell'amore per i nemici. Gesù non parla solo dell'amore del prossimo, cioè di chi è vicino e simile, ma dell'amore per i nemici. Verso i nemici bisogna comportarsi come fa Dio, il quale fa sorgere il sole su buoni e cattivi: «Amate i vostri nemici e pregate per i vostri persecutori, perché siate figli del Padre vostro celeste, che fa sorgere il suo sole sopra i malvagi e sopra i buoni, e fa piovere sopra i giusti e sopra gli ingiusti. Infatti se amate quelli che vi amano, quale merito ne avete? ... Siate voi dunque perfetti come è perfetto il Padre vostro celeste» (*Mt* 5,44-48). A proposito di questo suo atteggiamento c'è, anzi, una parabola molto significativa. Un nemico ha seminato di nascosto della zizzania nel nostro campo di grano. Non bisogna però togliere la zizzania nella fase in cui cresce, altrimenti si sradicherebbero anche le pianticelle di grano che le sono vicine. Dio stesso, e solo lui, separerà il grano dalla zizzania al tempo della mietitura, che simboleggia il giudizio finale. Secondo questa parabola, non spetta ai cristiani il compito di perseguitare con mezzi politici coloro che ritengono avversari.

Sicché delle tendenze che coesistono nella religiosità cristiana, una spinge a eliminare ogni realtà contraria, l'altra esorta ad amare perfino i nemici, essendo Dio il solo a conoscere i segreti del cuore.

L'editto di Milano del 313, che concede ai cristiani la libertà religiosa nei confini dell'Impero, prevede anche il possibile pericolo che i cristiani diventino intolleranti. Dopo avere stabilito che deve essere concessa loro piena libertà, precisa infatti che essi devono comprendere «che la libertà è garantita anche ad altri che desiderino seguire le loro proprie pratiche religiose ... ciascuno abbia la libertà di scegliere e adorare qualsiasi divinità preferisca». L'atteggiamento di amore per i nemici prevale quando il cristianesimo è in minoranza; quando, invece, raggiunge il potere, lascia emergere la tendenza a perseguitare o reprimere gli avversari.

In sostanza, il cristianesimo si presenta con due facce: può essere di volta in volta tollerante, ma anche intollerante.

Spesso sono state proprio le correnti che l'ortodossia considera eretiche a manifestare maggiore tolleranza e rispetto per gli altri. Gli ostrogoti, per esempio, che erano cristiani ariani, avevano un atteggiamento più tollerante verso gli ebrei. All'inizio del VI secolo il cristiano Cassiodoro, ministro del re ostrogoto Teodorico, scrisse frasi celebri sulla tolleranza religiosa: «Non possiamo imporre la religione, perché nessuno è costretto a credere contro la propria volontà»; oppure: «Poiché Dio sopporta l'esistenza di tante religioni, noi non osiamo imporne una sola». Si tratta, però, di principi che non derivano dalla Bibbia. Sono ideali di tolleranza nati nel seno del diritto romano e nella filosofia non cristiana. È stato Quinto Aurelio Simmaco a dire: «Non si può giungere per una sola via a un mistero così grande [quello di Dio]». Egli si ispirava a Temistio di Paflagonia che, vent'anni prima, aveva chiesto all'imperatore Gioviano di essere tollerante sia verso i cristiani sia verso i pagani. Egli scriveva: «Pur essendo uno solo il vero e grande giudice, la strada per giungere fino a lui non è unica. Sarei tentato di dire che forse è Dio stesso a non gradire che fra gli uomini vi sia un'armonia totale». Il cristiano Tommaso Moro riprenderà queste idee all'inizio del XVI secolo scrivendo nell'*Utopia*: «A Dio piace essere adorato in molti modi».

Il cristianesimo può essere tollerante a due condizioni: che faccia prevalere l'amore per i nemici, e che faccia propri i principi di tolleranza nati e cresciuti nel seno di altre culture.

XVII

NASCITA DI UNA RELIGIONE

Quando nasce esattamente la religione che chiamiamo cristianesimo, tronco possente dal quale si dirameranno via via numerose confessioni? Alcuni biblisti attribuiscono scarso o nullo peso a questa domanda. Secondo lo studioso tedesco Rudolf Bultmann (1884-1976), autore di *Credere e comprendere*, un'opera in quattro volumi apparsa fra il 1933 e il 1965, il «Gesù storico» è infinitamente meno importante del «Cristo della fede», che non ha alcun bisogno di essere «ricostruito» nella sua realtà mondana e temporale, giacché si rivela nell'interiorità di ogni uomo cui voglia manifestarsi. Bultmann affermava anche che Gesù non può essere considerato il vero fondatore della religione che porta il suo nome. Egli appartiene alle premesse del cristianesimo e del Nuovo Testamento. Il vero fondatore sarebbe, a suo dire, Paolo perché la nuova religione non nasce né dal messaggio di Gesù né dalla sua vita, bensì dalla proclamazione di coloro che lo hanno ritenuto figlio di Dio.

Oggi questa ipotesi non ha più un grande seguito, anche perché negli ultimi decenni gli studi di tipo storico su Gesù sono continuati con grande vigore e ottimi risultati. Secondo la studiosa contemporanea americana Elaine Pagels (autrice, fra l'altro, di un importante saggio sui vangeli gnostici), fra i primi a gettare le fondamenta di quella che sarebbe diventata l'ortodossia cristiana fu il vescovo di Lione Ireneo, autore di un'opera poderosa in cinque volumi, dal titolo *Contro le eresie*. Fu lui, scrive la studiosa, a inviare istruzioni alle varie comunità di fedeli su quali scritti e tradizioni dovessero essere distrutti e quali, invece, ritenuti autentici e quindi conservati. Il critico letterario americano Harold Bloom ha affacciato anche di recente (nel suo *Gesù e Yahvè*) l'ipotesi che «Gesù Cristo è completamente soffocato sotto l'imponente sovrastruttura ideologica elaborata nel corso della storia», per cui ogni ricerca su chi veramente fosse l'ebreo Yehoshua ben Yosef (Gesù figlio di Giuseppe) è in partenza destinata al fallimento.

Sono, come si vede, tesi molto lontane fra loro, che danno, proprio per questa ragione, il senso della vastità di ogni possibile ricerca. D'altra parte figure e avvenimenti che noi giustamente consideriamo fondamentali nella storia del mondo e nella costruzione della nostra civiltà non sembrano aver molto emozionato i contemporanei di allora. Nel corso dei precedenti capitoli è stato più volte citato lo storico ebreo (romanizzato) Flavio Giuseppe, il cui nome originario era Yosef ben Mattithyahu ha-Kohen. Questo autore, nelle sue *Antichità giudaiche*, accenna a Gesù, a Giovanni Battista e a Ponzio Pilato, ma fornisce di queste personalità pochi e scarni accenni. Dei fatti che noi riteniamo così rilevanti, negli scritti del tempo, compresi quelli di Flavio Giuseppe, esistono tracce esilissime, e anche ciò aggiunge difficoltà supplementari al lavoro dello storico. È possibile che per il procuratore della Giudea Ponzio Pilato quella condanna sia stata un insignificante atto di routine amministrativa, è verosimile pensare che egli non ne abbia nemmeno accennato, o solo in poche righe, nei suoi rapporti all'imperatore Tiberio. Il procuratore può aver pensato che la crocifissione di uno dei tanti profeti che agitavano le piazze non fosse un atto degno di particolare memoria. In terra d'Israele la presenza di profeti era un fatto abituale, il paese tollerava male l'occupazione romana per ragioni che erano al tempo stesso politiche e religiose. Di tanto in tanto si rendeva necessario dare un segno robusto del dominio di Roma.

Ma quando una religione nasce per colmare il bisogno diffuso di una nuova parola di speranza, la tragedia della tortura e della morte di un uomo può diventare un evento provvidenziale. A questa nuova religione la Bibbia ebraica ha fatto da fondamento dottrinale con un'operazione ideologica di cui, per duemila anni, non si è mai cessato di discutere. Il cristianesimo trasforma Gesù di Nazareth, un personaggio storico sul quale disponiamo di pochi dati verificabili, in uno dei componenti di una «molteplicità politeistica» che viene a sostituire il misterioso Yahvè. E la Bibbia, testo sacro per la storia anche religiosa di un popolo, viene trasformata nell'Antico Testamento, con la sola funzione di dare fondamento profetico agli eventi che segnano la vita di Gesù. Questo è uno dei numerosi punti sul quale non sarà facile trovare una mediazione fra cristiani ed ebrei. Rispetto alla severità monoteistica dell'ebraismo, il cristianesimo e, in particolare, il cattolicesimo si sono via via impregnati di pensiero neoplatonico, con un monoteismo solo apparente, che ha ripristinato in realtà un pantheon di entità divine attraverso il culto di figure intermedie quali la «Vergine» e i «santi».

Tutto ciò ha reso difficili e, in certi periodi, conflittuali – anche crudelmente conflittuali – i rapporti fra cattolici ed ebrei. Solo nel 1965 il documento del Concilio Vaticano II *Nostra Aetate* rompeva finalmente la tradizionale ostilità della Chiesa di Roma verso gli ebrei. In quel documento si poteva leggere fra l'altro: «E se autorità ebraiche con i propri seguaci si sono adoperate per la morte di Cristo, tuttavia quanto è stato commesso durante la sua passione non può essere imputato né indistintamente a tutti gli ebrei allora viventi né agli ebrei del nostro tempo». E anche: «La Chiesa inoltre, che esecra tutte le persecuzioni contro qualsiasi uomo, memore del patrimonio che essa ha in comune con gli ebrei, e spinta non da motivi politici, ma da religiosa carità evangelica, deplora gli odi, le persecuzioni e tutte le manifestazioni dell'antisemitismo dirette contro gli ebrei in ogni tempo e da chiunque». Quando si è celebrato il quarantesimo anniversario di quel documento, papa Benedetto XVI s'è fatto rappresentare dal cardinale Jean-Marie Lustiger, un ebreo convertito: scelta indelicata, che ha irritato gli ebrei al punto che il rabbino capo di Roma ha disertato la cerimonia. La conversione degli ebrei è un tema che continua a pesare in modo notevole nella dottrina della Chiesa cattolica. Negli atti del Concilio Vaticano II si legge, per esempio, che Ratzinger aveva confidato al cardinale Congar un pensiero di papa Paolo VI, il quale «sembrava incline a considerare una responsabilità diretta degli ebrei nella morte del Cristo». Lo stesso papa aveva raccomandato che al documento conciliare fossero aggiunte parole sulla «speranza della futura conversione d'Israele». Certo, anni dopo c'è stata la visita clamorosa di Giovanni Paolo II alla sinagoga di Roma, seguita da quella di Benedetto XVI, e il riconoscimento degli ebrei come «fratelli maggiori». Un fondo di diffidenza, tuttavia, resta, derivato da un'interpretazione assai risentita dei testi relativi alla passione e alla morte di Gesù. Con molta fatica e incontrando varie resistenze, teologi e pensatori della Chiesa hanno cominciato a cambiare idea dopo il Concilio Vaticano II. Considerate però le ultime tendenze quasi integraliste, viene da dire che molta strada c'è ancora da fare per superare un certo antisemitismo sempre latente nella Chiesa. Molti aspetti di questo delicatissimo problema si addensano attorno a una domanda basilare: chi ha «fondato» il cristianesimo?

C'è chi nega che il ruolo di Gesù sia stato essenziale per la nascita del cristianesimo. O ne discute quanto meno l'importanza.

Il suo ruolo è, al contrario, centrale e ineliminabile, anche se la sua predicazione è stata poi trasformata aggiungendovi un insieme di concezioni che, nate dopo la sua morte, si allontanano parecchio da ciò che egli aveva pensato e fatto. Mi sembra anche superata quella corrente di studiosi (fra cui Bultmann) che riteneva impossibile avere su Gesù, su ciò che egli pensava e faceva, conoscenze storiche sufficientemente certe. Negli ultimi trent'anni la convinzione che si possa ricostruire un'immagine storica di Gesù si è molto rafforzata. Non sono poi d'accordo sull'idea che il cristianesimo nasca con la fede nella resurrezione di Gesù, né che nasca grazie a Paolo, come alcuni – ma spesso si tratta di non specialisti – ancora oggi sostengono. Anche Paolo, come Gesù, non è un cristiano, ma un ebreo che rimane nell'ebraismo.

Quando nasce allora, e a opera di chi, il cristianesimo?

Forse il cristianesimo nasce addirittura nella seconda metà del II secolo. In quel momento portano il nome di «cristiani» quasi soltanto i non ebrei che credono in Gesù; il cristianesimo è la loro religione. Si tratta di un culto nuovo, che ha preso dall'ebraismo l'idea del Dio unico, ha assunto come testo la Bibbia ebraica, leggendola in un modo in sostanza non ebraico, e ha collocato il pensiero di Gesù e le opere dei suoi primi seguaci all'interno di una cultura essenzialmente non ebraica, vale a dire pagana e greca.

Secondo la studiosa Elaine Pagels, uno dei primi a gettare le fondamenta dell'ortodossia cristiana è Ireneo, vescovo di Lione, autore di un'opera poderosa.

Ireneo, nato in Asia Minore, formatosi a Smirne, soggiornò probabilmente a Roma durante il pontificato di Aniceto (155-166). Divenne poi vescovo di Vienne e di Lione. Fu attivo nella seconda metà del II secolo. La sua opera maggiore, in cinque libri, è intitolata *Contro le eresie*. Si tratta di un testo fondamentale, che offre una delle prime sistemazioni teologiche, destinato a una grande fortuna. Lo stesso titolo, *Contro le eresie*, è sintomatico. La parola «eresia» significava, in origine, soltanto una scelta, un'opinione liberamente abbracciata; non aveva cioè il senso negativo, di opinione condannabile, attribuitole solo con Giustino, autore cristiano del II secolo. Ireneo era preoccupato delle violente persecuzioni subite dai cristiani (il martirio del suo maestro Policarpo, le persecuzioni contro i cristiani della Gallia nel 177) e delle divisioni teologiche fra le varie tendenze. Per rafforzare l'unità delle Chiese cercò di richiamarle a una norma di verità che tutti dovevano condividere.

Quali erano i suoi principali bersagli polemici?

Soprattutto gli gnostici rappresentavano l'eresia da eliminare perché, non contenti della base dottrinale, cercavano spiegazioni più spirituali e nascoste, verità profonde comprensibili solo agli iniziati. Ireneo rappresenta il primo tentativo di stabilire un'ortodossia, rifiutando le tendenze considerate errate, cioè eretiche. Dovrà però trascorrere molto tempo prima che il suo progetto abbia successo. Alcuni studiosi contemporanei, in sintonia con i perdenti di allora, tendono a valorizzare i gruppi condannati come eretici e considerano negativamente coloro che all'epoca uscirono vittoriosi dallo scontro, quasi si trattasse di un esercizio indebito del potere acquisito.

La mia ipotesi è diversa. È possibile che, all'inizio, la base normativa di riferimento per i gruppi cristiani fosse non tanto un'autorità scritta, quanto la convinzione di poter accedere senza intermediari alla volontà divina tramite rivelazioni, esperienze estatiche, visioni. Chi riceveva direttamente da Dio una rivelazione, riteneva di possedere un'autorità incontestabile. Nasceva da ciò la possibilità di conflitti fra i profeti o anche fra i diversi gruppi che si richiamavano a profeti diversi. Con il passare del tempo, un eccessivo ricorso a «rivelazioni», vere o no che fossero, ovvero a tradizioni esoteriche, rischiava di far diventare incerta e contraddittoria l'esperienza dei vari gruppi di seguaci. Si rischiava addirittura l'ingovernabilità della Chiesa e si può quindi capire la necessità di avere criteri più verificabili.

Un canone affidabile e largamente condiviso è un'esigenza comprensibile. Canone, cioè un insieme di scritti a garanzia, anche futura, del messaggio autentico di Gesù e dei suoi primi apostoli.

Esiste un'altra ipotesi, di carattere meno strutturale e più storico. Sembra che verso la metà del II secolo Marcione, al quale ho già accennato, rifiutato come eretico dalla maggior parte delle Chiese, cercasse di individuare il nucleo del messaggio di Gesù soprattutto nel Vangelo di Luca e nelle lettere di Paolo, in particolare la Lettera ai Romani. La sua posizione venne criticata e al Vangelo di Luca vennero affiancati altri vangeli, alle lettere di Paolo altre opere cristiane. Sarebbe così nata la collezione canonica del Nuovo Testamento con il suo carattere meno impositivo, più tollerante, ispirato a un maggiore ecumenismo. Ancora oggi i teologi dibattono due ipotesi opposte circa il significato e i contenuti di questa collezione. La prima sottolinea la necessaria uniformità fra i ventisette scritti del Nuovo Testamento; l'altra ne evidenzia, al contrario, la diversità. Anzi, i sostenitori di questa seconda linea affermano che il Nuovo Testamento è stato così costituito proprio per legittimarne la diversità. I fautori dell'uniformità affermano invece che il Nuovo Testamento deve attutire le differenze, posto che Dio, autore o ispiratore dei ventisette scritti, non può contraddire se stesso. Oggetto di discussione è anche l'ipotesi che il canone sia nato per reagire contro Marcione. C'è infatti chi pensa che i primi a organizzare una lista di scritti cristiani da affiancare alla Bibbia ebraica siano stati Valentino e suoi seguaci di tendenza gnostica.

Solo nel 1965 la dichiarazione Nostra Aetate *rompeva finalmente la tradizionale ostilità della Chiesa di Roma verso gli ebrei.*

Quel documento di enorme rilevanza è in effetti il primo in tutta la storia della Chiesa cattolica che si esprima in modo favorevole agli ebrei. La Chiesa cattolica, e molte altre Chiese cristiane, in precedenza si erano mostrate complessivamente antiebraiche, in non pochi casi addirittura antisemite. Per antisemitismo intendo l'atteggiamento di chi, posto di fronte a un grave problema sociale (una crisi economica, un'epidemia), indica negli ebrei i responsabili, proponendo come soluzione la loro espulsione, una riduzione dei loro diritti, in casi estremi la loro eliminazione fisica. Considero atti di antisemitismo e non solo di antiebraismo teologico la cacciata degli ebrei dalla Spagna cattolica alla fine del Quattrocento, l'istituzione del ghetto nello Stato pontificio nel 1555, l'espulsione degli ebrei dallo Stato della Chiesa alla fine del Cinquecento.

Quando si è formata la tradizionale teologia cristiana sugli ebrei?

Nel periodo fra la fine del IV e la fine del VI secolo, quando l'Impero romano è ormai retto da una leadership cristiana. Si viene formando una teoria secondo la quale tutto il popolo ebraico, passato, presente e futuro, è responsabile della morte di Gesù. Per questa colpa, Dio avrebbe privato i giudei della loro terra, appunto la Giudea, condannandoli a una «schiavitù eterna» come disse Paolo IV nella bolla *Cum nimis absurdum* (1555) che istituiva il ghetto nello Stato della Chiesa. Gli ebrei debbono quindi restare in posizione politica subordinata, con diritti molto limitati, perché solo i cristiani hanno diritto alla Giudea, la terra promessa ai veri figli di Abramo. Solo i cristiani debbono godere dello stato di liberi. La subordinazione politica dei «giudei» diventa la prova storica dell'inferiorità della loro religione e del meritato castigo di Dio. La parità dei diritti concessa, in via di principio, a ogni individuo dalla *Dichiarazione dei diritti dell'uomo*, sia francese sia americana, ha rappresentato un problema per la Chiesa cattolica. Molto a lungo si è considerato negativamente il ritorno degli ebrei nella terra d'Israele, e la loro acquisizione di pari diritti negli Stati laici.

Secondo durature concezioni teologiche, il solo modo per un ebreo di essere parificato a un cristiano era di convertirsi al cristianesimo.

Dopo la Shoah, anche se con molte esitazioni, una parte della teologia cristiana ha fatto autocritica, sottoponendo a revisione radicale alcuni dei capisaldi dell'antiebraismo e dell'antisemitismo. I cristiani hanno cominciato a riconoscere che responsabili principali della morte di Gesù non furono gli ebrei, ma i romani. In secondo luogo si è riconosciuto che solo alcune autorità politico-religiose di Gerusalemme, e non tutte le autorità religiose ebraiche, si adoperarono per far condannare Gesù; certamente non tutti gli ebrei di Gerusalemme né tanto meno tutti gli ebrei allora viventi in terra di Israele e nella diaspora. Gli ebrei delle generazioni successive non possono in alcun modo essere ritenuti corresponsabili, anche se continuano a non credere in Gesù. In terzo luogo, si è riconosciuto che Gesù era un ebreo e che non aveva mai pronunciato alcuna condanna contro gli ebrei, tanto meno contro la religione ebraica. Molte polemiche dei vangeli contro i farisei non sono dirette contro gli ebrei in genere, bensì contro quella particolare corrente giudaica. Si tratta, fra l'altro, di polemiche per lo più alimentate dai discepoli dopo la morte di Gesù, quando i farisei erano diventati molto importanti nelle comunità giudaiche.

Molti teologi e pensatori cattolici hanno cambiato idea sull'argomento dopo il Concilio Vaticano II, che ha acceso notevoli speranze, in parte contraddette, purtroppo, dalle recenti tendenze integraliste.

Una vera, completa autocritica della lunga storia passata non è mai stata fatta. Sta anzi scomparendo fra le nuove generazioni la consapevolezza delle gravi colpe storiche del cristianesimo. Rimangono poi aperte molte questioni di principio. Per esempio, è una questione ancora irrisolta la conversione degli ebrei al cristianesimo.

In che senso?

Il cristianesimo è una religione missionaria, vuole la salvezza di tutti gli uomini. Anche se le altre religioni, secondo il Concilio Vaticano II, sono portatrici di verità e di valori morali, solo la Chiesa cattolica possiede la verità piena e totale.

Convertirsi continua quindi a essere necessario per la salvezza. La teoria che Cristo sia l'unica via di salvezza viene ripetuta con sempre maggiore frequenza. Anche il nuovo papa sembra insistere molto su questo punto.

Anche gli ebrei quindi dovrebbero convertirsi?

Alcuni teologi sostengono di no, in quanto essi sono tuttora considerati il popolo eletto di Dio e hanno da Dio una missione particolare: quella di osservare l'antica Alleanza, che – come disse Giovanni Paolo II e molti documenti ecclesiastici hanno confermato – non è mai stata revocata. Ma altri teologi, e forse lo stesso Benedetto XVI, sembrano pensarla in modo diverso. Ritengo tuttavia che il papa attuale abbia una sincera intenzione di continuare sulla strada dell'autocritica intrapresa dal Concilio Vaticano II e proseguita da Giovanni Paolo II. È assurdo ritenere che voglia tornare all'ipotesi della colpa collettiva degli ebrei nella morte di Gesù. La teoria orribile del deicidio, con le conseguenze politiche che ha comportato, mi sembra sia stata cancellata per sempre dalla teologia ufficiale. Il papa attuale, teologo abbastanza rigido, potrebbe invece avere qualche difficoltà a progredire sulla revisione di questioni propriamente dottrinali come, per esempio, l'interpretazione della Bibbia ebraica che la teologia cristiana chiama Antico Testamento. Il teologo Ratzinger potrebbe ribadire che l'interpretazione autentica dell'Antico Testamento non è quella ebraica, bensì quella cristiana, che lo considera una promessa giunta a compimento solo con Cristo nel Nuovo Testamento. Alcuni teologi hanno proposto che cristiani ed ebrei si accordino su un'interpretazione storica dell'Antico Testamento: i cristiani dovrebbero riconoscere che l'Antico Testamento ha, per volere stesso di Dio, un significato ebraico che solo il popolo ebraico pienamente comprende e rispetta. Questa corrente è però minoritaria nella Chiesa.

Dopo l'orrore della Shoah, come hanno reagito i teologi non cattolici alle interpretazioni tradizionali delle pagine che raccontano la passione e la morte di Gesù?

Dopo l'avvento del nazismo la teologia tedesca, spaventata dagli esiti più drammatici di quel regime, cominciò a chieder-

si fino a che punto si era stati capaci di opporsi a un potere
dittatoriale, e in quale misura l'interpretazione protestante dei
testi biblici giustificasse l'appoggio dato dalle Chiese a qualsiasi tipo di regime. Ne è nata una riflessione che cercava di
dare fondamento alle critiche dei cristiani verso il comportamento aberrante del potere. Partendo dalla domanda di Pilato
che, in quella sua famosa frase, si chiede che cosa sia la verità,
giungendo a condannare un imputato della cui colpevolezza
non è convinto, anzi della cui innocenza è certo, alcuni esegeti, penso a Oscar Cullmann o a Heinrich Schlier, sostennero
che se il potere in quanto tale perde il riferimento a una verità
assoluta, diventa preda del male. Attribuirono quindi la condanna di Gesù, portatore di verità, soprattutto alla mancanza
di verità dell'Impero romano.

*Lo storico Flavio Giuseppe accenna brevemente a Gesù, Giovanni
Battista, Pilato. Uomini ed eventi per noi fondamentali sembrano essere sfuggiti all'attenzione dei loro contemporanei.*

Se stiamo ai vangeli, canonici e apocrifi, il movimento di
Gesù ha certamente suscitato, in diversi periodi, l'adesione di
folle numerose. Come del resto accade sempre con tutti i grandi leader religiosi. Questi assembramenti si formavano anche
se Gesù, come ho accennato, cercava in genere di evitare le
grandi città. I vangeli (soprattutto Giovanni e Marco) lo descrivono, infatti, mentre agisce in prevalenza in villaggi o in
centri minori, quasi usando una strategia di nascondimento.
Per conseguenza, il significato politico del suo movimento poteva apparire, tutto sommato, secondario. È possibile che Pilato abbia considerato la sua stessa condanna un provvedimento
necessario in un particolare frangente, ma del tutto marginale
rispetto alla politica generale di Roma nella regione. Secondo
alcuni studiosi sono effettivamente esistiti dei resoconti di Pilato all'imperatore; se è così, non sono giunti fino a noi. Nell'antichità sono addirittura stati creati degli scritti *ad hoc*, come il *Rapporto di Pilato*, la *Risposta di Tiberio a Pilato*, come anche *La lettera
di Pilato all'imperatore Claudio*, ma si tratta di opere di fantasia,
che fanno parte del cosiddetto «ciclo di Pilato», un folto insieme
di scritti apocrifi. Scopo di questi scritti, opera di alcuni am-

bienti cristiani antiebraici, è di sminuire il ruolo dei romani nella morte di Gesù, esasperando invece la responsabilità dei giudei. Del resto, anche in alcuni romanzi medievali del Graal, per esempio quello su Giuseppe di Arimatea, si rivaluta la figura di Pilato per esasperare la responsabilità degli ebrei.

Possiamo stabilire con sufficiente esattezza quando avvenne il distacco del cristianesimo dall'ebraismo?

La ricerca storica recente ha messo bene in luce che questo passaggio non avviene né con Gesù né con Paolo e neppure con la seconda generazione dei discepoli. Ad Alessandria d'Egitto si cominciano a distinguere i seguaci di Gesù dagli ebrei solo dopo le rivolte ebraiche del 115 d.C. Solo nella seconda metà del II secolo il termine «cristiani» si applicherà in modo esclusivo a seguaci di Gesù non ebrei. Continuarono però a esserci per secoli ebrei che vivevano nelle proprie comunità, seguivano la propria religione, ma nello stesso tempo credevano che Gesù fosse davvero il messia. Testimoniano questa condizione i vangeli da loro prodotti e altre opere religiose. L'aspetto più rilevante è che, nel corso dei primi centocinquant'anni, i seguaci di Gesù ebbero polemiche più o meno forti al loro interno, vivendo, per molti aspetti, in osmosi con le comunità ebraiche di provenienza. Il cristianesimo comincia a formarsi quando i seguaci non ebrei di Gesù si oppongono al giudaismo da una parte, allo gnosticismo dall'altra.

XVIII

IL LASCITO DI GESÙ

Nella più diffusa immaginazione popolare Gesù innova in modo radicale l'immagine di Dio. Semplificando molto le cose, possiamo dire che, secondo questa vulgata, l'immagine del vecchio Dio biblico è assai vicina a quel *Rex tremendae majestatis* di cui parla il testo della *Messa da requiem*: un Dio lontano e severo, implacabile nelle sue decisioni. Diciamo pure un Dio che assiste «impassibile» alle infinite sofferenze e turpitudini delle sue creature, mettendo così in luce una personalità molto discutibile o, quanto meno, un atteggiamento enigmatico. Gesù, al contrario, incarna l'immagine non solo del redentore, il novello Adamo, ma più profondamente l'immagine di un Dio buono, generoso, comprensivo verso i difetti degli uomini, pronto più a soccorrerli che a giudicarli. Soprattutto, per la prima volta in una religione, Gesù si china verso i poveri, gli emarginati, gli ammalati, gli «ultimi», erigendoli a protagonisti della storia umana come mai nessuno aveva fatto prima. In queste due immagini si mescolano in modo inquietante alcuni elementi di verità con altri che introducono volute distorsioni del vero.

In realtà Yahvè, il Dio della Bibbia, è una divinità fin troppo carica delle virtù, ma anche delle passioni umane, compresa una certa propensione all'ironia; è un essere tutt'altro che distaccato dalle cose del mondo e dalle vicende del suo popolo, alle quali, anzi, prende parte di persona, giungendo addirittura a impugnare la spada per aiutarne la vittoria, come nel famoso episodio di Giosuè durante l'assedio di Gerico. È un Dio enigmatico, questo sì. Adam B. Seligman, in un bel libro uscito nel 2002, *La scommessa della modernità*, sostiene che una sociologia delle religioni, spinta al di là di certi limiti, rischia di vanificare l'idea stessa di religione: «Un Dio che può essere afferrato, un Dio che può essere concettualizzato non è un Dio» scrive.

Ironico, imprevedibile, «umano, troppo umano», il Dio della Bibbia è comunque molto diverso dal Dio padre della religione cristiana; fra le due divinità, che in teoria dovrebbero coincidere, esiste in realtà solo una pallida rassomiglianza, anche se questo non vuol certo dire che il primo sia «cattivo» e il secondo «buono».

Tutte le religioni affermano la presenza di una realtà trascendente benevola. Nel cristianesimo questa realtà è affidata a Gesù. La sua immagine, così caratterizzata, tempera, almeno in parte, quello che è probabilmente il più forte atto d'accusa mai rivolto a una divinità: come possa un Essere onnipotente permettere, tollerare, assistere impassibile alla presenza di tanto male nel mondo. Si resuscita qui un problema antichissimo, presente perfino in certe religioni primitive, che il filosofo Leibniz ha riassunto nel termine «teodicea», vale a dire la dottrina della giustificazione di Dio rispetto al male presente nel creato. Gli esempi purtroppo non mancano e ognuno di noi potrebbe trovarne di nuovi. Leibniz scriveva nel 1710. Pochi anni dopo (1756) Voltaire, nel *Poema sul disastro di Lisbona*, critica gli ottimisti e la provvidenza che permette l'esistenza di mali gratuiti e orribili. Era accaduto che il 1° novembre 1755, giorno dei Santi, un tremendo cataclisma aveva squassato la capitale portoghese. Onde alte sedici metri s'erano abbattute sulla città seminando rovina, molti fedeli riuniti in preghiera nella cattedrale erano morti sotto le macerie, due bambini erano stati uccisi dalla caduta di un crocifisso. Voltaire era un deista, avversario di ogni religione rivelata («Schiacciate l'infame» era il suo pungente motto contro la Chiesa cattolica); pensava che Dio avesse creato il mondo per uno scopo che l'uomo però ignora, per cui deve accontentarsi di vivere senza farsi troppe domande. Dieci secoli di atrocità e di stupidaggini, esplorate nell'*Essais sur les moeurs* (Saggio sui costumi), lo avevano portato a dubitare della possibilità della felicità umana: bisogna ammettere, ne aveva concluso, che il Male è sulla terra.

Il filosofo Theodor W. Adorno, ha scritto: «Il terremoto di Lisbona bastò a guarire Voltaire dalla teodicea». Più di recente, e in forma ancora più tragica, lo stesso problema della giustizia divina si è riproposto con l'Olocausto. Dov'era Dio, ci si è chiesti, mentre i bambini ebrei venivano avviati a migliaia nelle camere a gas oppure torturati per giorni e giorni, oggetto di esperimenti «medici» di inaudito sadismo? Già nella finzione letteraria si era posto questo problema senza soluzione. Nei *Fratelli Karamazov* di Dostoevskij, Ivan si ribella a Dio, non potendo accettare che una divinità che si vuole onnipotente permetta la sofferenza di un bambino innocente. Per un uomo adulto si può parlare di scelte, di «libero arbitrio», ma come giustificare la sofferenza di un bambino inconsapevole?

Il filosofo Hans Jonas, nel suo saggio *Il concetto di Dio dopo Auschwitz*, ha scritto che, dopo la Shoah, dobbiamo rinunciare o all'idea della benevolenza divina o a quella della sua onnipotenza. Se Dio è onnipotente non è completamente buono, e viceversa: le due qualità non possono coesistere nella stessa Entità.

Questa la smisurata dimensione del problema che Gesù, con la sua immagine benevolente, Gesù uomo fra gli uomini, percosso, torturato, ucciso, è chiamato in qualche modo a risolvere. La misericordia è il segno distintivo del suo messaggio. Ma che cosa vuol dire misericordia? La misericordia si può conciliare con l'esercizio di una dottrina, l'esistenza di una gerarchia?

Altre pagine dei *Fratelli Karamazov* rendono in modo potente questo aspetto del lascito di Gesù. È la *Leggenda del Grande Inquisitore*, narrata da Ivan, il fratello scettico, assetato di fede e negatore di Dio. Ivan immagina che, dopo quindici secoli, Gesù torni sulla terra e ricominci a fare miracoli nella Spagna dominata dai roghi e dalle persecuzioni fatte in suo nome dalla santa Inquisizione. Il Grande Inquisitore, un vecchio novantenne, lo fa imprigionare con l'intenzione di bruciarlo come eretico. Turbato, però, da quella presenza, si reca da lui nella notte, e lungamente lo interroga sul valore della libertà per l'uomo: «Tu vuoi andare nel mondo e ci vai a mani vuote, con la promessa di una libertà che gli uomini, nella loro semplicità e nel loro disordine innato, non possono neppure concepire, della quale hanno terrore, perché nulla è mai stato più intollerabile per l'uomo e per la società umana della libertà! ...

Io ti dico che non c'è per l'uomo preoccupazione più tormentosa di quella di trovare qualcuno al quale restituire, al più presto possibile, quel dono della libertà che il disgraziato ha avuto al momento di nascere ... Tu hai scelto quello che c'è di più insolito, di più problematico, hai scelto tutto ciò che era superiore alle forze degli uomini, hai agito come se tu non li amassi affatto».

Dopo la sua appassionata perorazione a difesa dell'autorità, l'inquisitore aspetta in silenzio che il prigioniero risponda. Gesù lo ha ascoltato fissandolo con il suo sguardo calmo e penetrante, senza obiettare. Il novantenne inquisitore vorrebbe che dicesse qualcosa, ma l'altro gli si avvicina in silenzio, lo bacia piano sulle labbra esangui. È la sua risposta. Il vecchio spalanca la porta, dice: «Vattene e non venir più... non venire mai più... mai più!». Il prigioniero si allontana.

In questa scena potente lo scrittore russo contrappone due principi, si potrebbe dire due moralità: quella della misericordia e quella della verità. Gesù è un portatore di misericordia, di carità. Nella scena famosa dell'adultera che sta per essere lapidata, dopo aver ammonito «Scagli la prima pietra chi è senza peccato», egli si rivolge alla donna dicendole: «Neanch'io ti condanno». Conclude con un'esortazione, non con un giudizio: «Va' e non peccare più». Questa è la carità, che è diversa e concettualmente opposta alla verità. La verità chiede di imporsi in quanto tale, si dà come assoluto, si presenta come una condizione preliminare e indiscutibile, unica autorizzata a enunciare precetti e a comminare sanzioni. Il grande giurista Gustavo Zagrebelsky, esaminando questo problema, ha scritto: «Non dalla carità, ma dalla dottrina della verità l'etica cristiana predicata dal magistero è così venuta a dipendere. Nella "nuova alleanza" di fede e ragione, l'etica della carità resta soverchiata e l'etica della verità si trasforma in precettistica, in codici di condotta non molto diversi da quelli giuridici. Difatti essa non prova alcuna ripugnanza, anzi mostra una naturale propensione a volersi imporre attraverso l'ordinamento delle leggi civili. In questo può scorgersi l'oblio dell'originario spirito evangelico».

Come si pone Gesù di fronte al male che sembra dominare il mondo?
Gesù è ossessionato dal male che domina il mondo. La malattia devastante dei poveri, la straziata vita dei bambini nei ceti sociali più umiliati, l'incomprensibile morte di persone sotto il crollo di un edificio, le ingiuste stragi dei romani. Per lui Dio è il padre che può salvare e che gli ha dato il potere straordinario di risanare e di guarire. Dio però gli appare anche incomprensibile. Per tutta la vita egli cerca di sapere che cosa Dio voglia; alla fine si sente abbandonato e non capisce perché Dio lo destini a una fine ingiusta, a una sconfitta umiliante oltre che a patimenti atroci. A Lui attribuisce la sua sconfitta e per questo la accetta, pur non comprendendola. Gesù non ha una teodicea, non ha una visione consolante, ottimistica. Il Dio che egli ha conosciuto è un padre amoroso e onnipotente, che però lo ha stritolato, abbandonandolo alle potenze del male. Gesù non è un filosofo, non elabora teorie sulla presenza o assenza di Dio. Ha però una visione complessa e fortemente drammatica. Egli intuisce, e lo dice esplicitamente, che non c'è solo la potenza benefica di Dio nel mondo. C'è anche quella di Satana e dei suoi angeli malvagi. Dio ha intrapreso una lotta contro Satana e contro il male, deciso a vincerla. Gesù crede che, a questo fine, Dio gli abbia affidato un compito e un potere. Sogna un regno di Dio futuro in cui avrà finalmente trionfato la giustizia, un regno millenario di benessere, di sazietà per gli affamati, di riconciliazione e di amicizia anche con le forze della natura. È il regno di Dio appunto, dal quale Satana, il principe di questo mondo, sarà scacciato per sempre. È questo il sogno che mette in azione le coscienze.

Nulla è più lontano di una teodicea consolante e meschina dalla percezione che Gesù ha del mondo e della forza di Dio. Il mondo è teatro di una lotta violentissima e incomprensibile. Ma Gesù continua a credere che Dio sia forte, potente e benefico, anche se permette che venga ucciso.

Secondo una certa vulgata il Dio di Gesù è così diverso da quello degli ebrei da spingere a chiedersi come sia possibile tenere insieme, nella stessa Bibbia, l'Antico e il Nuovo Testamento.
È un tema di grande importanza, che tocca non solo la correttezza dei rapporti fra cristianesimo ed ebraismo, ma anche

una questione filosofica irrinunciabile. Si ripete spesso che Gesù ha introdotto una concezione di Dio come Padre misericordioso, a differenza dell'Antico Testamento, dove troveremmo un Dio giusto, ma impietoso. D'altra parte, se ha ragione Gesù nel dire che Dio è benevolo e si occupa affettuosamente degli uomini, perché allora i deboli non sono protetti, gli innocenti vengono umiliati e uccisi? Troppo spesso ci si limita a dire che Gesù aveva una nobile concezione di Dio, dimenticando però le conseguenze che questa affermazione comporta. Una risposta breve a una questione complessa può essere solo mistificante. Anzitutto va detto che è falsa la concezione di un Antico Testamento ebraico dove dominerebbe una visione quasi violenta di Dio. Si tratta di un pregiudizio, uno dei fondamenti teologici dell'antisemitismo. È vero il contrario: nell'ebraismo Dio ha sempre due aspetti, quello della giustizia e quello della misericordia; nei suoi giudizi il Dio ebraico cerca sempre di far prevalere l'aspetto misericordioso. L'idea di Dio come Padre non è una creazione cristiana e neanche ebraica: è diffusa in tutto il Medio Oriente antico.

Gesù aggiunge, però, che Dio è non solo padre ma, di più, padre affettuoso.

L'immagine di Dio come padre evoca il potere della fecondità, della protezione, così come quello patriarcale, della forza, al limite quello del padre-padrone. Gesù aggiunge che Dio è come un «babbo», un padre affettuoso pieno di premure per il suo piccolo. Ma questa concezione è solo una variante dell'idea ebraica di un Dio misericordioso, l'accentuazione di una delle prerogative dell'ebraismo. Aggiungo che l'idea di un Dio che interviene perpetuando di generazione in generazione le sue punizioni si trova anche in alcuni testi del Nuovo Testamento e in molti scrittori cristiani antichi e moderni. Il Dio di Gesù è, però, anche un Dio giusto, se sono di Gesù le frasi che il Vangelo di Matteo gli attribuisce sul giudizio universale, quando i malvagi saranno finalmente puniti. Da ultimo, Gesù non è un filosofo e neanche un teologo. Non dà risposte filosofiche alle questioni del male o della giustizia divina. Risposte che mi sembrano del resto assai astratte e insufficienti.

Alcuni studiosi hanno cercato di tirare Gesù verso correnti ebraiche minoritarie, che avevano una certa idea delle origini del male. Lo si è fatto per poter sostenere che il cristianesimo è erede di un ebraismo da loro ritenuto più accettabile. Sostanzialmente è una posizione antiebraica, che non condivido. Gesù non è a favore di questa o di quella corrente. Egli invita a confidare nell'amore di Dio anche quando la sua azione appare incomprensibile. Questa è del resto ancora oggi la posizione ebraica tradizionale. A Dio bisogna continuare a obbedire, anche se i fini delle sue azioni appaiono oscuri, soprattutto dopo l'evento terribile della Shoah.

Che cosa resta di Gesù, a prescindere dall'attendibilità delle informazioni che abbiamo su di lui? Quale il suo lascito, potremmo dire con una parola sintetica, il suo messaggio?

Per capire la figura di Gesù e, soprattutto, il suo messaggio, credo che sia necessario tener conto di tre aspetti: ciò che lui ha detto, ciò che lui ha fatto, le esperienze religiose, se così possiamo definirle, che ha avuto. Ritengo che queste ultime siano le più idonee a introdurci nel segreto della sua vita. Alla loro luce si possono anche capire meglio le sue parole e le azioni più celebri narrate nei testi evangelici, apocrifi o canonici. Uno dei punti iniziali è certamente l'esperienza fatta con Giovanni Battista, secondo quanto attestato dai vangeli canonici e da quello detto «dei Nazareni».

Perché ritiene l'evento importante fino a questo punto?

Perché è all'interno del rito battista che Gesù riceve la rivelazione che cambia la sua vita. Ode la voce di Dio che gli dichiara la sua fiducia e per di più riceve la forza soprannaturale dello Spirito Santo. L'inizio della cosiddetta attività pubblica avviene in un luogo decentrato rispetto alle istituzioni religiose. Non nel Tempio di Gerusalemme né in una sinagoga, bensì all'interno del movimento certamente marginale guidato da Giovanni Battista. È lui che sembra aver creato il rito particolare del battesimo visto come strumento per la cancellazione dei peccati. Al tempo di Gesù esisteva già un rito con questo scopo. Si svolgeva nel Tempio e si ripeteva a ogni autunno. Era lo *Yom Kippur*, il giorno dell'Espiazione, tuttora una delle celebrazioni più solenni e partecipate dell'ebraismo. Giovanni Battista, invece, connette la cancellazione dei peccati al rito del battesimo. Doveva quindi avere dubbi sull'efficacia del rito di *Yom Kippur*. Il fatto che Gesù vada a farsi battezzare da lui, rivela che anch'egli avvertiva il bisogno di un rinnovamento, di una conversione interiore. E anch'egli sembra preferire questo rito allo *Yom Kippur*. Durante il battesimo accade però un fatto straordinario. I vangeli narrano che egli riceve in sé la forza divina dello Spirito Santo. Lo Spirito scende, si impossessa di lui, gli fa subire un'esperienza che Matteo e Luca descrivono ampiamente: le cosiddette «tentazioni» nel deserto che possiamo interpretare dal punto di vista teologico, vedendole come un atto con cui Dio rende manifesta la dignità di quest'uomo; oppure dal punto di vista antropologico, per capire quale esperienza Gesù possa davvero aver fatto.

Nessun dubbio sul fatto che l'evento sia effettivamente avvenuto?
Non credo si possa dubitare che i fatti siano accaduti. Mi sembra difficile togliere un nucleo di storicità a un evento come quello del battesimo, riportato da tutte le fonti. In esso, invece, bisogna vedere un fatto fondamentale, che ha sconvolto la vita di quest'uomo.

Quali furono per Gesù le conseguenze di un'esperienza di tale profondità?
Il termine greco «battesimo» vuol dire immersione completa nell'acqua. Il Vangelo di Giovanni sostiene che, per un certo periodo, Gesù si mise a battezzare come faceva Giovanni Battista, anche se poi chiarisce che in realtà non era lui a farlo ma i suoi discepoli (*Gv* 3,22; 4,1-2). Sembra addirittura che ci sia stata concorrenza fra il gruppo di battezzatori intorno a Gesù e il gruppo che operava con Giovanni Battista. Il gruppo di Gesù pare aver avuto un successo maggiore nella nuova pratica. Il Vangelo di Marco, se lo si legge bene, afferma che, dopo il battesimo, Gesù rimase con Giovanni in Giudea fino a quando il Battista non fu arrestato (*Mc* 1,14).

Sappiamo quanto tempo dopo il battesimo di Gesù Giovanni Battista viene arrestato?

Non con precisione. Come detto, ciò che Marco scrive permette di dedurre che Gesù sia rimasto con il Battista piuttosto a lungo. In una certa misura questo coincide con quanto afferma il Vangelo di Giovanni, dal quale risulterebbe che nella zona di Betania, al di là del Giordano, dove avviene l'incontro fra i due, Gesù abbia continuato con i suoi discepoli un'attività di tipo battista. Su una probabile attività battista sembrano insomma convergere sia Marco sia Giovanni. Il punto che a me sembra importante, ripeto, è che egli si sia legato a un movimento così marginale.

Esiste una spiegazione logica, soddisfacente, per un tale comportamento che sembra, in effetti, antitradizionale?

La più convincente è che, accanto a un atteggiamento di rispetto verso la Torah, verso istituzioni come il Tempio e le sinagoghe, Gesù conservasse margini cospicui di libertà interpretativa e d'azione. Pensare che i peccati fossero rimessi grazie a un rito come quello del Battista, non previsto dalla tradizione, significa mantenere una notevole libertà di elaborare nuove idee. Giovanni Battista predicava l'avvento imminente del giudizio universale, la fine di questo mondo e l'inizio del mondo futuro atteso dalla tradizione ebraica. Pensava che nel giudizio finale Dio avrebbe giudicato gli uomini sulla base del loro rispetto della giustizia, anche in senso sociale. Gesù si lega a lui perché, evidentemente, nutre le medesime convinzioni sull'imminenza del giudizio finale, donde la necessità di una conversione. Gesù e Giovanni Battista condividono, in sostanza, due aspetti a prima vista opposti: un atteggiamento di tipo mistico-visionario, basato su rivelazioni ricevute da Dio, e una forte attenzione religioso-sociale alle concrete ingiustizie presenti nella società.

Come possiamo formulare questo particolare aspetto della sua complessa personalità?

Il centro della sua esperienza mistica sembra essere stato un'assoluta concentrazione su Dio, il che corrisponde – sia chiaro – al centro della spiritualità ebraica, alla preghiera fondamentale, lo *Shemà Israel,* che afferma nella sua parte più significativa: «Ascolta Israele, il Signore nostro Dio, il Signore è uno solo. Amerai il Signore Dio tuo con tutta l'anima, con tutte le tue forze, con tutta la tua mente». A questa totale concentrazione in Dio, Gesù sembra dare un'interpretazione che ne accentua l'esclusività e crea un aut-aut radicale. La religione ebraica, nella formulazione rabbinica, dice: «Tu adorerai il tuo Dio con tutte le tue forze»; i fedeli devono concentrare tutte le loro energie umane in Dio, adorarlo con tutto se stessi comprese le proprie risorse economiche, il denaro, cioè «Mammona»: anche quello va usato secondo la sua volontà. Gesù invece afferma: «È impossibile servire Dio e Mammona». La totale concentrazione in Dio è in lui unita alla percezione che certi aspetti della realtà, certi modi di vivere sono inconciliabili con la volontà divina. Gesù è un ebreo integrale. La sua esperienza ebraica è però vissuta in maniera personale e originale.

Lei ha detto che alla radice della personalità di Gesù c'è la sua esperienza religiosa. Ma questo spiega davvero tutto?

Io credo che Gesù abbia sempre cercato di avere risposte da Dio. Al centro della sua vita sta la sua esperienza di preghiera, una preghiera personale che egli faceva gettandosi faccia a terra come era costume degli ebrei del suo tempo quando pregavano Dio personalmente. La preghiera di Gesù è solitaria, quasi segreta. Egli cerca di capire da Dio che cosa deve fare, gli chiede di compiere gesti in apparenza impossibili, lo supplica di non dover seguire un atroce destino di distruzione. Gesù cerca rivelazioni e in qualche caso le ottiene; così, per esempio, durante la trasfigurazione di cui abbiamo parlato, quando si trasforma in una specie di corpo di luce. In quell'istante, secondo Luca, riceve rivelazioni su quello che gli sarebbe accaduto a Gerusalemme.

E dopo aver ricevuto il battesimo che cosa succede?

Si verifica un fenomeno che potremmo definire «di possessione». Gesù è posseduto dallo Spirito di Dio che lo trascina nel deserto e lo sottopone a una durissima serie di contrasti con lo spirito del male. La lotta fra il desiderio del bene e quello del male si scatena dentro di lui lacerandolo fra due forze avverse. È la cifra del destino di ogni uomo. Gesù alla fine supera la prova perché posseduto dallo Spirito di Dio. Alcuni vangeli apocrifi prodotti in ambiente ebraico esprimono la convinzione che lo Spirito divino dal quale è protetto sia la madre di Gesù (spirito, *rúach*, in ebraico è femminile).

L'esperienza per cui Gesù cerca e ottiene un contatto con le forze divine – mediante preghiera, rivelazioni, visioni, fenomeni di possessione, capacità taumaturgica – crea una personalità fortemente autocentrata, fondata su un nucleo di esperienze irripetibili e segrete. Da questo punto di vista egli è un uomo solo, autonomo, capace però di irradiare una forza che in lui risiede e che da lui quindi promana. Gesù trasmette la sua esperienza interiore solo in parte e a pochi, scelti nella cerchia più ristretta dei discepoli: una forma di insegnamento esoterico, riservato ad alcuni. Neanche a questi rivela, tuttavia, il nucleo profondo della sua esperienza religiosa, che resta quindi segreta. Da questo punto di vista Gesù rimane solo.

Se lei dovesse riassumere in poche parole l'essenza di ciò che Gesù ha lasciato dal punto di vista storico – quello che abbiamo cercato di mantenere nella nostra conversazione – che cosa direbbe?

Questa domanda sarebbe piaciuta a Gesù e ai maestri ebrei del suo tempo. Gesù non avrebbe fatto giri di parole e anch'io cercherò di non farne. Il suo insegnamento centrale si riassume in due atteggiamenti: avere una totale fiducia in Dio e preoccuparsi dei bisogni delle persone, cominciando da quelle più deboli e più povere. Avere totale fiducia in Dio significa non appoggiarsi alle proprie forze, al proprio lavoro per procurarsi di che vivere, ma confidare che sia lui a preoccuparsi di noi. Se sono certo che Dio provvederà al mio bene sempre e in ogni caso, riuscirò anche a preoccuparmi del bene degli altri, libero dall'assillo che il bene altrui possa crearmi danno. È un'utopia che rende l'uomo libero dalla preoccupazione di se stesso, lo fa capace di amare gli altri a cominciare dai più poveri. È però un'utopia pratica, se posso dire così, capace, com'è stata, di incendiare il cuore dei singoli e delle masse. Da un lato è irrealizzabile, dall'altro trova sempre santi e grandi leader religiosi che cercano di attuarla.

Il Dio in cui Gesù mostra assoluta fiducia è il Dio ebraico che ha espresso la sua volontà nella Legge biblica. Per Gesù il cuore di questa Legge sta nel decalogo: lì Dio rivela ciò che in concreto si deve fare, su quelle norme esige assoluta obbedienza.

Quali conseguenze, nell'azione o spirituali, questo impegno smisurato può avere avuto sulla sua vita?

A me sembra che questa concentrazione totale sul volere di Dio e sulla necessità di obbedire alla sua volontà lo abbia convinto che ben presto Egli sarebbe venuto a cambiare il mondo. Gesù aspetta l'avvento del regno di Dio che avrà luogo in due modi diversi. Quando arriverà il regno di Dio, si avrà un giudizio universale, ma anche un periodo intermedio in cui il messia regnerà e la terra sarà rinnovata: una specie di sogno utopico in cui le forze della natura diventeranno benefiche, ogni contrasto avrà fine. In seguito, questa idea del regno intermedio sembra essere rimasta solo in alcuni gruppi di seguaci, per poi essere trascurata dalla maggior parte dell'esperienza cristiana. Solo in certe correnti marginali del cristianesimo è di tanto in tanto riaffiorata nel corso dei secoli.

Di ciò che Gesù ha lasciato fa quindi parte anche la smisurata speranza che il mondo possa essere redento in termini non solo teologici ma concreti, che il mondo cioè possa davvero cambiare. Gesù era certo di questo rinnovamento e anche se il grande mutamento non ebbe luogo, egli ha lasciato ai seguaci una speranza che ha continuato a incendiare il cuore degli uomini.

Nel suo messaggio sono però presenti molti altri aspetti, anche contraddittori. Possiamo isolarne l'essenza?

Gesù ha una personalità complessa con tratti assai diversi. Egli esercita liberamente la ragione quando sottopone a critica razionale molti elementi della tradizione, e quelle critiche manifesta con un linguaggio anche crudo. Per esempio, quando dice che non è necessario purificarsi lavandosi prima di mangiare, visto che il corpo provvede da solo espellendo nella latrina le impurità (*Mc* 7,19). Si presenta anche con i tratti di un sapiente che analizza criticamente l'intera tradizione. In diversi momenti del Novecento si sono addirittura voluti vedere in questa sua facoltà analitica elementi della filosofia cinica.

Questa pluralità di aspetti ha affascinato seguaci di tipo diverso, dando anche luogo, fin dall'inizio, a differenti tendenze religiose fra i discepoli. Luca è, a mio parere, colui che ha meglio compreso l'essenza del suo messaggio; le lettere di Paolo, con le loro elucubrazioni sulla Legge e sulla Grazia, sono molto lontane da lui. Giovanni lo avvicina troppo alle religioni misteriche, Tommaso si allontana verso un misticismo razionalistico, in cui svanisce la sua dimensione sociale.

Infine, e questo è forse l'ultimo aspetto di ciò che egli ha lasciato al mondo, Gesù ha continuato in qualche modo a far sentire ai seguaci la necessità della sua presenza. Non c'è forma di cristianesimo in cui il rapporto con lui non sia fondamentale, quale che sia il modo in cui viene concepito. La religiosità che egli ha suscitato, anche se non creata direttamente da lui, esige la sua mediazione.

Io credo che in realtà ciò sia avvenuto contro la sua volontà. Infatti nella preghiera che lui ha insegnato, il *Padre Nostro*, non attribuisce a sé alcun ruolo, non vi è neppure nominato. Solo conta il rapporto degli uomini con Dio e viceversa. Null'altro. Nessun mediatore. Ciò che ha lasciato a chiunque gli creda è il desiderio del regno di Dio, che Dio, lui solo, regni.

Gesù era un ebreo, non un cristiano.

XIX

NUOVI VANGELI, ANTICHE LEGGENDE

Una delle leggende su Gesù, così ampia e articolata da riempire un intero ciclo, è quella nota col nome di «santo Graal». Un'epopea medievale nella quale il misterioso Graal assume vari significati: il nome della coppa che servì all'ultima cena, il vassoio dove Gesù e i discepoli mangiarono l'agnello il giorno di Pasqua, il vaso in cui Giuseppe d'Arimatea, dopo la crocifissione, raccolse il sangue del Salvatore, che poi portò con sé in Occidente accompagnato da Maria Maddalena, divenuta nel frattempo sposa di Cristo e madre di un suo figlio. Ma di volta in volta il Graal è stato anche visto come il piatto con cui i fedeli partecipavano alla festa comune, così come la coppa giustapposta alla lancia, simboli trasparenti delle energie maschili e femminili da cui sgorga la vita. La tradizione cristiana annovera almeno due sacri contenitori: il calice dell'eucaristia e la Vergine Maria.

Nella *Litania di Loreto* la Madonna è descritta come *vas spirituale, vas honorabile, vas insigne devotionis*, ovvero vaso spirituale, vaso degno d'onore, massimo vaso di devozione: nel grembo o utero (vaso) della Madonna, infatti, la divinità è divenuta carne. Nel poema *Parsival* di Wolfram von Eschenbach (1200 ca.) il Graal non è una coppa bensì una pietra chiamata *lapis exilis*, termine interpretato ora come pietra dell'esilio e, in quanto tale, collegata alla diaspora ebraica, ora come *lapis ex coelis*, ovvero caduta dal cielo. Secondo l'autore, infatti, la pietra sarebbe uno smeraldo caduto dall'elmo del ribelle Lucifero dopo che questi era stato colpito dalla spada dell'arcangelo Michele. Precipitata nell'oceano, la pietra sarebbe stata recuperata per magia dal saggio re Salomone e trasformata in una coppa poi adoperata da Gesù nell'ultima cena. Secondo un'altra e ancora diversa versione della leggenda, la pietra, trasformata in un vaso da unguento, sarebbe stata portata in Inghilterra da Giuseppe d'Arimatea, dove è poi scomparsa. Esiste anche un'interpretazione simbolica per cui il Graal diventa, di volta in volta, metafora della tradizione occidentale, dell'inconscio, del sacro Cuore di Cristo, della sessualità. La parola fine su questo oggetto misterioso quasi certamente non sarà mai pronunciata. Ma è proprio qui la forza della leggenda: finché la fisionomia del Graal, la sua esatta natura, si confonderà nelle nebbie che mescolano fantasia e realtà, esso manterrà intatto il suo fascino plurimillenario. Ce n'è, insomma, abbastanza per alimentare, come infatti è stato, un intero filone narrativo. La ricerca del Graal ha ispirato, per cominciare, molti poemi del ciclo bretone. La prima grande espressione letteraria la troviamo nel *Perceval ou le conte du Graal* (1180 ca.) di Chrétien de Troyes; pochi anni dopo sarà ripreso in Germania da quel von Eschenbach che ho appena citato, per poi arrivare fino a noi anche grazie a Richard Wagner (*Lohengrin*, *Parsifal*) e, da ultimo, a film e romanzi molto, e spesso inutilmente, avventurosi.

Accanto alle leggende e alle fantasie ci sono però anche le testimonianze rese dai testi e qui il discorso diventa molto più attendibile. Dalla fine dell'Ottocento a oggi sono stati scoperti molti vangeli rimasti sconosciuti per secoli, a volte per quasi duemila anni. Come bisogna valutare questi nuovi apporti? Cambiano, e in quale misura, la fisionomia di Gesù? O quella dei suoi discepoli, primo fra tutti quel Giuda confinato in eterno al ruolo di traditore per venalità?

È diffusa l'impressione che molti considerino i quattro vangeli canonici non sufficienti per conoscere Gesù, che ci sia ancora molto da scoprire su di lui.

Da tempo i testi detti apocrifi esercitano un'attrazione particolare; il modo in cui le Chiese presentano la figura di Gesù sembra a molti poco convincente. Si cerca, quindi, di avvicinarsi meglio alla verità di questo personaggio straordinario ricorrendo a scritti che le Chiese hanno trascurato o condannato. Scoperte anche recenti agevolano questa tendenza. La *Didaché*, un testo importantissimo del primo cristianesimo, è stata ritrovata nel 1873. Il *Vangelo di Tommaso* è venuto alla luce solo nel 1945 insieme con un'intera biblioteca di scritti gnostici; nel medesimo periodo si sono ritrovati nel deserto di Giuda, a sud di Gerusalemme, gli straordinari rotoli religiosi detti «di Qumran». Ogni ritrovamento ha portato cambiamenti nella fisionomia delle origini cristiane. Nel 1943 perfino un'enciclica di Pio XII sugli studi biblici ammetteva che, grazie alle nuove scoperte archeologiche, si disponeva di conoscenze bibliche superiori a quelle degli antichi Padri della Chiesa. Nel 1973 uno studioso americano ha pubblicato un nuovo frammento di un vangelo prima sconosciuto: il *Vangelo segreto di Marco*. Pochi anni fa, nel 1999, è stato pubblicato l'ultimo vangelo frammentario scoperto: il *Vangelo del Salvatore*. L'ultima scoperta eccezionale è il *Vangelo di Giuda*, anch'esso uno scritto in lingua copta. In sessant'anni sono venuti alla luce ben quattro nuovi vangeli. Sperare in ulteriori ritrovamenti futuri non è utopico.

Del Vangelo segreto di Marco *si è parlato molto. L'autore del ritrovamento, lo specialista americano Morton Smith, è anche noto per il suo libro* Gesù mago. *La scoperta però non è stata universalmente accettata.*

Nel 1958 Morton Smith, studiando nella biblioteca dell'antico monastero ortodosso di Mar Sabba, non lontano da Betlemme, trovò una lettera sconosciuta di Clemente di Alessandria (attivo in quella città fra il 180 e il 202) che citava un brano di un *Vangelo segreto di Marco* in uso presso la setta dei carpocraziani. Secondo Clemente, questo vangelo segreto era più ampio del Vangelo di Marco. Nella lettera egli ne citava un brano sconvolgente che, rispetto all'attuale Vangelo di Marco, va collocato al capitolo 10, dopo il versetto 34. L'episodio narrato in questo brano sarebbe avvenuto durante il viaggio di Gesù verso Gerusalemme.

Penso che sia utile leggerlo visto che, al momento, è tutto ciò che rimane di questo possibile vangelo perduto.

«Essi arrivarono a Betania. E lì si trovava una donna, il cui fratello era morto. E, avvicinatasi, si prostrò davanti a Gesù e gli dice: "Figlio di David, abbi pietà di me". Ma i discepoli la respinsero. E Gesù, irritatosi, andò con lei nel giardino dove era la tomba e subito si sentì un grande grido venire dalla tomba. E Gesù, avvicinatosi, rotolò via la pietra dalla porta della tomba. E subito, entrando dove era il giovane, stese il braccio e lo fece alzare afferrandolo per la mano. Ma il giovane, guardandolo lo amò, e cominciò a scongiurarlo di rimanere con lui. E uscendo dalla tomba andarono nella casa del giovane, perché egli era ricco. E dopo sei giorni Gesù gli disse cosa doveva fare e alla sera il giovane venne da lui, vestito di un lenzuolo di lino sul corpo nudo. E rimase con lui quella notte, perché Gesù gli insegnò i misteri del regno di Dio. E poi, alzatosi, tornò dall'altra parte del Giordano.» A questo punto Clemente dice che il vangelo segreto continuava con il racconto del nostro Vangelo di Marco al capitolo 10,35. Poi Clemente precisa alla persona a cui scrive che non è vero che nel *Vangelo segreto di Marco* ci sia la frase «uomo nudo con uomo nudo», come forse il suo interlocutore pensava.

Il vangelo segreto non direbbe, insomma, che anche Gesù era nudo quando passò la notte con il giovane ricoperto solo da un lenzuolo.

Da allora molti hanno cercato di consultare questo testo, che però è rimasto introvabile. Gli specialisti si sono perciò divisi fra quelli che ritengono vero il ritrovamento di Morton Smith e quelli che pensano che egli abbia inventato tutto di sana pianta per prendersi gioco degli studiosi. Ultimamente un docente americano, Steven Carlson, ha scritto un intero libro per dimostrare che Morton Smith aveva costruito un falso e che avrebbe anche lasciato intenzionalmente delle tracce perché si capisse che il suo era stato solo un gioco intellettuale.

Insomma, ancora una volta non sappiamo come davvero siano andate le cose né se questo testo esista davvero.

Uno studioso israeliano, Guy Stroumsa, ha testimoniato su una serissima rivista internazionale di avere visto insieme ad altri il testo del *Vangelo segreto di Marco* nel 1976, nel convento di Mar Sabba. Scrive: «Nella primavera del 1976, un gruppo di quattro persone, formato dal defunto David Flusser, esperto di

Nuovo Testamento, dal defunto Shlomoh Pines, professore di filosofia araba ed ebraica medievale, tutti e due dell'università di Gerusalemme, dall'archimandrita Melitone, del patriarcato greco di Gerusalemme (che in quel periodo era studente ricercatore presso l'università Ebraica) e da me (che ero dottorando all'università di Harvard) si recò con la mia macchina da Gerusalemme al monastero di Mar Sabba nel deserto di Giudea, alla ricerca della lettera di Clemente. Insieme con Flusser e Pines eravamo molto incuriositi dalla sensazionale descrizione che Morton Smith aveva fatto della sua scoperta e volevamo vedere il testo con i nostri occhi. L'archimandrita Melitone aveva acconsentito ad accompagnarci. Quando arrivammo al monastero, con l'aiuto di uno dei monaci cominciammo a cercare … sui polverosissimi scaffali della biblioteca nella torre del monastero … a un certo punto il monaco trovò il libro con le tre pagine manoscritte della lettera di Clemente esattamente come aveva descritto Smith … Il libro era evidentemente rimasto dove Smith lo aveva trovato e dove lo aveva ricollocato». Stroumsa, uno degli specialisti più noti dell'antico cristianesimo, riporta poi diverse lettere scambiate, tra la fine degli anni Cinquanta e gli anni Settanta, tra Morton Smith e il famoso specialista di mistica ebraica Gershom Scholem; esse, assicura, «sono sufficienti a convincere anche il lettore più scettico dell'onestà di Morton Smith». È un altro tassello che arricchisce la conoscenza delle diverse immagini di Gesù esistenti nel cristianesimo antico.

Meno nota è invece la scoperta del nuovo vangelo, quello del Salvatore. Perché se ne è parlato così poco, almeno in Italia? Quale immagine ci dà di Gesù?

Come scrivo in un saggio che ho dedicato a questo vangelo, il 20 marzo 1967 Karl J. Möger, un antiquario olandese, si decise a vendere una decina di frammenti di pergamena vergati in copto. I frammenti vennero acquistati da un funzionario del Museo egizio di Charlottenburg (Berlino) che non sembrava per la verità molto interessato. Del resto, nessun privato sarebbe stato disposto a spendere molto per dei pezzi di pergamena indecifrabili, senza immagini, privi di qualsiasi attrattiva estetica. La vendita venne contrattata per la modesta cifra di 300 marchi tedeschi. Non sembra che il compratore abbia chiesto la provenienza dei frammenti ed è del resto improbabile che Möger glielo avrebbe mai detto. Quale che ne sia la fonte, questo vangelo appare di grande importanza. Riflette una delle tante correnti di quel cristianesimo mistico che si ritrova in molti testi simili al Vangelo di Giovanni o a quello di Tommaso. La trasfigurazione di Gesù sembra qui presentata come l'esperienza di un viaggio celeste, in cui Gesù arriva al cielo, dove abita la divinità, e i suoi discepoli ottengono rivelazioni particolari. L'esperienza mistica del viaggio celeste, che è importante per l'*Ascensione di Isaia* e per il Vangelo di Giovanni, viene qui presentata diverse volte. Ci sono poi dei dialoghi fra Gesù e i suoi discepoli nell'ultima sera o dopo la sua resurrezione, in cui appaiono riti che ritroviamo anche nel *Vangelo di Filippo*. L'autore sembra conoscere e utilizzare in modo molto originale diversi vangeli: quello di Luca, di Giovanni e di Tommaso.

Nella primavera del 2006 il Vangelo di Giuda *è stato presentato, anche con un certo battage pubblicitario, come la scoperta più clamorosa. In effetti, la figura di Giuda viene completamente rovesciata.*
È un evento di certo importante, al di là dello sfruttamento pubblicitario, perché il *Vangelo di Giuda* è un testo cristiano antichissimo. È infatti quasi sicuro che sia proprio quello di cui parlava Ireneo di Lione negli ultimi decenni del II secolo. Secondo Ireneo, di alcune delle teorie esposte nel vangelo si sarebbe appropriata la «scuola» di Valentino, un teologo cristiano di grande importanza, attivo a Roma fra il 140 e il 150 circa. Il *Vangelo di Giuda*, se stiamo a questa notizia, potrebbe non essere perciò posteriore a quel periodo. Scrive Ireneo: «Altri ancora dicono che Caino proveniva dalla suprema Potenza e che Esaù, Core, i sodomiti e tutti i loro simili erano della medesima parentela e per questo motivo, pur essendo combattuti dal Demiurgo, non ne hanno subito alcun danno perché la Saggezza si impadroniva di ciò che in essi le apparteneva. Tutto ciò, essi dicono, Giuda il traditore lo conosceva bene e ha portato a termine il mistero del tradimento, perché egli solo tra i

discepoli conosceva la verità. Mediante lui, essi dicono, sono state distrutte tutte le cose celesti e terrestri. E si rifanno alla redazione di un'opera di questo tipo che chiamano *Vangelo di Giuda*».

Se capisco bene, il concetto chiave è racchiuso nelle parole «ha portato a termine il mistero del tradimento». Non una scelta, dunque, e men che meno per denaro, bensì un obbligo.

Infatti questo vangelo presenta la morte di Gesù come un bene necessario per la salvezza. Secondo certe teorie che Ireneo riporta, nell'uomo Gesù, al momento del battesimo da parte di Giovanni Battista, si era incarnato il Cristo, un essere celeste. Uccidendo Gesù, il Cristo poteva risalire al luogo di provenienza ponendo fine a tutta la creazione (ogni realtà celeste e terrestre). Il mondo infatti, secondo questa teoria, era un male e il Dio che l'aveva creato era un Dio malvagio.

Non siamo molto lontani dalle teorie gnostiche, secondo le quali il serpente che induce Eva a disobbedire a Dio non era un essere malvagio, anzi la spinge alla ricerca della verità.

Secondo alcuni gnostici, malvagio era il Dio creatore, perché aveva creato un mondo fonte di tutti i mali. Il serpente compie, al contrario, un'opera di salvezza: induce gli uomini a disobbedire al Dio cattivo e li fa arrivare alla verità sulla creazione e sulla natura dell'uomo. Tutto ciò che il Dio della Bibbia comanda va combattuto e trasgredito. Esiste però un Dio vero, che è inconoscibile e abita in un regno al di sopra dei cieli, dove risiede una Trinità costituita dal Padre, da Allogenes e da Barbelo. Gesù discende da questa Trinità e ha in comune con essa una natura totalmente spirituale. Il *Vangelo di Giuda* sostiene quindi che esistono due Gesù: un Gesù spirituale che non si vede e il Gesù di carne che riveste e nasconde il vero Gesù. Solo Giuda è in grado di comprendere questo mistero e ha da Gesù la rivelazione della verità. Gli altri discepoli, invece, non conoscono la sua vera natura, perché non appartengono al regno spirituale e adorano il Dio malvagio. Gesù dice a Giuda: «Tu sarai maggiore di loro. Poiché sacrificherai l'uomo che mi riveste». In sostanza, è Gesù stesso che ordisce una macchinazione e spinge Giuda a consegnarlo ai carnefici.

Questo testo non ci offre alcuna notizia storica attendibile né sulla figura di Gesù né su quella di Giuda. È una specie di controvangelo, scritto per contestare i vangeli di Giovanni e di Matteo e per condannare le idee e le pratiche religiose della Chiesa maggioritaria, che si rifaceva ai dodici apostoli. La sua importanza, però, è grandissima per le informazioni che ci dà sul cristianesimo intorno alla metà del II secolo. Ci fa comprendere quanti diversi gruppi di cristiani esistessero in quel periodo, quanti vangeli circolassero, quanti dibattiti appassionati si svolgessero nelle Chiese. A quel tempo non esisteva ancora il Nuovo Testamento, non esistevano scritti normativi, il cristianesimo si manifestava in modi molto vari, anche conflittuali.

Una leggenda che ha conosciuto anche di recente nuova vitalità grazie a un noto romanzo è quella del santo Graal. Di che si tratta? Dove mai si troverebbe questo oggetto misterioso?

Non è possibile dire dove il Graal si possa trovare per il semplice fatto che questo oggetto non è mai esistito. Non credo neppure che siano esistite persone che l'hanno realmente cercato. L'unica certezza storica è che sono state scritte leggende sul Graal e sulle persone che lo avrebbero cercato. Il Graal non esiste, ma le leggende e le fantasie letterarie sì. E le leggende ovviamente interessano, sono un prodotto della fantasia umana e non c'è nulla di più affascinante che cercare di capire perché, per secoli, queste fantasie siano state prese così sul serio.

Quando si è cominciato a parlare del Graal in rapporto a Gesù?

Solo nel Medioevo. Nel 2005 Mondadori ha pubblicato nella collana «I Meridiani» il volume *Il Graal*, che contiene gran parte di queste leggende: sono tutte posteriori al XII secolo. La prima volta che il Graal compare è tra il 1180 e il 1181, nel romanzo di Chrétien de Troyes, *La storia del Graal*, scritto in Francia appunto in quegli anni. La parola «Graal» significava nella lingua del tempo semplicemente una scodella larga e fonda piuttosto grande, usata soprattutto nei pranzi sontuosi. Ha perciò ragione chi sostiene che il titolo del romanzo dovrebbe essere tradotto alla lettera «Il racconto del piatto» o «Il racconto della fondina». Nella mitologia celtica precedente, l'oggetto simboleggiava però abbondanza: il Graal era il calderone dell'abbondanza. Chrétien de Troyes vuole intenzionalmente cristianizzare questo simbolo. Il piatto fondo (*graal*) del suo romanzo contiene un'ostia di cui si nutre da quindici anni il padre del Re Pescatore. In una scena famosissima l'eroe del romanzo, Percival, vede il Graal durante un banchetto; il piatto è accompagnato da altri simboli della mitologia celtica, per esempio la spada sulla cui punta c'è una goccia di sangue. La cristianizzazione sta nel fatto che ora il piatto contiene un'ostia. Ma, in sé, il piatto non ha nulla di sacro e non ha a che fare con Gesù. È solo in un romanzo scritto poco tempo dopo da Robert de Boron, *Giuseppe di Arimatea* (o *Romanzo della storia del Graal*), che il Graal diventa la coppa preziosa che Simone, discepolo di Gesù, aveva in casa e che Gesù usò per l'eucaristia nell'ultima cena.

Ma la coppa ora diventata sacra non era servita anche a raccogliere il sangue di Gesù morente sulla croce?

Più esattamente, secondo il racconto romanzesco di Robert de Boron, Giuseppe di Arimatea vi raccolse il sangue dal cadavere di Gesù al momento della deposizione. Gesù ordina a Giuseppe di custodire questo vaso sacro e di consegnarlo poi a Hebron, suo cognato, che lo deve portare in Occidente. Hebron, giunto in Occidente, consegnerà il Graal al figlio di suo figlio, che lo dovrà custodire per sempre e a lui «sarà pienamente rivelato il senso simbolico della santa Trinità». Il Graal è ormai diventato un oggetto di culto dal potere miracoloso, detentore di segreti rivelati solo a chi lo deve custodire. I miti medievali celtici sono condensati in questo oggetto, che viene ricondotto a Gesù.

Pur trattandosi di un oggetto di fantasia, le leggende danno qualche indizio sul luogo in cui potrebbe trovarsi?

Direi che il luogo non ha molta importanza. Conta di più il fatto che colui che saprà trovare il calice potrà accedere non solo al potere del Graal, ma anche alle rivelazioni segrete che Gesù aveva trasmesso a Giuseppe. Il compito della salvezza viene quindi, in un certo modo, affidato non alla Chiesa ufficiale, ma a un gruppo misterioso di iniziati segreti. Come ha scritto Francesco Zambon nell'introduzione al volume *Il Graal*: «La cavalleria diventa la Chiesa esoterica e militante per mezzo della quale Cristo porta a compimento la salvezza nel mondo». Di questa leggenda viene però data anche una versione ecclesiastica ortodossa nel romanzo *La ricerca del Graal*.

I romanzi e le leggende sul Graal hanno qualche rapporto con le crociate e la riconquista del Santo Sepolcro?

Certamente. Queste fantasie prive di fondamento sono nate o per dare una legittimità religiosa a monarchie medievali, oppure per cercare di trasferire in Occidente le reliquie di Gesù che si immaginava potessero esistere in quella Terrasanta conquistata, a partire dal VII secolo, dai musulmani.

Esiste una spiegazione ragionevole per lo straordinario successo del mediocre romanzo di Dan Brown Il codice da Vinci?

È diventato di moda pensare che esistano segreti, riti o oggetti che riguardano un evento di straordinaria importanza per la storia dell'umanità. Oggetti, dottrine, riti o personaggi ignoti alla maggioranza, conosciuti solo da pochissimi che per secoli li hanno occultati. I motivi per i quali il segreto deve essere trasmesso solo per via esoterica sono diversi. Si tratta, in genere, di teorie fumose, barcollanti filologie, vaghe allusioni con le quali si lascia intendere che la verità profonda è nascosta sotto affermazioni e racconti che, parlando d'altro, alludono in realtà a fatti e verità che un lettore iniziato può decifrare; un percorso difficile, quasi una caccia al tesoro, al cui esito finale pervengono solo coloro che posseggono chiavi segrete di lettura.

Capisco il fascino del meccanismo. È lo stesso della letteratura poliziesca e d'avventura. Ma perché applicarlo a misteri della fede, per loro natura inspiegabili?

La diffusione della moda che riguarda Gesù e le origini cristiane dipende dal fatto che la figura di Gesù appare positiva, gode di ampio favore. D'altro canto le Chiese cristiane sembrano aver tradito, nascosto o manipolato la sua fisionomia

adattandola alla propria ideologia, ai propri meccanismi di
potere. Gesù va quindi riscoperto cercandone l'immagine vera al di sotto dei testi che le Chiese avrebbero manipolato.

*Gli storici condividono questa disistima verso le varie Chiese cri-
stiane e l'idea che abbiano manipolato il messaggio di Gesù?*

Gli specialisti non pensano che le Chiese abbiano voluto occultare la figura di Gesù per impedire la conoscenza di verità
che metterebbero in pericolo il loro potere. La fede delle Chiese cristiane antiche si forma, secondo gli storici, su elementi
facilmente ricostruibili, che portano a trasformare le concezioni di Gesù in quelle dei cristiani dei secoli successivi. Questo
lento processo di trasformazione non ha mai avuto lo scopo di
occultare o di trasformare intenzionalmente la figura di Gesù
a fini di potere. Sono ipotesi storicamente inattendibili.

*Torno a chiedere: da che cosa dipende, allora, un così ampio favore
di queste ipotesi e dei testi che le raccolgono?*

Si è diffuso un modello mentale per il quale, se c'è una verità,
essa deve essere per forza occulta. Lo schema viene applicato
anche alla figura di Gesù, concepita come positiva, mentre le
Chiese, valutate negativamente, sono viste come responsabili
d'averne alterato la fisionomia. L'attuale interesse per il Graal è
diverso da quello medievale. Allora si cercava di rientrare in
possesso di alcune importanti reliquie, soprattutto dopo la conquista della Terrasanta da parte dell'Islam. Era una religiosità
per la quale il contatto con le reliquie consentiva l'accesso alla
fonte del sacro, a una forza sacra primigenia.

*Oggi quali altri modi vengono adottati per avvicinare la figura di
Gesù? Che posto ha, che valore si dà alla ricerca storica?*

Non vedo molti altri modi. C'è quello della fede e della pratica delle Chiese (la preghiera, i sacramenti), in cui si cerca Gesù per conoscere e ottenere i benefici della salvezza che egli
può portare. Alcuni, non molti, cercano una rivelazione particolare. C'è chi ha bisogno di un feticcio, di una reliquia, sia essa il Graal o la sindone, di luoghi santi, di statue o di immagini, oggetti che è necessario toccare per impadronirsi di un

potere sacro. Abbiamo, infine, la ricerca storica. Lo storico non vuole impadronirsi di feticci che trasmettano un potere particolare. Egli rintraccia con maggiore o minore certezza eventi e documenti del passato mettendoli a disposizione dei suoi contemporanei. Sta poi a ciascuno valutarli, facendone l'uso che crede, sulla base delle proprie conoscenze e della propria libera volontà.

Postfazione

ALLA RICERCA DELLA FIGURA «STORICA» DI GESÙ

Quando Corrado Augias mi ha proposto un dialogo sulla figura «storica» di Gesù, ho accettato volentieri perché sono convinto che i risultati della ricerca storica siano poco noti in Italia. Sono più diffusi interpretazioni confessionali e innumerevoli libri devozionali che propongono un'immagine semplificata e banale di Gesù, quasi che i fedeli non abbiano bisogno d'interrogarsi sulla verità storica. Ci sono poi libri scandalistici, mossi da un atteggiamento antiecclesiastico, scritti da persone che hanno scarsa preparazione storica. Alcuni continuano a sostenere la tesi, priva di qualsiasi fondamento, secondo la quale Gesù non sarebbe mai esistito. Altri avvalorano con credulità le affermazioni di alcuni scritti apocrifi, negando quasi in via di principio ogni attendibilità ai testi canonici o alle affermazioni delle Chiese.

Il fatto è che negli ultimi trent'anni si sono verificati grandi mutamenti nell'indagine su Gesù e sulle origini cristiane. Sono stati pubblicati decine di libri importanti sulla figura storica di Gesù e migliaia di contributi scientifici. Una seconda novità è stata l'opera sistematica sui testi non canonici dei primi secoli. Questa ondata di ricerche, iniziata fra la Svizzera e la Francia, ha invaso poi gli Stati Uniti e ora, con un po' di ritardo, sta arrivando anche in Italia. Oggi gli specialisti sono costretti a domandarsi in modo nuovo: Come è nato il cristianesimo? Quando è nato? Solo negli ultimi dieci anni numerosi studi hanno tentato di spiegare come il cristianesimo si sia formato. E siamo agli inizi di questa nuova visione di cui il pubblico è ancora assai poco informato.

Lo scollamento fra gli ambienti in cui si svolge la ricerca

storica e il resto dell'opinione comune è enorme. Penso che il dialogo fra Augias e me sia stato creativo per entrambi. Ho compreso il bisogno che oggi abbiamo di uomini di vasta cultura, capaci di mettere in collegamento i risultati dell'indagine scientifica con i bisogni che si manifestano in una società complessa come la nostra. Ma ci vogliono anche storici in grado di organizzare in modo diverso i propri pensieri per fornire risposte ai bisogni reali. Di fronte a domande di rilevante interesse generale, lo specialista si trova a volte in difficoltà. Molti studiosi sanno scoprire dettagli di grande importanza, ma non sono in grado di ricostruire un'immagine complessiva. All'inizio ho avuto la tentazione di non rispondere in modo assertivo alle domande di Augias oppure di limitarmi a presentare un ventaglio di ipotesi plausibili. Poi ho deciso di riassumere il più semplicemente possibile le convinzioni cui sono arrivato dopo una lunga ricerca che mi sembra onesta. Come ogni conclusione scientifica, le mie convinzioni sono migliorabili, contestabili, anche se – mi auguro – verificabili nelle loro basi razionali.

Sono convinto che la ricerca storica rigorosa non allontani dalla fede, ma non spinga neppure verso di essa. Una cosa è cercare Gesù per ottenerne benefici di salvezza o, al contrario, per criticare e combattere la fede delle Chiese. Tutt'altra cosa è tentare di conoscere storicamente ciò che Gesù ha effettivamente detto, fatto, sperimentato e creduto. Per tali motivi, nel dialogo condensato in questo libro ho sempre cercato di mantenermi sul piano storico, evitando di presentare le mie personali convinzioni sulla fede.

C'è chi critica gli specialisti perché in perpetuo dibattito gli uni con gli altri e perché i loro risultati appaiono sempre provvisori. Meglio sarebbe basarsi sulle certezze di una fede assoluta o, all'opposto, sul rifiuto deciso di ogni questione religiosa, un modo anche questo per chiudere una volta per tutte il problema. Io credo, al contrario, che una caratteristica umana irrinunciabile sia quella di mettere sempre in gioco le proprie convinzioni sulla base di acquisizioni nuove, senza pregiudizi verso le opinioni degli altri, ma cercando di chiedere loro quali siano le basi razionali dei rispettivi convincimenti. Come insegna Socrate, si tratta di spiegare le proprie ragioni, ma di chiedere che anche gli altri lo facciano. Altrimenti il pericolo del fondamentalismo o dell'intolleranza è alle porte.

In questo libro mi sembra di avere sostenuto, in grande sintesi, che Gesù era un ebreo che non voleva fondare una nuova religione. Non era un cristiano. Era convinto che il Dio delle Sacre Scritture ebraiche stesse cominciando a trasformare il mondo per instaurare finalmente il suo regno sulla terra. Era del tutto concentrato su Dio e pregava per capire la sua volontà e ottenere le sue rivelazioni, ma era anche del tutto concentrato sui bisogni degli uomini, in particolare i malati, i più poveri e coloro che erano trattati in modo ingiusto. Il suo messaggio era inscindibilmente mistico e sociale.

Il regno di Dio non venne e, anzi, egli fu messo a morte dai romani per motivi politici. I suoi discepoli, che provenivano da ambienti i più vari, ne diedero fin dall'inizio interpretazioni differenti. Si interrogarono sulla sua morte fornendo spiegazioni diverse e molti di loro si convinsero che egli fosse risuscitato. Un certo numero di suoi seguaci rimase dentro le comunità ebraiche, mentre altri diedero vita a una nuova religione percorsa da diverse correnti, il cristianesimo. Solo fra il III e il IV secolo si sarebbe formata una collezione di Sacre Scritture cristiane, quella che oggi si chiama «Nuovo Testamento», ma numerosissime opere dei primi cristiani erano state nel frattempo scritte. Quelle che le Chiese considerarono apocrife, a partire all'incirca dal IV secolo, scomparvero poco alla volta, ma sono ricomparse dalla fine dell'Ottocento a oggi grazie agli scavi archeologici e alle ricerche storiche. La massa di studi sviluppata in centocinquant'anni ha rivoluzionato le nostre conoscenze.

Spero che lettrici e lettori, di fronte alla presentazione di tante affermazioni e ipotesi storiche, siano spinti ad allargare la propria conoscenza e a leggere direttamente opere che forse non conoscevano. Quanto più aumenta la consapevolezza storica, tanto più si rinvigoriscono il pensiero critico e la vita democratica di un paese, e i fondamentalismi di qualunque tipo dimostrano la propria debolezza culturale e la devastazione mentale che operano. Anche chi non è uno specialista può farsi un'idea personale. Ma ciò può avvenire solo a determinate condizioni. In primo luogo, bisogna leggere sintesi storiche serie. Occorre poi consultare direttamente tutti i vangeli, canonici e non canonici, sulla base di buone traduzioni e buoni commenti.* Soprattutto, bisogna leggere i vangeli con la consapevolezza che l'uno non deve essere letto alla luce dell'altro, perché ognuno trasmette una diversa visione dei fatti. È necessario fare grande attenzione alle differenze. Inoltre, bisogna sempre ricordare che, fin dall'inizio, sono state date interpretazioni diverse di Gesù. In principio c'è la diversità: non un solo cristianesimo, ma molti cristianesimi. Del resto le cose stanno così ancora oggi. Anche per le altre religioni.

Mauro Pesce

* Per un'informazione aggiornata su tutti gli aspetti degli studi biblici si può consultare l'*Anchor Bible Dictionary* (6 voll., New York, Doubleday, 1992), disponibile anche su cd-rom. La migliore introduzione storica a tutti i vangeli e a tutti gli scritti cristiani delle origini si trova nelle prime trecento pagine della *Storia della letteratura cristiana* di E. Norelli citata in Bibliografia. Una buona introduzione al Nuovo Testamento è quella di R.E. Brown, tradotta dalla editrice Queriniana di Brescia nel 2001, dove si troveranno le indicazioni di uno dei più accreditati esegeti cattolici americani. Chi voglia approfondire il dibattito in corso sul quando, come e perché sia nato il cristianesimo, può leggere *Quando è nato il cristianesimo?*, «Annali di Storia dell'Esegesi», Bologna, Edizioni Dehoniane, 2004. Su Gesù, oltre ai libri di J.D. Crossan, E.P. Sanders, G. Theissen, citati in Bibliografia, segnalo: G. Barbaglio, *Gesù ebreo di Galilea*, Bologna, Edizioni Dehoniane, 2003; J.P. Maier, *Un ebreo marginale. Ripensare il Gesù storico*, 3 voll., Brescia, Queriniana, 2003-2005; ma la letteratura è immensa. Del resto, nei libri di A. Destro e M. Pesce *Come nasce una religione*, interamente dedicato al Vangelo di Giovanni, e *Le forme culturali del cristianesimo nascente*, che approfondisce anche alcuni aspetti del rapporto tra Gesù e il giudaismo, si trovano indicate molte opere i cui risultati ho sintetizzato nelle mie risposte a Corrado Augias. Per i vangeli consiglio di iniziare lo studio dal commento recentissimo di F. Bovon al *Vangelo di Luca*. Quelli di R. Schnackenburg al *Vangelo di Giovanni*, quello di J. Gnilka al *Vangelo di Matteo* e di R. Pesch al *Vangelo di Marco* sono ancora fondamentali. Tutti e quattro sono pubblicati dalla casa editrice Paideia di Brescia. Per conoscere la storia della ricerca sulla Bibbia nell'ultimo secolo mi permetto di rimandare ai miei saggi: *Il rinnovamento biblico*, in *Storia della Chiesa*, vol. XXIII: *I cattolici nel mondo contemporaneo (1922-1958)*, a cura di M. Guasco, E. Guerriero, F. Traniello, Cinisello Balsamo, Edizione Paoline, 1991, pp. 575-610; *Il rinnovamento biblico*, in *Storia della Chiesa*, vol. XXV: *La chiesa del Vaticano II (1958-1978). Parte II*, a cura di M. Guasco, E. Guerriero, F. Traniello, Cinisello Balsamo, Edizione San Paolo, 1994, pp. 167-216.

Il bisogno di conoscere meglio Gesù detto il Cristo, che ha così profondamente influenzato la storia del mondo, è diffuso anche fra chi non lo ritiene il «figlio di Dio». Chi egli fosse, sulla base di quanto possiamo sapere e ricostruire, il lettore lo avrà scoperto nelle pagine che precedono. Lo studioso Morton Smith, nel suo libro *Gesù mago*, ha scritto: «Provare a descrivere il vero Gesù è come tentare, in fisica atomica, di localizzare una particella submicroscopica e determinarne la carica». Impresa ardua, ma che si può ugualmente tentare, se non altro perché «la particella non può essere osservata direttamente, però, su una lastra fotografica, possiamo individuare le linee lasciate dalle traiettorie delle particelle di maggiori dimensioni che essa ha messo in moto». È più o meno ciò che io, profano, ho cercato di fare ponendo al professor Pesce le domande.

Gli esperti dell'argomento dicono quasi unanimi che l'inizio della moderna ricerca su Gesù risale al 1778, anno in cui venne pubblicato, postumo, un saggio di Hermann Reimarus, un professore di Amburgo di lingue orientali, che s'intitolava *Dello scopo di Gesù e dei suoi discepoli*. In quelle pagine Reimarus descriveva Gesù come un profeta politico, ucciso per questo dagli occupanti romani, la cui salma era stata trafugata dai seguaci, che cominciarono a costruire su di lui un mito. Credibile o no che fosse la sua ricostruzione, Reimarus ebbe il merito di far notare per la prima volta con grande nettezza le notevoli differenze esistenti fra il Gesù storico e il Cristo della fede. Dopo di lui la ricerca non s'è più fermata. Martin Kähler pubblicò nel 1896 *Il cosiddetto Gesù storico e l'autentico Cristo biblico*, in cui addirittura negava la possibilità di arrivare a conoscere la figura storica di Gesù poiché i testi del Nuovo Testamento, in primo luogo i vangeli, hanno il solo scopo di proclamare il Cristo della fede, essendo scritti teologici assai più di quanto non siano resoconti biografici. E il pensatore e teologo Rudolf Bultmann, protestante, sostiene, per esempio, che la visione del mondo contenuta nel Nuovo Testamento è completamente mitologica e che, nonostante questo, non c'è un solo passo nei ventisette testi che lo compongono in cui Gesù sia chiamato Dio. Unica eccezione quella in cui Tommaso si rivolge a Gesù con l'invocazione «Mio Signore e mio Dio» (*Gv* 20,28).

Paul Tillich, un altro teologo tedesco, protestante come Bultmann, avanzò l'ipotesi che il tentativo di scoprire chi fosse il vero Gesù s'era risolto in un fallimento, ma che la cosa aveva una rilevanza relativa dal momento che la vera importanza del Cristo è di essere diventato un simbolo che conduce a una nuova forma di esistenza. Le pretese «vite di Gesù», egli scrisse, sono più simili a romanzi che a vere biografie. Il cristianesimo, aggiunse nel suo *Teologia sistematica*, non è basato sull'accettazione di un romanzo storico bensì sulla testimonianza del carattere messianico di Gesù: «La partecipazione, non la prova storica, garantisce la realtà dell'evento sul quale il cristianesimo si fonda».

Si arrivò in questo modo ad avere studiosi che sostenevano ipotesi opposte: secondo alcuni, importanti sono il Cristo, il suo messaggio, il suo esempio, il suo sacrificio, non la religione (tanto meno le Chiese) che sul suo nome sono state fondate; altri invece, come Tillich, scrivono che è il cristianesimo ciò che conta, non le reali esperienze di Gesù, che restano per la gran parte indimostrabili.

Con il progressivo affinarsi degli strumenti storici, i dubbi e le discussioni anziché diminuire si sono intensificati. Uno dei punti sui quali si raggiunse tuttavia un consenso pressoché generale è che Gesù, i suoi apostoli e i vangeli detti sinottici non hanno mai descritto l'azione del Cristo nei termini che verranno poi impiegati dalle varie Chiese cristiane, compresa quella cattolica.

Un altro punto del dibattito è stata la collocazione di Gesù nel contesto ebraico suo proprio. Per esempio, si è dimostrato con una certa facilità che i suoi insegnamenti morali non hanno niente di originale, essendo anzi profondamente radicati nella tradizione dell'ebraismo.

L'importanza della figura e la scarsità dei dati non spiegano però per intero l'accanimento e, si potrebbe dire, l'ansia con la quale il dibattito è proseguito e, com'è prevedibile, proseguirà. Se molti uomini hanno influito, in misura maggiore o minore, sulla storia dell'umanità, nessuno però lo ha eguagliato.

La spiegazione di un fenomeno di tale imponenza è semplice per i cristiani: Gesù è il figlio di Dio fattosi uomo per redimere con il suo sacrificio i peccati del mondo. Gesù è il nuovo Adamo venuto a riscattare la debolezza dei progenitori dell'umanità, Adamo ed Eva, e a stipulare una nuova Alleanza fra Dio e il genere umano. Con quale ardimento blasfemo si pretenderebbe dunque di tracciare la biografia di un essere che, per la sua stessa natura, sfugge e trascende ogni possibile definizione? Le interpretazioni dei fatti e delle parole che gli vengono attribuite non sono forse infinite, come infiniti sono la sapienza e il potere divini? Per qualunque cristiano il discorso può finire a questo punto.

E per i non cristiani? Dov'è, per chi non fa parte della comunità cristiana, il mistero, l'enigma irrisolto di Gesù? Ovvero, ribaltando la domanda, fino a che punto è possibile conoscere la vita, le parole, le azioni di questo grande uomo? Grande, appunto, però uomo? Ripetendo per la terza volta la domanda, in una forma ancora diversa: è possibile parlare di Gesù e raccontarlo come un qualunque altro protagonista della storia, prescindendo cioè dalla sua «divinità»?

Comunque si giri la domanda, la risposta è complessa; ma, per complessa che sia, questo libro ne contiene una possibile. Ridurre Gesù a una dimensione storica è difficile, si frappongono interferenze di varia natura. La prima, forse la più consistente, è che Gesù appartiene alla tradizione e alla cultura ebraiche: da quella tradizione e cultura deve essere estratto e isolato per farlo diventare il fondatore di una nuova religione che alla precedente è connessa, ma che, da quella, è anche notevolmente diversa. Riccardo Calimani, presentando il suo bel libro *Gesù ebreo*, chiedeva: «Quanti ricordano nel momento in cui brindano all'anno nuovo che stanno festeggiando la circoncisione di un bimbo ebreo?». Infatti, fino a pochi anni fa, sui calendari stampati nel mondo cristiano appariva, alla data del 1° gennaio, la dicitura «Circoncisione di N.S. Gesù Cristo». Oggi è sparita, così com'è sparita l'altra dicitura «Purificazione della Vergine» che cadeva il 2 febbraio, cioè quaranta giorni dopo la nascita del bambino. La Legge di Mosè ordinava che le donne d'Israele, dopo il parto, rimanessero per quaranta giorni senza accostarsi al tabernacolo. Spirato tale termine, dovevano essere purificate offrendo il sacrificio di un agnello; a questo si doveva poi aggiungere una tortora o una colomba, offerte per il peccato. Se poi la madre era troppo povera per offrire l'agnello, il Signore permetteva di sostituirlo con un'altra tortora o con un'altra colomba. Come scrive l'evangelista Luca (2,22-24): «Quando venne il tempo della loro purificazione, secondo la Legge di Mosè, portarono il bambino a Gerusalemme per offrirlo al Signore ... e per offrire in sacrificio una coppia di tortore o di giovani colombi, come prescrive la Legge del Signore».

I precetti ebraici sono stati in parte recepiti in parte rifiutati dal cristianesimo. Resta che parole e azioni di Gesù non possono essere comprese né interpretate se non si tiene conto della tradizione religiosa dalla quale proveniva, nella quale era immerso e verso la quale dichiarò più volte il più profondo rispetto, come il professor Pesce ha spiegato in modo così esauriente.

Una corrente di pensiero ha voluto addirittura negare l'esistenza concreta, fisica, in quegli anni in terra d'Israele, di un uomo chiamato Gesù, ebreo o no che fosse. Prendendo come prova le numerose contraddizioni dei vangeli, i sostenitori di questa tesi affermano che Gesù è una creazione puramente concettuale. Certo, una figura come quella è esistita, dicono, non però come concreto personaggio storico, bensì come «incarnazione» delle aspirazioni profetiche, nazionali, religiose esistenti all'epoca in quella parte del mondo. E i vangeli? I vangeli, rispondono, vanno trattati alla stregua dei poemi omerici, sono cioè documenti letterari, non testimonianze; i miracoli di Gesù hanno lo stesso valore «documentario» delle fatiche di Ercole o dell'astuzia di Ulisse; raccontano che in un uomo alcune qualità hanno raggiunto un valore altissimo facendosi esemplari, antonomastiche, se si vuole «miracolose».

Quando si esce da una visione di pura fede del fenomeno Gesù, la scarsità delle fonti e la loro contraddittorietà, la manipolazione profonda che hanno subito nel corso dei secoli, di cui gli esegeti possono scorgere la traccia senza poter ricostruire l'originale, contribuiscono ad aumentare divisioni e interpretazioni. D'altronde, molte persone «credono» senza il bisogno di riflettere sulla propria fede; in altri casi essere cresciuti in un ambiente in cui la fede è data per scontata facilita un'adesione acritica, l'abbandono a quella immensa consolazione che la fede sicuramente rappresenta. Come già ricordato, nella *Messa da requiem* c'è un passo che definisce con precisione la doppia speranza rappresentata da una vita e da una salvezza eterne. Si trova nel *Libera me*, là dove i versetti dicono: «*Libera me, Domine, de morte aeterna, in die illa tremenda; quando coeli movendi sunt et terra. Dum veneris judicare saeculum per ignem*». Spettacolo davvero apocalittico quello in cui tutti gli esseri umani, i morti e i vivi, saranno assegnati una volta per sempre al loro eterno destino.

Ogni religione, ciascuna a suo modo, ripone l'ultima e più alta speranza in una realtà trascendente e benevola, efficace antidoto alla durezza, alle ingiustizie, al male profondo e spesso ingiustificato della vita. Nel cristianesimo questa suprema salvezza è affidata alla figura di Gesù. È difficile concepire il volto di Dio, per gli ebrei è addirittura impensabile e blasfemo tentare di raffigurarlo. Com'era il Dio che sul monte Sinai consegnò a Mosè le tavole della Legge? Già nel porre la domanda si capisce che ogni risposta è impossibile. Per i cristiani invece, il fatto che un vero Dio sia stato per un certo numero di anni anche un vero uomo, con una madre, un padre (anche se «putativo»), una casa e un mestiere, rende molto più accessibile la divinità. Infatti, come abbiamo visto, sono innumerevoli le rappresentazioni del Cristo e poiché nessuno sa quale aspetto avesse in realtà, ogni artista, ogni illustratore, ogni cantore popolare e ogni teologo ha potuto immaginarlo e rappresentarlo alla sua maniera.

Sbaglia chi definisce «infantile» questo modo di credere, chi lo considera un rimedio in fondo facile, addirittura una via di comoda fuga dalle asperità della vita. In termini religiosi si può dire, al contrario, che questo tipo di fede è sicuramente un dono. Ed è proprio tale «dono» grande e ingenuo che viene messo a repentaglio dalla cosiddetta modernità, che vuol dire comunicazioni, confronto, scambi più frequenti, più rapidi, fra stili di vita e fra religioni diverse. Nel momento in cui questa fede consolatoria diventa una forma sia pure rudimentale di riflessione, viene trasformata in qualcosa che assomiglia a una sia pure rudimentale teologia.

Già i primi cristiani, come il professor Mauro Pesce ha raccontato molto bene durante il nostro colloquio, avevano cominciato a riflettere sulla natura di Gesù, la sua vita, i miracoli, la morte, la resurrezione. Nel corso dei secoli, questi tentativi sono diventati un imponente e organico sistema, che ha conosciuto il suo picco concettuale con la filosofia scolastica e il suo più alto rappresentante con Tommaso d'Aquino, che ha elevato la teologia al rango di «scienza» sia pure subordinata alla scienza divina. La religione cristiana, in particolare la confessione cattolica, è quella che più ha sviluppato una «teologia». Il Vangelo di Giovanni, il più intellettuale dei quattro riconosciuti dalla Chiesa, è, come abbiamo visto, più una teologia sul Cristo che una sua «biografia». Anche le lettere di Paolo sono teologia e così tutti gli infiniti studi della patristica e poi dei filosofi, dei pensatori e degli uomini pii che hanno analizzato la figura del Cristo. Una figura così grande che le dimensioni umane, pur dilatate al massimo, non sono sembrate sufficienti a contenerla.

Per tentare di raggiungere quella figura, quanto meno di sfiorarla, ci siamo affidati, io nelle domande, il professor Pesce nelle risposte, alla ricerca biblica, la quale ha conosciuto nel corso dell'Ottocento un rinnovamento profondo. Quando le Sacre Scritture sono state esaminate con scrupolosa attenzione filologica, gli studiosi si sono resi conto di almeno due caratteristiche: la prima, che quei testi erano stati manipolati numerose volte nel corso dei secoli; la seconda, che all'analisi accurata essi si rivelavano così pieni di contraddizioni da risultare, fra loro, incomparabili. Si «crede» in ciò che non si conosce, ma come continuare a credere se i testi sacri sembrano sbagliare? Agostino dà una possibile risposta a questa cruciale domanda quando scrive: «*Nullus quippe credit aliquid, nisi prius cogitaverit esse credendum*», nessuno certo crede alcunché se prima non ha pensato di doverlo credere. A partire dal XIX secolo, ossia da quando la storiografia e l'esegesi biblica si sono applicate allo scrutinio meticoloso dei testi, questa è stata la drammatica divisione che s'è venuta a creare: da una parte ciò che si «doveva credere» per comune, secolare accettazione, per dotta elaborazione, per ingenua fede, in una parola per quella tradizione cristiana che ha contribuito a edificare la civiltà dell'Occidente; dall'altra l'evidenza che i testi sacri sono il frutto di disparate contingenze, risultato di numerosi rifacimenti e manipolazioni e che, come tali, possono essere letti e analizzati.

Corrado Augias

BIBLIOGRAFIA

Augé, M., *Genio del paganesimo*, trad. it., Torino, Bollati Boringhieri, 2002.

Bloom, H., *Gesù e Yahvè*, trad. it., Milano, Rizzoli, 2006.

Bovon, F., *Vangelo di Luca. Introduzione e commento*, trad. it., Brescia, Paideia, 2005.

Bovon, F., Geoltrain, P., Kaestli, J.-D., *Écrits apocryphes chrétiens*, 2 voll., Paris, Gallimard, 1995 e 2007.

Brandon, S.G.F., *Gesù e gli zeloti*, trad. it., Milano, Rizzoli, 1983.

Bultmann, R., *Credere e comprendere*, trad. it., Brescia, Queriniana, 1986.

Calimani, R., *Gesù ebreo*, Milano, Rusconi, 1990; nuova ed. Milano, Mondadori, 1998.

Carlson Steven, C., *The Gospel Hoax. Morton Smith's Invention of Secret Mark*, Waco (Texas), Baylor University Press, 2005.

Crossan, J.D., *Gesù, una biografia rivoluzionaria*, trad. it., Firenze, Ponte alle Grazie, 1994.

Cullmann, O., *Dio e Cesare: il problema dello Stato nella Chiesa primitiva*, trad. it., Milano, Edizioni di Comunità, 1957.

Destro, A., *Antropologia e religioni*, Brescia, Morcelliana, 2005.

Destro, A., Pesce M., *Le forme culturali del cristianesimo nascente*, Brescia, Morcelliana, 2006.

–, *Antropologia delle origini cristiane*, Bari-Roma, Laterza, 2005[3] (prima ed. 1995, quarta ed. Economica Laterza, 2008).

–, *Come nasce una religione. Antropologia e esegesi del Vangelo di Giovanni*, Bari-Roma, Laterza, 2000.

Dionigi, I. (a cura di), *La maschera della tolleranza*, con un saggio di Massimo Cacciari, Milano, Rizzoli, 2006.

Dostoevskij, F., *I fratelli Karamazov*, trad. it., Milano, Sansoni, 1966.

Ehrman, B., *I cristianesimi perduti. Apocrifi, sette ed eretici nella battaglia per le Sacre Scritture*, trad. it., Roma, Carocci, 2005.

–, *La verità sul* Codice da Vinci, trad. it., Milano, Mondadori, 2005.

Erbetta, M., *Gli apocrifi del Nuovo Testamento*, 3 voll., Casale Monferrato, Marietti, 1978 e 1982.

Fricke, W., *Il caso Gesù*, trad. it., Milano, Rusconi, 1988.

Hedrick, Ch.W., Mirecki P.A., *Gospel of the Savior. A New Ancient Gospel*, Santa Rosa (California), Polebridge Press, 1999.

Hengel, M., *Crucifixion in the Ancient World and the Folly of the Message of the Cross*, London, SCM Press, 1977.

Holl, A., *Spirito Santo, una biografia*, trad. it., Milano, Rizzoli, 1998.

Jonas, H., *Il concetto di Dio dopo Auschwitz*, trad. it., Genova, Il Melangolo, 2002.

Kähler, M., *Il cosiddetto Gesù storico e l'autentico Cristo biblico*, trad. it., Napoli, M. D'Auria, 1992.

Koester, H., *Ancient Christian Gospels*, London, SCM, 1999.

Küng, H., *Essere cristiani*, trad. it., Milano, Mondadori, 1976.

Leloup, J.-Y., *Il Vangelo di Filippo*, trad. it., Roma, Edizioni Appunti di viaggio, 2004.

–, *Il Vangelo di Maria. Myriam di Magdala*, trad. it., Bergamo, Servitium, 2000.

Mara, M.G., *Il Vangelo di Pietro. Introduzione, Versione, Commento*, Bologna, EDB, 2003.

Mauriac, F., *Vita di Gesù*, trad. it., Milano, Mondadori, 1984.

Mimouni, S.C., *Les fragments évangéliques judéo-chrétiens "apocryphisés"*, Paris, Gabalda, 2006.

Mimouni, S.C., Maraval, P., *Le Christianisme dés origines à Costantin*, Paris, Press Universitaires de France, 2006.

Nietzsche, F., *L'Anticristo*, trad. it., Torino, Einaudi, 1996.

Norelli, E., *Esposizione degli oracoli del Signore. I frammenti*, Cinisello Balsamo, Edizioni Paoline, 2005.

Norelli, E., Moreschini, C., *Storia della letteratura cristiana antica greca e latina, I. Da Paolo all'età costantiniana*, Brescia, Morcelliana, 1995.

Pagels, E., *I vangeli gnostici* , trad. it., Milano, Mondadori, 1982.

–, *Il vangelo segreto di Tommaso*, trad. it., Milano, Mondadori, 2005.

Pesce, M, *Il cristianesimo e la sua radice ebraica. Con una raccolta di testi sul dialogo ebraico-cristiano*, Bologna, Edizioni Dehoniane, 1994, 2006.

–, *L'ermeneutica biblica di Galileo e le due strade della teologia cristiana*, Roma, Edizioni di Storia e Letteratura, 2005.

Pesce, M. (a cura di), *Le parole dimenticate di Gesù*, Milano, Fondazione Lorenzo Valla - Mondadori, 2004.

Poppi, A., *Sinossi dei quattro Vangeli: duplice e triplice tradizione in evidenza*, Padova, Messaggero, 1983-88.

Renan, E., *Vita di Gesù*, trad. it., Milano, Dall'Oglio, 1962.

Sanders, E.P., *Gesù e il giudaismo*, trad. it., Genova, Marietti, 1995.

Schweitzer, A., *Storia della ricerca sulla vita di Gesù*, Brescia, Paideia, 1986.

Scorza Barcellona, F., *Magi*, in: *Nuovo dizionario Patristico di Antichità Cristiane*, Genova, Marietti, 2006.

Seligman, A.B., *La scommessa della modernità*, trad. it., Roma, Meltemi, 2002.

Smith, M., *Gesù mago*, trad. it., Roma, Gremese, 1999.

Stroumsa, G.G., *La formazione dell'identità cristiana*, trad. it., Brescia, Morcelliana, 1999.

Theissen, G., Merz, A., *Il Gesù storico*, trad. it., Brescia, Morcelliana, 1999.

Tillich, P., *Teologia sistematica*, Torino, Claudiana, s.d.

Van Tilborg, S., *Imaginative Love in John*, Leiden, Brill Academic Publishers, 1997.

Voltaire, *Dizionario filosofico*, trad. it., Milano, Fabbri Editore, 2004.

RINGRAZIAMENTI

Questo libro ha richiesto un complesso lavoro redazionale per il modo e il tempo in cui si è sviluppato il dialogo tra me e Mauro Pesce. Desidero ringraziare gli straordinari professionisti della Saggistica Mondadori che hanno avuto cura delle varie stesure, le hanno corrette, corredate di indici e preparate per l'edizione a stampa. In particolare Andrea Cane, Nicoletta Lazzari, Valentina Vegetti e Pier Angela Mazzarino.

Ultima, ma non meno importante, Anna Ramadori della sede romana di Mondadori per la generosa assistenza.

Corrado Augias

INDICE DELLE CITAZIONI BIBLICHE

ABBREVIAZIONI

ANTICO TESTAMENTO

Dn	Daniele
Es	Esodo
Gn	Genesi
Is	Isaia
Lv	Levitico
Mic	Michea
Nm	Numeri
Rt	Rut
Sal	Salmi
2 Sam	2 Samuele

NUOVO TESTAMENTO

At	Atti degli apostoli
1 Cor	Prima lettera ai Corinzi
Fil	Lettera ai Filippesi
Gal	Lettera ai Galati
Gv	Giovanni
Lc	Luca
Mc	Marco
Mt	Matteo
Rm	Lettera ai Romani
1 Tm	Prima lettera a Timoteo

CITAZIONI BIBLICHE

INDICE DEI NOMI